Die Fünf »Tibeter«®
Das Begleitbuch

W0176529

Die Fünf »Tibeter«®
Das Begleitbuch

Weiterentwicklung und
gezielte Anwendung
der weltberühmten Übungen

Aus dem Englischen
von Manfred Miethe

Scherz

Für Peter Kelder

stellvertretend von all denen,
die dieses Geschenk dankbar empfangen haben

Die Informationen, die in diesem Buch vermittelt werden, stellen die subjektive
Meinung bzw. die Erfahrung der Autoren dar und wurden nach bestem
Wissen und Gewissen aufgezeichnet. Keinesfalls jedoch sollen sie ärztlichen Rat oder
ärztliche Hilfe ersetzen. Das Buch bezweckt, die Leser zur Gesundheitsvorsorge
und Selbsthilfe bei alltäglichen Beschwerden anzuleiten. Eine Haftung der Autoren und
des Verlags für etwaige Schäden, die sich aus dem Gebrauch oder Missbrauch des in
diesem Buch präsentierten Materials ergeben, ist ausgeschlossen.

Inhalt

Vorwort von Dr. Bernie Siegel 7

Einleitung des Herausgebers 9

LAURA FAYE TAXEL
1 Authentische Berichte über Heilung und
   Verjüngung 13

RICHARD LEVITON
2 Das Energiegeheimnis der fünf Riten 41

DR. JEFF MIGDOW
3 Die fünf Riten und Yoga: Übungen für ein langes,
   gesundes Leben 75

DR. STANLEY S. BASS UND CHET DAY
4 Nahrungszusammenstellung und andere
   Ernährungsratschläge 139

RICHARD LEVITON
5 Die Energetik von Stimme, Klang und
   Meditation 175

LAURA FAYE TAXEL
6 Ein Gespräch mit Dr. Robert Thurman 201

Anhang A:
Organisieren Sie Ihren eigenen Himalaja-Klub 210

LAURA FAYE TAXEL
Anhang B:
Heilungsberichte von Menschen,
die die Fünf »Tibeter« praktizieren 212

Linda Johnsen
Anhang C:
Hatha-Yoga: Wie Sie die richtige Klasse finden 222

Bibliographie 237

Die Autoren 240

Der Fünf-»Tibeter«-Serviceteil 243

Vorwort

In diesem Buch werden Sie Ideen, Methoden und Weisheitslehren kennen lernen, die Ihnen neue Kraft geben, Ihre Gesundheit verbessern, Ihre Freude am Leben erhöhen und Ihr Leben verlängern werden. Allerdings werden Sie überhaupt nicht merken, dass Sie länger leben, weil Sie viel zu sehr damit beschäftigt sind, Ihr Dasein in vollen Zügen zu genießen.

Ich habe oft genug erlebt, dass Menschen ihr Leben erst dann richtig zu schätzen wissen, wenn Sie erfahren, dass sie an einer lebensbedrohlichen Krankheit leiden, die sie mit ihrer eigenen Sterblichkeit konfrontiert. Viele von ihnen machen eine spirituelle und physische Wiedergeburt durch, die so machtvoll ist, dass die Krankheit vollständig besiegt oder zumindest in ihren Symptomen erheblich gemildert wird. Ist dieser Erneuerungsprozess einmal in Fahrt gekommen, hört der Alterungsprozess auf und die Verjüngung beginnt. Bitte warten Sie nicht, bis Sie dem Tod von Angesicht zu Angesicht gegenüberstehen, um Ihren Verjüngungsprozess einzuleiten. Fangen Sie sofort damit an.

Dieses Buch soll Ihnen dabei helfen. Es handelt von einer wunderbaren Reihe einfacher Übungen, die als die Fünf »Tibeter« bekannt geworden sind. Außerdem enthält es eine Fülle von Informationen zu verwandten Themen wie Ernährung, Atmen und Stimmübungen. Sie werden auch die inspirierenden Berichte von Menschen lesen können, die die Fünf »Tibeter« bereits praktizieren. Und Sie erhalten Ratschläge von Ärzten, die ihr Wissen mit Ihnen teilen möchten.

Beim Lesen dieses Buches sollten Sie aber immer daran denken, dass es hier eigentlich gar nicht um Rituale, Übungen oder Methoden geht, sondern im Grunde um Sie selbst, um Ihre Einzigartigkeit, Ihre innere Einstellung und Ihr Glaubenssystem, Ihre Wünsche und Hoffnungen, Ihr Potenzial und Ihre Fähigkeit, das Leben in all seinen Formen anzunehmen und es in vollen Zügen zu genießen.

Es ist wissenschaftlich erwiesen, dass sich Körper und Gehirn durch Handlungen und Gedanken physisch verändern. Daher können Sie bestimmte Ziele erreichen, indem Sie Ihre Aktivitäten und Denkmuster bewusst ändern. Die in diesem Buch beschriebenen Übungen und Methoden haben genau dasselbe Ziel. Ich habe die fünf Riten geübt; für mich sind sie äußerst stimmig. Ich bin davon überzeugt, dass Sie Ihren Gesundheitszustand verbessern, Ihre innere Einstellung zur Welt verändern und den Verjüngungsprozess einleiten werden, wenn Sie die Übungen regelmäßig ausführen und freudig am Leben teilnehmen.

Darüber hinaus werden Sie aber auch Zugang zur Lebenskraft finden, die die Essenz aller Dinge ist, und lernen, sie zu Ihrem Nutzen einzusetzen. Die Wissenschaft, die heute die Fähigkeit besitzt, diese Form der Energie zu messen, hat nun damit begonnen, sie intensiver zu erforschen. Ich habe mit den in diesem Buch beschriebenen Mantren und Mantrams experimentiert und konnte spüren, welche Wirkung sie auf der energetischen Ebene entfalten. Daher möchte ich Ihnen gerne die folgende Geschichte mitteilen.

Vor ein paar Nächten lag ich im Bett, meditierte und sagte meine Mantren auf. Meine Katzen lagen neben mir und rollten sich für die Nacht ein. Meine Frau, die sich im Nebenzimmer befand, nahm eine ungewöhnliche Energie wahr und kam herein, um zu sehen, was los war. Als sie ins Zimmer trat, öffnete ich die Augen und entdeckte, dass auch die Katzen etwas Ungewöhnliches bemerkt haben mussten, denn sie saßen kerzengerade aufrecht und waren so wachsam, wie ich sie um diese Zeit noch nie gesehen hatte. Das scheint mir ein Beweis dafür zu sein, wie real und spürbar diese Energie ist und dass sie Dinge bewirken kann, die auch von anderen wahrgenommen werden.

Ich möchte Ihnen gerne folgenden Rat geben: Nehmen Sie die wertvollen Informationen aus diesem Buch an. Fügen Sie Ihre eigenen Erkenntnisse und Eingebungen hinzu. Beginnen Sie dann mit Ihrer persönlichen Transformation. Und denken Sie immer daran, dass Sie den Quell des ewigen Lebens nicht finden werden, wenn Sie im Außen danach suchen. Der Grund aller Dinge ist nur im Innern zu entdecken.

Beginnen Sie noch heute!

Frieden
Dr. Bernie S. Siegel

Einleitung des Herausgebers

Als der letzte Buchstabe getippt war, schob er die Schreibmaschine von sich weg, legte die geschriebenen Seiten ordentlich zusammen und schaute mit einer Mischung aus Zufriedenheit und Unsicherheit auf die Titelseite, auf der stand: *The Eye of Revelation* («Das Auge der Offenbarung»).

Das Manuskript, das Peter Kelder in Händen hielt, war beileibe kein literarisches Meisterwerk, doch es war gut geschrieben, kurz und einfach gehalten und direkt. Vor allem aber enthielt es eine Botschaft, die viele Menschen nicht nur für wichtig, sondern sogar für äußerst profund halten. Damals, im Jahr 1939, konnte Kelder freilich nicht ahnen, dass sein kleines Buch die Generationen überdauern und schließlich von Millionen Menschen in aller Welt gelesen werden würde – in zwölf Sprachen und auf Deutsch sogar in Blindenschrift.

In seinem Buch erzählte er die Geschichte von fünf uralten tibetischen Übungen, die von einem pensionierten Offizier der englischen Armee, der nur als Colonel Bradford bekannt ist, in den Westen gebracht wurde. Die fünf Riten, wie sie genannt wurden, enthüllten angeblich kein kleineres Geheimnis als das des sagenhaften Quells der ewigen Jugend.

Schon bald darauf wurde Kelders Buch veröffentlicht, und obwohl es beileibe kein Bestseller war, war es doch so bekannt, dass es 1947 erweitert und neu aufgelegt wurde. Aber selbst als es schließlich vergriffen war, bewies es eine überraschende Überlebensfähigkeit. Da es durch Mundpropaganda im Gespräch blieb und die restlichen Exemplare unter der Hand weitergegeben wurden, erlangte es im Lauf der Zeit einen gewissen Kultstatus.

1985, nachdem Kelder sein Buch auf den neuesten Stand gebracht hatte, wurde es unter dem Titel *Ancient Secret of the Fountain of Youth* («Das uralte Geheimnis des Quells der ewigen Jugend») von Harbor Press neu publiziert.

Anfangs wurde es wieder nur durch Mundpropaganda bekannt, und der Verkauf verlief zunächst recht schleppend, doch dies änderte sich nach einer Weile rapide – vor allem im deutschsprachigen Raum. Innerhalb von zehn Jahren entwickelte sich *Ancient Secret of the Fountain of Youth* zu einem Phänomen im internationalen Buchhandel. In den Vereinigten Staaten überflügelte es viele Titel auf der Bestsellerliste der *New York Times*. In Deutschland, Österreich und der Schweiz, wo es als *Die Fünf »Tibeter«*® bekannt wurde, kann man es fast als nationale Institution bezeichnen. Auch heute – zehn Jahre, nachdem es dort erstmals veröffentlicht wurde – findet es sich noch immer auf der deutschen Bestsellerliste. Zwei Dutzend fremdsprachige Ausgaben haben dazu beigetragen, Kelders Buch in der ganzen Welt zu verbreiten.

Natürlich hätten *Die Fünf »Tibeter«*® keinen so phänomenalen Erfolg haben können, wenn sie nicht gehalten hätten, was sie versprechen, nämlich den Lesern zu helfen, gesünder und vitaler zu werden und dies zu bleiben. Diese Aussage darf ich aufgrund der Flut von Zuschriften machen, die mich in den letzten zehn Jahren erreicht haben. In ihren Briefen beschreiben die Menschen, wie sie von den fünf Riten profitiert haben. Manche auf durchaus bescheidene, andere auf an ein Wunder grenzende Weise.

Das Buch, das Sie jetzt in Händen halten, umfasst eine Fülle von Informationen, die dort ansetzen, wo *Die Fünf »Tibeter«*® aufhört. Jedes Kapitel ist von einem Experten auf dem jeweiligen Gebiet geschrieben.

In Kapitel 1 wird die Wirksamkeit der fünf Riten durch die erstaunlichen Geschichten von Menschen bestätigt, die von ihnen profitiert haben.

In Kapitel 2 werden die energetischen Geheimnisse der fünf Riten untersucht, um eine Antwort auf die Frage zu finden, worin die Magie dieser fünf einfachen Übungen eigentlich besteht.

In Kapitel 3 betrachten wir die fünf Riten aus der Sicht eines Arztes, der außerdem Yoga-Experte ist. Er befasst sich ausführlich mit den Übungen und fügt ihrer Beschreibung eine Fülle von nützlichen Informationen hinzu.

In den Kapiteln 4 und 5 geht es um zwei Themen, die im ersten Buch nur kurz angesprochen wurden. Zum einen erörtern wir den gesundheitlichen Nutzen einer ausgewogenen Ernährung und der richtigen Nahrungszusammenstellung, zum anderen die Energetik von Stimme, Klang und Meditation.

Kapitel 6 endet mit den Erkenntnissen eines der führenden Gelehrten zum Thema Tibet. Dr. Robert Thurman gibt einen Überblick über die fünf Riten im Zusammenhang mit der tibetischen Geschichte und Kultur.

Und nun zu einer Frage, die viele Leser in Bezug auf Kelder und Bradford immer wieder gestellt haben. Seit Jahren werde ich mit Briefen bombardiert, in denen es um diese beiden geht, von denen viele meinen, sie würden nicht mehr leben. Kelder amüsiert sich königlich, wenn er dies hört, denn er ist, mehr als ein halbes Jahrhundert nach dem Erscheinen seines Buches, wohlauf. Ich darf mit Stolz sagen, dass ich ihn persönlich kenne und ihn als guten Freund betrachte, obwohl ich vieles über ihn nicht weiß.

Bedauerlicherweise wird es dabei auch weitgehend bleiben, denn Kelder will das Geheimnis, das mich und so viele andere fasziniert, nicht lüften. Er ist ein sehr bescheidener, zurückgezogen lebender Mann, der fest daran glaubt, dass die Worte, die er niedergeschrieben hat, für sich selbst sprechen. Und er weist darauf hin, dass Fragen, die ihn und Bradford betreffen, nur von der Wahrheit der einfachen, direkten Botschaft ablenken, die er der Welt überbracht hat.

Obwohl ich kein Interesse daran habe, in Kelders Privatsphäre einzudringen, verstehe ich doch den Wunsch vieler Leser, mehr über den Mann zu erfahren, dessen Worte sie so sehr beeinflusst und die manch ein Leben verwandelt haben. Ich denke, er wird mir vergeben, wenn ich hier zum ersten Mal einige Einzelheiten aus seinem Leben preisgebe.

Kelder wurde im Mittleren Westen der USA von holländischen Adoptiveltern liebevoll großgezogen. Schon als Teenager verließ er mit ihrer Zustimmung sein Elternhaus, um sich den Herausforderungen des Lebens zu stellen. Später reiste Kelder als Offizier der Handelsmarine ebenso wie Colonel Bradford «in so ziemlich jede Ecke des Globus». Er wurde zu einem geschliffenen, wortgewandten, gelehrten Mann, der mehrere Sprachen spricht und während seines ganzen Lebens die Liebe zum geschriebenen Wort, zu Büchern, Bibliotheken und zur Poesie behielt.

Vor gar nicht langer Zeit begleitete mich Kelder an einem Frühlingstag auf einer Tour durch North Hollywood und die Hollywood Hills im Süden Kaliforniens, wo er lebte und arbeitete, als er in den späten Dreißigern *The Eye of Revelation* schrieb. Nun war Kelder zwar kein Drehbuchautor, aber er arbeitete eine Zeitlang für eines der großen Studios in Hollywood. Erstaunlicherweise stehen viele der Bauwerke noch, an die er sich aus jenen Tagen erinnert, darunter auch das Haus, in dem er hoch oben in den Hollywood Hills lebte und von wo aus man einen herrlichen Blick auf Los Angeles und den Pazifik hat. Das Haus der Filmlegende Errol Flynn liegt nur einen Katzensprung entfernt. Heute ist das eher bescheidene Gebäude von den Anwesen der Reichen und Schönen umgeben.

Kelder erklärt, dass es sich bei Colonel Bradford um eine tatsächlich lebende Person handle, der er während seiner Zeit in Los Angeles begegnet sei, auch wenn der Name «Bradford» ein Pseudonym sei. Mehr mag er darüber nicht sagen – auch nicht, welche Ausschmückungen er der Geschichte möglicherweise hat angedeihen lassen.

Diese Fragen werden wohl nie beantwortet werden. Aber spielt das wirklich eine Rolle? Entscheidend ist doch, ob das Buch seinen Lesern etwas von bleibendem Wert vermittelt und ob es ihr Leben bereichert.

Ich hoffe, Sie werden in den folgenden Kapiteln entdecken, dass es genau das tut.

Harry R. Lynn
Herausgeber der amerikanischen Ausgabe

LAURA FAYE TAXEL

1 Authentische Berichte über Heilung und Verjüngung

Es war an einem dieser schwülen Tage gegen Ende August, als das Telefon klingelte und ich einen Anruf entgegennahm, der – so abgedroschen es auch klingen mag – mein Leben verändern sollte. Die Stimme am anderen Ende der Leitung stellte sich als Lektorin des Verlages Harbor Press vor. Sie erklärte mir, dass sie einen Artikel von mir in einer großen Zeitschrift gesehen habe und daran interessiert sei, mich für die Mitarbeit an einem Buchprojekt zu gewinnen. Mein Schriftstellerherz hüpfte vor Aufregung.

Als sie mir aber erzählte, dass es sich bei dem Projekt um einen Begleitband zu einem Buch mit dem Titel *Die Fünf »Tibeter«*® handelte, war ich – gelinde gesagt – etwas skeptisch. Meine Arbeit sollte darin bestehen, Menschen zu interviewen, die die im Buch beschriebenen fünf Riten, die den Alterungsprozess umkehren und die Gesundheit wiederherstellen sollten, mit Erfolg geübt hatten. Es hörte sich zwar faszinierend an, schien mir aber doch sehr weit hergeholt.

Nachdem ich *Die Fünf »Tibeter«*® gelesen hatte, reagierte ich zunächst wie viele Menschen, mit denen ich mich später unterhielt. Es hörte sich alles zu gut an, um wahr zu sein. Der Verleger schickte mir dann aber Kopien von Briefen, die er erhalten hatte – allesamt emotionale Berichte über Verjüngung und Heilung, in denen Dinge beschrieben wurden, die nur als Wunder bezeichnet werden können. Die Leserbriefe erzählten von vollständiger Linderung schlimmster Arthritis, kompletter Genesung nach einem Herzinfarkt und einem um 10 bis 20 Jahre jüngeren Aussehen. Da mir aber schon die Idee, dass dermaßen einfache Übungen so weitreichende Folgen haben sollten, an den Haaren herbeigezogen zu sein schien, hatte ich Mühe, das alles zu glauben. Immerhin beschloss ich, die Riten selbst einmal auszuprobieren, und redete mir ein, dass ich als Profi kaum mit anderen Menschen über ihre Erfahrungen sprechen konnte, wenn ich sie nicht selbst geübt hatte. Ich war aber auch einfach neugierig. Sollten diese fünf simplen Übungen wirklich halten können, was sie versprachen?

Sechs Monate später war mir klar geworden, dass der Anruf tatsächlich mein Leben verändert hatte. Es war nicht nur der Vertrag, den ich mit Harbor Press abgeschlossen hatte, von dem ich profitierte; es war nicht einmal die Gelegenheit, mit so vielen wunderbaren, interessanten, inspirierenden Menschen zu sprechen. Die wahre Bedeutung lag in dem Buch selbst, in seinem Inhalt. Seit ich die fünf Riten übe, erfreue ich mich neuer Energie und eines neuen Wohlbefindens. Ich kann nun mit dem Stress, den mein Leben als Hausfrau, Mutter dreier Kinder und hauptberufliche Autorin mit sich bringt, besser als je zuvor umgehen. Ich kann die Veränderungen in mir sehen und spüren; mir ist es seit Jahren nicht so gut gegangen.

Diese Entdeckung begeisterte mich dermaßen, dass ich alle meine Bekannten davon überzeugte, die Riten ebenfalls auszuprobieren. Was als Job begann, wurde zu einem integrierenden Bestandteil meines Lebens. Nach einiger Zeit fügte mein Mann die Übungen in seine morgendliche Routine ebenso ein wie zwei meiner besten Freundinnen. Wenn ich auf Partys nach meiner Arbeit gefragt werde, kann es vorkommen, dass ich plötzlich auf dem Boden hocke und die fünf Übungen vorführe. Dann komme ich mir mehr wie eine Verkäuferin vor und überhaupt nicht mehr wie eine Autorin.

Ich kann also weder behaupten, dass ich objektiv bin, noch dass meine Arbeit wissenschaftlichen Ansprüchen genügt. Jedem Menschen, den ich interviewte, begegnete ich mit der gleichen Begeisterung, und wir waren jedes Mal dabei, uns gegenseitig von immer neuen «Wundertaten» zu erzählen. Ich bin 43 und sprach mit Menschen, die doppelt und anderen, die halb so alt waren wie ich. Was uns verband, war, dass die Riten uns geholfen hatten, uns besser und lebendiger zu fühlen. Die Gespräche mit anderen, von denen manche seltene oder ernste gesundheitliche Probleme hatten, bestätigten nur das, was ich selbst erfahren hatte. Denjenigen, die die fünf Riten üben, schenken sie etwas von bleibendem Wert. Der sagenhafte Quell der ewigen Jugend ist tatsächlich für alle Menschen erreichbar. Die erstaunlichen Berichte über Genesung und Verjüngung zerstreuten jeden möglichen Zweifel, den ich noch gehabt haben mochte. John Cramer ist einer von vielen, die mir ihre Geschichte erzählt haben.

Schmerzfrei und wieder auf den Beinen: Der Weg eines Mannes zur Genesung

John Cramer ist 42 Jahre alt und arbeitet im kalifornischen Long Beach als Englischlehrer an der dortigen High School.[*] Er ist verheiratet und hat zwei Töchter im Alter von dreieinhalb Jahren und sechs Monaten. Er findet, dass das, was er erlebt hat, seit er die fünf Riten übt, nur als Wunder bezeichnet werden kann.

John war noch nicht einmal 20, als er eine schwere Wirbelsäulenkrankheit bekam, die später als ankylose Spondylitis diagnostiziert wurde – eine seltene entzündliche Erkrankung der einzelnen Wirbel. In besonders schlimmen Fällen verwachsen die Wirbel vom Steißbein aufwärts, so dass die gesamte Wirbelsäule völlig versteift ist. Die Sehnen und Bänder verknöchern und werden hart. Es ist eine schmerzhafte, langsam voranschreitende Krankheit, die häufig nicht erkannt wird und für die es bisher keine Heilung gibt.

1979 war John im Alter von nicht einmal 30 Jahren aufgrund seiner Krankheit ein ganzes Jahr lang bewegungsunfähig. Er

---

* Um die Privatsphäre der Betroffenen zu schützen, habe ich Details, die Rückschlüsse auf ihre wahre Identität zulassen, geändert.

befasste sich mit jeder medizinischen Behandlungsform und wurde darin von seinem Vater unterstützt, der an der Stanford University Professor für Medizin war. Allerdings konnten ihm die Ärzte außer Schmerzmitteln wenig anbieten. Und diese Schmerzmittel «verschleierten das Problem nur und schufen neue», wie John es ausdrückte. Eine Röntgenaufnahme aus dieser Zeit zeigt, dass Johns Wirbelsäule wie die eines 50-Jährigen aussah. Ein Krankengymnast sagte ihm, dass die meisten Menschen mit diesem Leiden einfach aufgeben und «zusammenschmelzen». Aber John ging anders mit seinem Problem um.

«Ich beschloss, alles zu tun, was nötig war, damit es mir besser ging. Ich war für alles offen», erzählte er. Das war für ihn eine dramatische, ja sogar radikale Einstellungsänderung, denn er war – wie er es formulierte – «mitten im schulmedizinischen Mainstream aufgewachsen». Johns Vater und sein Bruder waren Ärzte, und auch er selbst hatte bis zu diesem Zeitpunkt ziemlich konventionelle Vorstellungen von Gesundheit und Heilung gehabt.

«Ich probierte viele Körperübungen und Therapieformen aus, darunter Yoga, Biofeedback und Körperarbeit nach Rosen, einer Methode, durch die der Körper von schmerzhaften Emotionen befreit werden soll. Ich beschäftigte mich mit chinesischer Medizin und machte mich mit der Idee von Energiesystemen vertraut. Mit Mitte 30, als ich immer noch große Probleme hatte, gab mir jemand den Namen eines Arztes, der sowohl Akupunktur als auch Kräuterkunde praktizierte, und ich ging zu ihm. Diese vielen Erfahrungen ermöglichten es mir, mich selbst und meinen Körper auf neue Weise zu betrachten. Damals wurde die Grundlage für eine veränderte Sichtweise gelegt, dafür, was es heißt, sich selbst zu heilen und gesund zu sein. Aber da ich immer noch nicht die Antworten hatte, die ich brauchte, suchte ich weiter.»

Als John vor einigen Jahren zum ersten Mal von den Fünf »Tibetern« hörte, kaufte er sofort das Buch. In den Herbstferien begann er, die Riten zu üben, und steigerte sich allmählich bis zu 21 Wiederholungen. «Die körperlichen Veränderungen, die sich eingestellt haben, seit ich die Riten jeden Morgen mache, sind verblüffend», erzählte John. «Meine Wirbelsäule ist viel beweglicher geworden, und meine Haltung hat sich deutlich verbessert. Meine Ausdauer ist gestiegen, ich kann länger gehen, ohne zu ermüden. Mir ist aufgefallen, dass bei anstrengenden Aktivitäten andere eher müde werden als ich. Durch die Riten ist mein ganzer Körper stärker und beweglicher geworden. Meine Arme sind muskulöser als jemals zuvor, und meine Hand- und Fußgelenke sowie meine Beine sind viel stärker. Ich durfte nichts heben und konnte es auch gar nicht, aber wenn ich es jetzt muss, kann ich es. Ich kann jetzt auch das Baby heben. Ich kann leicht auf den Boden kommen, um mit meinen Kindern zu spielen, und auch ohne Mühe wieder aufstehen. Bevor ich mit den Riten anfing, war das unmöglich. Und ich kann wieder laufen. Ich meine nicht joggen, ich meine wirklich laufen, einfach losrennen, weil es Spaß macht oder weil ich schnell irgendwo hin muss. Das war mir vorher wegen meiner Schmerzen und der Versteifung der Wirbelsäule unmöglich. Ich bin wahrscheinlich seit 20 Jahren nicht mehr richtig gelaufen. Als ich heute meine Tochter von der Vorschule abholte, liefen wir ein Stück zusammen um die Wette, und ich dachte, wie schön es doch sei, das mit ihr tun zu können.»

«Die Riten haben auch Wunder für meine Atmung bewirkt. Der vierte Ritus öffnet mir wirklich die Brust. Ich spüre eine Kraft in meinen Lungen, die ich nie zuvor gespürt habe.»

Natürlich sind die heilenden Auswirkungen der Riten auf Johns Wirbelsäule am wichtigsten, aber er hat auch in anderen Bereichen davon profitiert. «Ich war schon lange auf der Suche nach Übungen, die nicht viel Zeit in Anspruch nehmen», erklärte John, «und als ich mit den fünf Riten anfing, war mir schon bald klar, dass sie Krafttraining und Energiezuwachs boten, aber nur wenig Zeit brauchten. Ich versuche häufig, schwimmen zu gehen, aber wenn ich es nicht schaffe, bieten mir die fünf Riten alles, was ich brauche, um mein ziemlich volles Tagesprogramm zu bewältigen. Wenn ich sie am Morgen gemacht habe, bin ich hellwach und zu allem bereit, selbst wenn ich nicht genug geschlafen habe. Auch mein Schlaf ist tiefer und erholsamer geworden. Ich habe mehr Energie, als ich jemals zuvor hatte.»

Zusätzlich zu den fünf Riten hat John angefangen zu meditieren. Gegenwärtig interessiert er sich für Ayurveda, einem aus Indien stammenden System der Gesundheitspflege, das vor allem durch den Arzt und Autor Deepak Chopra bekannt wurde.

«Ich ging zu einem Vortrag von Dr. Chopra», erzählte John, «und zeigte ihm das Buch *Die Fünf»Tibeter«*®, weil ich seine Meinung dazu hören wollte. Er sagte, dass er die Riten kenne und sie in sein eigenes Programm integriert habe. Das bestätigte nur meine eigenen Erfahrungen.

Ich habe vor 15 Monaten angefangen, die fünf Riten zu üben, und ich habe seit einem Jahr fast keine Schmerzen mehr. Die fünf Riten funktionieren einfach.»

TEIL 1
Leser berichten über dramatische Veränderungen

Seit der ersten Auflage des Buches, die 1985 erschien, hat Harbor Press hunderte von Briefen wie den von John Cramer erhalten, in denen die Absender ihre Begeisterung und ihre Dankbarkeit für das ausdrücken, was die fünf Riten bei ihm bewirkt haben. Viele Leser meinten, dass die kurzen Ausschnitte aus anderen Leserbriefen, die vorne im Buch abgedruckt waren, sehr wichtig für sie gewesen seien, weil sie durch sie motiviert und ermutigt worden waren. Deshalb verschickte der Verleger im Januar 1994 Fragebögen an circa 3000 Leute und bat sie, ihm ihre persönlichen Erfahrungen mitzuteilen.

Die Befragten wurden aufgefordert, das Buch auf einer Skala von 1 bis 10 zu bewerten. Bei einer zufällig getroffenen Auswahl von 275 Antworten gaben 83 Prozent dem Buch eine 9 oder 10. Ihre überwältigend positiven Reaktionen machten selbst vor den Seitenrändern nicht Halt, wo Sätze wie «Es funktioniert wirklich!», «erbauend und inspirierend» und «Man muss es versucht haben, um es zu glauben!» standen. Sowohl Wayne Morris aus Cumberland in Maryland als auch Lois Munson aus Casper in Wyoming konnten nicht anders, als dem Buch eine 15 zu geben, um uns auf diese Weise wissen zu lassen, wie begeistert sie waren.

Beim Durchsehen der Antworten erfuhr ich, dass die Leser aus einer Vielzahl von Gründen angefangen hatten, die Riten zu praktizieren. Für manche waren sie die letzte Hoffnung, nachdem die Schulmedizin ihnen bei einem chronischen Problem nicht hatte helfen können. Für andere waren sie einfach Teil ihres Bemühens um eine Verbesserung ihrer Gesundheit. Pure Neugier war der Grund für manche der Befragten, während der Auslöser bei anderen der Ausbruch einer plötzlichen Krankheit, eine Operation oder ein Unfall war. Viele Menschen probierten die Riten aus, weil sie miterlebt hatten, wie sehr ein Freund oder ein Angehöriger davon profitiert hatte, oder weil ihre Partnerin nicht lockergelassen hatte. Aber alle waren unabhängig von ihrer ursprünglichen Motivation sehr schnell zu «Gläubigen» geworden, weil sich die Ergebnisse, die sich schon nach kurzer Zeit einstellten, einfach nicht leugnen ließen.

Wer übt die Fünf »Tibeter«?

Die Befragten waren zwischen 20 und 95 Jahren alt. 40 Prozent gaben an, die Riten seit mehr als zwei Jahren zu praktizieren, und 33 Prozent übten zwischen sechs und 23 Monaten. Wir deuteten die Bereitschaft so vieler Menschen, die Übungen weiterhin auszuführen, als Zeichen dafür, dass sie eindeutig davon profitierten. Warum sollten sie sonst weitermachen?

Die Befragten repräsentierten alle Berufszweige – von Ärzten, Landwirten und Lehrern über Bauarbeiter bis zu Vertretern. Sie stammten aus dem ganzen Land, aus Groß- und Kleinstädten, und das einzige, das sie alle gemein hatten, war ihre Überzeugung, dass sich ihre Lebensqualität durch die fünf Riten verbessert hatte.

Es wurde offenbar, dass sich die Übungen für die unterschiedlichsten Menschen aller Altersgruppen eigneten, bei einer Vielzahl von körperlichen Beschwerden, und dass sie sich den Fähigkeiten des Einzelnen leicht anpassen ließen.

«Es gefällt mir», schrieb der 32-jährige Bond Bolton aus Montgomery in Alabama, «dass ich mein Leben noch gute 50 Jahre genießen werde, weil ich jeden Tag etwa zehn bis 15 Minuten investiere.» Er hat auf seinem Weg gute Fortschritte gemacht, denn bereits nach fünf Monaten brauchte er die Medikamente für sein Magengeschwür nicht mehr zu nehmen.

Die 39-jährige Laurey Nelson hatte 1989 einen Unfall, bei dem sie sich eine Rückenverletzung zuzog, die ihr sechs Wochen lang nicht nur das Gehen, sondern überhaupt jede Bewegung unmöglich machte. Sie nahm Schmerzmittel in großen Dosierungen und Medikamente zur Muskelentspannung. Als sie eineinhalb Jahre später *Die Fünf »Tibeter«* ® in die Finger bekam, hatte sie noch immer ernsthafte Probleme.

«Ich brauchte etwa sechs Monate, bis ich die Übungen jeweils 21 Mal ausführen konnte», berichtete sie. «Aber jeden Tag fühlte ich mich stärker und besser als am Tag zuvor. Ich führe es auf die Fünf »Tibeter« zurück, dass mein Rücken derart gut in Form ist. Meine Muskeln sind so elastisch, wie ich es nie erwartet hätte. Nur wenn ich sehr müde bin, muss ich auf meine Bewegungen achten, ansonsten sind sie wieder sehr natürlich. Die tibetischen Riten sind eine erstaunliche Erfahrung, besonders wenn man gedacht hat, es gäbe keine Hoffnung mehr für den Körper. Ich werde sie für den Rest meines Lebens praktizieren. Ich möchte nie wieder bewegungsunfähig sein.»

Zu den älteren Befragten gehörte auch eine 90-jährige Frau aus Carbondale in Illinois, die die fünf Riten erst seit zwei Wochen machte. Sie war begeistert von der Tatsache, dass ihr Blutdruck bereits von 190/78 auf 178/66 gefallen war. Außerdem habe sich ihr Gleichgewichtssinn verbessert. «Ich werde diese wunderbare Methode, meiner Gesundheit Gutes zu tun, auf jeden Fall weiter üben», schrieb sie.

Der 91-jährige Douglas Bly aus Spokane in Washington fing vor vier Jahren an, die Riten zu praktizieren, und stellte gleichzeitig seine Ernährung um. Heute braucht er keines der Medikamente mehr, die er gegen Angina, Magengeschwüre und Nebenhöhlenentzündungen nehmen musste. Auch das Nachlassen seiner Sehkraft und seine Prostatabeschwerden gehören seiner Aussage zufolge der Vergangenheit an.

Von allgemeiner guter Gesundheit bis zum Heilmittel gegen Erkältungen und Grippe

Für manche Menschen, wie zum Beispiel für Douglas Bly, stellten die fünf Riten eine erstaunliche Kehrtwendung dar, weil durch sie eine vollständige Heilung oder zumindest eine dramatische Linderung eines oder mehrerer gesundheitlicher Probleme ausgelöst wurde. Bei anderen, wie bei mir, zeigte sich die Wirkung des täglichen Übens als allgemeine Verbesserung des Gesundheitszustandes. Die meisten Leute berichteten von einer deutlichen Zunahme ihrer Energie und Ausdauer, verbessertem Muskeltonus, größerer Beweglichkeit und besserer Koordination. Die Mehrheit der Befragten gab an, dass sie weniger Schlaf benötigt und dass dieser tief und erholsam war. 61 Prozent sagten, dass sie jünger aussahen oder sich so fühlten. Alle, die den Fragebogen ausgefüllt hatten, berichteten von irgendeiner positiven Veränderung, die sich als Folge der Fünf »Tibeter« eingestellt hatte.

Viele der Befragten gaben an, eine deutliche Linderung oder sogar Heilung verschiedener Krankheiten erlebt zu haben. So verschwanden bei Menschen, die die fünf Riten regelmäßig übten, zum Beispiel Stirnhöhlenprobleme mit den dazugehörigen Kopfschmerzen, chronische Nebenhöhlenentzündungen, Migräne, Allergien und ständig wiederkehrende Erkrankungen der Atemwege wie Erkältungen und Bronchitis vollständig oder ließen zumindest in ihrer Intensität nach.

Diejenigen, die die fünf Riten regelmäßig praktizierten, erklärten, dass sie stärkere Abwehrkräfte gegen weit verbreitete infektiöse Krankheiten wie Erkältungen und Grippe entwickelt hatten. Alice Eggleston, eine 65-jährige Hausfrau aus Passaic in New Jersey, ist eines von vielen Beispielen. Alice war ein Leben lang anfällig für Halsschmerzen, Kehlkopfentzündungen, verstopfte Nebenhöhlen und Erkältungen. Sie hatte scheinbar überhaupt keine Abwehrkräfte gegen die jeweils in der Gegend herumschwirrenden Bazillen. Das änderte sich, als sie *Die Fünf »Tibeter«*[®] entdeckte.

«Ich sah eine Anzeige für das Buch, und da die ganze Geschichte so übertrieben klang, musste ich es mir einfach anschauen. Nachdem ich das Buch gelesen hatte, schien es mir immer noch sehr unglaubwürdig, aber meine Neugier ließ mir keine Ruhe, bevor ich es nicht selbst ausprobiert hatte. Weil ich seit meiner Kindheit so häufig krank war, habe ich mich schon immer für Gesundheit interessiert, besonders für natürliche Heilmethoden. In der Schule brauchte ich oft keine Vorträge zu halten, weil mir immer die Stimme versagte.»

Seit Alice vor zwei Jahren angefangen hatte, die Riten zu üben, war sie nicht ein einziges Mal krank gewesen, was für sie absolut unglaublich ist. Sogar als ihr Mann und ihr Sohn eine Darmgrippe hatten, steckte sie sich nicht an. Wenn sie das Gefühl hat, «sich einen Bazillus eingefangen zu haben», ist sie imstande, ihn wieder loszuwerden, bevor er sich ausbreiten kann. «Wenn ich die Symptome bemerke, die mir zeigen, dass ich krank werden könnte», erzählte Alice, «ein Kratzen im Hals oder eine leichte Verstopfung der Nase, mache ich einfach sofort den ersten Ritus, die Drehbewegung, und den dritten, das Zurücklehnen, zusätzlich zu den 21 Wiederholungen der fünf Riten, die ich morgens mache. Danach verschwinden die Symptome einfach, und es wird keine richtige Erkältung daraus wie früher. In der Vergangenheit habe ich auch immer sehr auf meine Gesundheit geachtet, bin aber trotzdem oft erkältet gewesen. Die Übungen sind das Einzige, das jemals geholfen hat. Heute kann ich spüren, wenn sich etwas in mir einnisten will, und ich weiß nun, wie ich das verhindern kann. Ich werde den Riten ewig treu bleiben.»

Ein Allheilmittel

Eine große Anzahl von Befragten berichtete, dass sie unter Asthma, Magengeschwüren und hohem Blutdruck litten, aber die Einnahme bestimmter Medikamente reduzieren oder sie sogar ganz absetzen konnten, seit sie die Fünf »Tibeter« regelmäßig praktizierten. Karen Klallam aus dem kalifornischen Porterville ist davon überzeugt, dass ihr die Riten halfen, mit dem Rauchen aufzuhören. Regelmäßiges Üben scheint bei Diabetikern auch den Blutzuckerspiegel zu normalisieren, besonders bei denen, die sich zusätzlich an die Ernährungstipps des Buches halten. Andere Befragte gaben an, dass ihnen die Ernährungsumstellung und die Übungen bei Verdauungsproblemen halfen und die

Funktion der Nieren, der Blase und des Darms verbesserten. Auch Steifheit und Krämpfe in den Beinen, Unterleibskrämpfe sowie Schilddrüsenunterfunktion scheinen sich positiv beeinflussen zu lassen. Manche der Befragten betonen, dass sich die fünf Riten positiv auf das Sehvermögen, das Gehör und das Gedächtnis auswirken, also die Sinne schärfen.

Viele Menschen leiden unter Schmerzen im Rücken, dem Nacken oder in den Gelenken. Eine überwältigende Mehrheit der Befragten berichtete, dass sie durch das Üben der fünf Riten sofortige und dramatische Linderung erfahren hätten. Unter denjenigen, die wegen derartiger Probleme regelmäßig einen Chiropraktiker aufsuchten, waren viele, die seit Beginn ihrer Praxis entweder ganz auf Behandlungen verzichten oder zumindest die Häufigkeit ihrer Besuche drastisch reduzieren konnten. Für alle, die unter derartigen kräftezehrenden Schmerzen zu leiden hatten, war es eine unglaubliche Erfahrung, sich wieder gut zu fühlen und sich normal bewegen zu können.

Viele Formen der Arthritis scheinen besonders gut auf die «Behandlung» mit den fünf Riten anzusprechen. Die 62-jährige Phyllis Specter aus Springfield in Ohio erzählte uns, dass sie früher wegen ihrer rheumatischen Arthritis beim Treppensteigen eine Stufe nach der anderen erklimmen musste – fast wie ein Kind, das Laufen lernt. «Seit ich angefangen habe, die Riten zu üben, kann ich wieder normal gehen», berichtete Phyllis.

Viele Frauen erzählen, dass sie auf besondere Weise profitiert haben. Sonya Mondale, die schon mit 47 in die Wechseljahre kam, bekam nach drei Monaten mit den Fünf »Tibetern« wieder ihre Periode, obwohl diese ein Jahr lang ausgesetzt hatte. Sonya ist davon überzeugt, dass «hier tatsächlich eine Verjüngung vor sich geht».

Barbara Kauffman war freudig überrascht, als nach nur dreimonatigem Üben die Symptome ihres PMS (prämenstruelles Syndrom), die ihr Leben stark beeinträchtigt hatten, fast vollständig verschwunden waren. «Schon zwei Wochen vor dem eigentlichen Beginn meiner Periode war ich aufgebläht, deprimiert und hatte schmerzhafte Krämpfe», berichtete Barbara. «Seit ich die Übungen mache, habe ich nur noch leichte Beschwerden, entweder am Tag vor oder direkt zu Beginn der Blutung. Was für ein Fortschritt!»

23

Die Probleme der 44-jährigen Mary Shelley mit einer Gebärmuttergeschwulst verschwanden, als sie anfing, die Riten zu üben. Nachdem ihr Gynäkologe die Geschwulst diagnostiziert hatte, machte sie die Übungen zwei Mal täglich, und vier Monate später zeigte sich bei der Ultraschalluntersuchung keine Spur einer Geschwulst mehr.

Eine einfache Lösung für verschiedene Probleme

Die fünf Riten haben erstaunliche Auswirkungen auf den 44-jährigen John Price gehabt. «Meine Mutter schenkte mir *Die Fünf »Tibeter«*® zu Weihnachten. Als ich das Buch bekam, hatte ich derartige Rückenschmerzen, dass ich nicht gerade stehen und kaum gehen konnte», berichtete John. Er war von einem Pferd getreten worden, wodurch die Bänder im Knie und besonders der Meniskus schwer beschädigt worden waren. «Ich konnte das Knie nicht bewegen und nicht laufen», sagte er uns. Der kalte Winter in Maine verschlimmerte seinen Zustand noch.

«Ich las das Buch mit Begeisterung», fuhr John fort. «Da ich keine Schmerzmittel nahm, fing ich unter großen Schwierigkeiten und starken Schmerzen an, die Übungen zu machen. Schon nach dem ersten Versuch wusste ich, dass sie etwas ganz Außergewöhnliches waren. Ich genoss es, die fünf Riten auszuüben. Ich fühlte mich immer gut dabei. Sie waren in den letzten Monaten das Einzige, das die Schmerzen im Rücken und in den Knien lindern konnte. Ich machte die Übungen weiter, und schon nach der ersten Woche merkte ich, dass meine Rückenschmerzen weniger wurden. Heute, 13 Monate später, ist mein Knie zu 95 Prozent wieder hergestellt, und ich habe keine Rückenschmerzen mehr. Verblüffenderweise haben die Riten auch meine Willenskraft gestärkt und mein Gedächtnis verbessert. Mein Sehvermögen und mein Gehör sind um 100 Prozent besser geworden. Ich bin ein echter Fan!»

Der Gang zur Waage

Die Riten tragen auch dazu bei, das Körpergewicht zu normalisieren. Bei Menschen, die zunehmen wollten, stellte sich ein verbesserter Appetit ein, wodurch sie entsprechend zunahmen. Hingegen kam es bei denjenigen, die abnehmen wollten, zu einem Gewichtsverlust, ohne dass sie sich an eine spezielle Diät halten mussten.

«Ich fing vor etwa fünf Monaten mit den Riten an», berichtete die 46-jährige Carolyn Tudor aus Denver in Colorado. «Seit mehr als zwei Jahren wollte ich zehn Pfund abnehmen, aber keine Diät und keine Sportart schienen mir etwas zu bringen. Nachdem ich die Riten zwei Monate lang täglich geübt hatte, waren die zehn Pfund verschwunden und sind bis heute nicht wieder aufgetaucht. Außerdem habe ich mehr Energie. Früher schlief ich um neun Uhr abends immer auf dem Sofa ein, heute bin ich noch um halb zwölf oder sogar um ein Uhr wach. Ich genieße diese zusätzlichen Stunden.»

Der kombinierte Effekt aus Gewichtsabnahme und Energiezuwachs war bei denen, die nicht nur die Riten ausübten, sondern auch die Ernährungsratschläge des Buches befolgten, noch stärker.

«Jüngern» statt altern

Natürlich ist eine der verlockendsten Versprechungen der Fünf »Tibeter«, dass durch sie der Alterungsprozess aufgehalten und eine jugendliche Ausstrahlung und Kraft wiedergewonnen werden können. Wahrscheinlich finden alle Menschen über 35 die Idee attraktiv, jünger auszusehen und sich jünger zu fühlen. Und es besteht kein Zweifel daran, dass bei manchen Menschen durch die Riten eine Verwandlung stattgefunden hat, in deren Verlauf Hautflecken, Falten und das berühmte Doppelkinn verschwunden sind. Ihre Haltung hat sich verbessert. Bei vielen von ihnen nahm Haar, das grau oder weiß gewesen war, wenigstens zum Teil wieder seine ursprüngliche Farbe an. Dünnes Haar wurde kräftiger und glänzender. Und für den 75-jährigen James

Mayes wirkte sich das viermonatige Üben der fünf Riten dergestalt aus, dass sein Haar, das ihm büschelweise ausgefallen war, nachwuchs, und das sogar an Stellen, an denen er seit Jahren kahl gewesen war.

Sowohl Männer als auch Frauen berichteten, dass sie wieder eine schlanke Figur hatten. Andere waren überzeugt davon, dass das regelmäßige Üben der Riten ihr Aussehen verbessert hatte, weil sie jetzt «ein Leuchten in den Augen» hatten, «flott zu Fuß» waren oder eine «jugendliche Ausstrahlung» besaßen.

Durch die Ausübung der Riten schien sich auch die Erkenntnis durchzusetzen, dass die Idee des Alterns wahrscheinlich die schlimmste aller Krankheiten ist. Fast jeder von uns akzeptiert die Vorstellung, dass Erschöpfung, Krankheit, die Abnahme körperlicher Attraktivität, Altersschwäche und sogar Schmerzen unvermeidliche Bestandteile des Lebens sind. Aber für diejenigen, die die fünf Riten üben und sich bemühen, gesund zu sein, wird klar, dass Alternativen existieren.

Die Fünf»Tibeter«® schildern eine Sicht von Leben und Altern, die der vorherrschenden Meinung diametral entgegengesetzt ist. Es ist leicht und nur zu verständlich, sie für unglaubwürdig zu halten und die Riten, die eine so unbegrenzte und optimistische Alternative bieten, als Mythos abzutun, auf den nur besonders Gutgläubige hereinfallen. «Die Riten sind fast wie ein Märchen», meint Charles Goodwin aus dem kalifornischen Salinas dazu. «Man fragt sich, wie so etwas möglich sein kann, sie sind einfach wie Magie.»

Ein Schub für die emotionale
und geistige Gesundheit

Für die meisten Menschen, die die fünf Riten übten, ging mit den körperlichen Veränderungen auch eine Wandlung der geistigen Einstellung einher. Sie berichteten, dass ihr Denken ruhiger, klarer und entspannter geworden sei. So unterschiedliche Menschen wie eine 32-jährige sechsfache Mutter aus Utah und eine 85-jährige Rentnerin aus Florida sagten übereinstimmend aus, dass es ihnen durch das Üben der Riten nicht nur körperlich, sondern auch emotional besser gehe. Manche Leute fanden, dass die Riten ihnen zu einer optimistischeren Sichtweise verhalfen, zu einer ausgeglicheneren Gemütsverfassung und einem besseren Denkvermögen. «Geistig funktioniere ich heute so gut, wie ich es nie für möglich gehalten hätte», sagte der 53-jährige Lee Woodall aus San Francisco. «Mir kommt es so vor, als ob der Verstand eines brillanten, überaus begabten Menschen in meinen Körper geschlüpft wäre. Wenn drei kurze Monate schon solche Ergebnisse zeitigen, bin ich für die Zukunft äußerst zuversichtlich.»

Die Befragten berichteten aber am häufigsten, dass ihnen das Üben der Riten ein starkes Gefühl des Wohlbefindens und der Zufriedenheit in Bezug auf sich selbst, ihre Gesundheit und ihr Leben gegeben hätten. Manche beschrieben dieses Gefühl als «Spaß am Leben», «Feuer unterm Hintern», «Pep», «Ausgeglichenheit» oder «Freude». Ein Mann nannte die Übungen ein «wirksames Tonikum», ein anderer meinte, er fühle sich wie neugeboren. Offenbar stellte sich ein Gefühl jugendlicher Vitalität ein, wenn es den Leuten körperlich und emotional besser ging.

«Das Buch gibt einem zuerst neue Hoffnung», erzählte Sara Lurie, eine Operationsschwester, «und dann Vertrauen, wenn man anfängt, die positiven Auswirkungen zu spüren. Ich begann im Frühjahr 1991, die Riten zu praktizieren, und heute ernte ich die Früchte meiner Bemühungen. Meine Gesundheit ist besser geworden, ich habe mehr Energie, schätze das Leben mehr und kann anderen besser helfen. Mein Ziel war es, mich wieder wie ein Teenager zu fühlen, und das habe ich erreicht.»

Unter den hunderten von Antworten, die wir erhielten, fanden wir die von Menschen, die im Gesundheitswesen arbeiteten, besonders interessant. Im zweiten Teil dieses Kapitels werde ich Ihnen einige dieser Leute und ihre bemerkenswerten Geschichten vorstellen. Diese inspirierenden Berichte über Genesung und Gesundheit sowie die Möglichkeit, die Vitalität und Lebensfreude zurückzugewinnen, die sonst nur der Jugend vorbehalten sind, können uns allen neue Hoffnung geben.

(In Anhang B finden Sie weitere Berichte über persönliche Erfahrungen mit den fünf Riten.)

Teil 2
Aus medizinischer Sicht

Die Behauptungen, die in dem Buch *Die Fünf »Tibeter«*® aufgestellt werden, rufen häufig Verwunderung und Skepsis hervor, da Krankheiten, körperliche Einschränkungen und Verfall unvermeidliche Begleiterscheinungen des Lebens zu sein scheinen. Die moderne Schulmedizin kennt kein Konzept, das dem der tibetischen Energiewirbel vergleichbar wäre, und hat erst in letzter Zeit widerstrebend anerkannt, dass es einen Zusammenhang zwischen geistiger Einstellung, emotionaler Ausgeglichenheit und körperlicher Gesundheit gibt. Heute fangen manche Angehörige der Ärzteschaft und anderer Gesundheitsberufe an, die Überlieferungen und Methoden einer alternativen Gesundheitspflege mit neuen Augen zu sehen.

Zu den interessantesten Berichten über die fünf Riten gehören die von Menschen, die im Gesundheitswesen tätig sind. Viele von ihnen praktizieren die Riten nicht nur selbst, sie empfehlen sie auch ihren Patienten. Ihre persönlichen wie beruflichen Erfahrungen haben sie davon überzeugt, dass die Fünf »Tibeter« eine entscheidende Rolle bei der Verbesserung des allgemeinen Gesundheitszustandes spielen können.

Dr. Robert Cope, der seit über 20 Jahren Alternativen zur westlichen Schulmedizin erforscht, glaubt, dass die Riten aus einer älteren, weit umfassenderen Weisheitstradition als der unsrigen stammen. «Die Schulmedizin, die den Körper behandelt, als ob er ein Auto wäre, also nichts weiter als eine Maschine, deren Teile ersetzt werden können, sucht noch immer nach einzelnen, materiell greifbaren Auslösern für all unsere Krankheiten. Diese Übungen hingegen leisten ihren Beitrag zur Gesundheit nicht nur auf der körperlichen Ebene.»

Ich bin davon überzeugt, dass zwischen emotionalem und körperlichem Schmerz ein Zusammenhang besteht, dass gesundheitliche Probleme vielschichtig sind und mit Wut, Verbitterung und negativem Denken zu tun haben», erklärt Dr. Cope. «Die Riten wirken auf beiden Ebenen, da sie Teil einer spirituellen Tradition sind. Vielleicht werden sie deshalb auch niemals langweilig wie andere Körperübungen. Ich spüre, dass mich die Riten nicht nur auf der körperlichen Ebene berühren.»

Dr. Cope ist 51 und fing 1993 – als eine Art Neujahrsvorsatz – an, die fünf Riten zu üben. Heute ist er derart von ihrem Wert überzeugt, dass er sie nicht einen Tag auslässt. «Meine Muskelkraft hat zugenommen, meine Schultern sind gerader und meine Bauchmuskeln fester geworden. Nach sechs Monaten wurde das graue Haar am Hinterkopf wieder zu dem ursprünglichen Dunkelbraun. Ich habe meinen Sohn, der Medizin studiert, dazu bewegen können, die Übungen ebenfalls zu praktizieren», erzählte Dr. Cope weiter.

Ursprünglich war Dr. Cope Hals-Nasen-Ohren-Arzt gewesen, aber er hatte sich nach und nach immer mehr von der üblichen Schulmedizin entfernt, weil ihm weder die Vielzahl der Operationen behagte, die er ausführte, noch die großen Mengen Medikamente, die er verschrieb und die er selbst nicht nehmen würde. Seine heutigen Behandlungsmethoden gehen weit über den Rahmen seiner schulmedizinischen Ausbildung hinaus, die er in seinem Heimatland Holland erhielt. Bei der Arbeit in seiner Praxis in Scottsdale in Arizona setzt Dr. Cope eine Vielzahl von Methoden ein, die Körper und Geist in einem Heilungsprozess verbinden, der sowohl die körperlichen als auch die emotionalen Aspekte einer Krankheit berücksichtigt.

«Die fünf Riten sind nicht einfach nur Körperübungen. Wenn ich sie ausgeführt habe, empfinde ich ein tiefes Wohlbefinden, das ich vermisse, wenn ich sie einmal nicht übe», sagte Dr. Cope. «Ich glaube, sie wurden entwickelt, um ein Gleichgewicht zwischen Körper und Geist herzustellen.» Aus eben diesem Grund machte er viele seiner Patienten mit den Riten bekannt.

Uralte Wahrheiten und moderne Wissenschaft

Die Mediziner, mit denen ich sprach, gehen davon aus, dass die Riten aus einer sehr alten medizinischen Tradition stammen. Dr. Charles Bowen, ein chiropraktischer Neurologe aus Billings in Montana, meinte dazu: «Ich glaube, dass die Riten im Verlauf von tausenden von Jahren aufgrund eines intuitiven Verständnisses des Körpers und seiner Funktionen, gekoppelt mit sorgfältigen, systematischen Beobachtungen, entwickelt wurden.

Ich kaufte *Die Fünf »Tibeter«*® vor mehreren Jahren, weil mir der Gedanke gefiel, dass ich bei Nichtgefallen mein Geld zurückbekommen würde», gestand Dr. Bowen. «Ich fand, dass ein Verlag, der ein solches Angebot macht, sehr von seinem Produkt überzeugt sein muss. Dann spürte ich schon beim ersten Mal die positiven Auswirkungen der Riten. Ich erlebte eine dramatische Ausdehnung meines Bewusstseins auf alles, was innerhalb und außerhalb meines Körpers vor sich ging, und eine Art Stromstoß, den ich nur als konstante Energiezufuhr bezeichnen kann.»

Dr. Bowen, der einer von weltweit 119 zugelassenen chiropraktischen Neurologen ist, ermutigt seine Patienten, die fünf Riten täglich zu üben. Er hat einen Doktortitel in Neurologie (der Wissenschaft des Nervensystems, das alle Körperfunktionen überwacht und kontrolliert) und bietet in seiner hochgradig spezialisierten Praxis Alternativen zu Operationen und Medikamenten an. Er erklärte mir, dass «alles, was im Nervensystem passiert, tief greifende Auswirkungen auf den ganzen Körper hat. Ich habe aufgrund meiner eigenen Erfahrungen und der meiner Patienten herausgefunden, dass die fünf Riten das gesamte Nervensystem stimulieren. Mit meiner Kenntnis des menschlichen Körpers fällt es mir nicht schwer, dem, was an Positivem über die Auswirkungen der fünf Riten gesagt wird, Glauben zu schenken. Es hat weder etwas mit Mystik noch mit Magie zu tun.»

Er erläuterte seinen Standpunkt anhand der Behauptung, dass die Riten dazu beitragen, jünger auszusehen. «Verbesserte Zirkulation erhöht die Blutzufuhr besonders zum Gesicht, so dass Sauerstoff und Nährstoffe in die Hautzellen transportiert und Ausscheidungsstoffe entfernt werden können. So ist es nur natürlich, dass das tägliche Üben der Riten, durch die das Nervensystem stimuliert wird, das wiederum das Kreislaufsystem kontrolliert, zu einem jüngeren, besseren Aussehen beiträgt.»

Dr. Bowen, der seit über 15 Jahren praktiziert, hat eine sehr präzise Erklärung dafür, wie und warum sich die fünf Riten so positiv auswirken. «Die Gesamtsumme des neurologischen In- und Outputs wird zentraler integrativer Zustand genannt. Man kann ihn sich als Bankkonto vorstellen. Die ‹Einzahlungen› kommen von den Mechano-Rezeptoren, den spezialisierten Nerven der Gelenke, deren höchste Konzentration sich am Kopf und im Nacken befindet. Bestandteil fast aller Riten ist das Strecken und Beugen des Nackens. Diese Nerven versorgen das Gehirn mit einem steten Fluss von Informationen. Durch die Bewegungen der Gelenke werden die Mechano-Rezeptoren angeregt, wodurch sich die Aktivität im Kleinhirn und im Thalamus erhöht. Diese Gehirnteile integrieren alle eintreffenden Informationen und regulieren das sympathische und parasympathische Nervensystem, das die automatischen Körperfunktionen zum Beispiel des Herzens, der Lungen, des Darms und der Drüsen steuert. Je mehr ‹Einzahlungen› Sie vornehmen, desto größer werden Ihr ‹Saldo› und Ihre ‹Verfügungsmöglichkeiten› sein. Fehlende Stimulierung, die beispielsweise eintritt, wenn jemand krank und lange Zeit ans Bett gefesselt ist, führt zu einer Abnahme des ‹Saldos›.»

Dr. Bowen zufolge ist eine der Hauptursachen für vorzeitiges Altern und viele chronische Krankheiten unsere sitzende Lebensweise. Fehlende Bewegung bringt eine Verlangsamung der Nervenübertragung mit sich, die sich auf alle Systeme des Körpers auswirkt. Erhalten die Sinnesnerven keine Signale, fangen sie an zu verkümmern, was wiederum zu einem Zusammenbruch anderer Funktionen führt. «Die Riten funktionieren, weil sie die Mechano-Rezeptoren anregen und den zentralen integrativen Zustand erhöhen, was sich positiv auf das Immunsystem, die Verdauung, Ausscheidung, Atmung und den Kreislauf auswirkt. Deshalb ist es weniger wahrscheinlich, dass sich Menschen, die die Riten üben, Erkältungen oder eine Grippe zuziehen. Auch altersbedingte degenerative Erkrankungen werden zumindest hinausgezögert, und viele verschiedene Leiden von Arthritis bis zu chronischen Nebenhöhlenentzündungen werden positiv beeinflusst. Ich habe Patienten mit Überbeinen gehabt, einer Form der Osteoarthritis, die zu einer Verschmelzung der betroffenen Gelenke führt. Wenn die Gelenknerven angeregt werden – wie es durch die Übungen geschieht –, lösen sich diese Überbeine tatsächlich auf. Röntgenaufnahmen haben eindeutig gezeigt, dass sie vollständig verschwinden, und ich bin davon überzeugt, dass dies auf die Kombination meiner Behandlung mit den fünf Riten zurückzuführen ist.»

Dr. Bowen, der 40 Jahre alt ist, hat die fünf Riten seit über fünf Jahren in seine tägliche Routine integriert und meint, dass sie seinen Morgenkaffee ersetzt hätten, weil sie ihn viel effektiver auf den Tag vorbereiten. «Indem ich die fünf Riten übe, erhöhe ich meine Fähigkeit, alles zu tun, was ich will, und maximiere somit mein menschliches Potenzial», erklärte Dr. Bowen.

Dr. Russell Lewis, der seit vielen Jahren die Heilkünste Asiens studiert, stimmt mit Dr. Bowen darin überein, dass die fünf Riten auf einem präzisen Verständnis des menschlichen Körpers und seiner Funktionen beruhen, das sich im Lauf der Zeit als richtig erwiesen hat. Er ist davon überzeugt, dass die Übungen gut durchdacht sind und durch die zahlreichen Erfahrungen vieler Übender ausreichend verifiziert wurden. Lewis, der seit über 17 Jahren als Chiropraktiker in Charleston in South Carolina arbeitet, führt die Akupunktur als Beispiel für eine weitere Heilmethode an, die seit hunderten von Jahren funktioniert, obwohl sie wissenschaftlich nicht genau erklärt werden kann.

«Ich übe die fünf Riten seit drei Jahren», berichtete Dr. Lewis, «und kann sagen, dass es mir durch sie einfach wunderbar geht und ich ein Gefühl des Wohlbefindens und der Ausgeglichenheit habe. Ich glaube, diese positiven Auswirkungen sind auf die uralten physischen und metaphysischen Prinzipien Asiens zurückzuführen. Diese Prinzipien stimmen mit den neuesten wissenschaftlichen Erkenntnissen über das Zusammenspiel von Körper und Geist überein.

Schon lange, bevor ich von einem Patienten das Buch *Die Fünf »Tibeter«*® erhielt, war ich davon überzeugt, dass dem Geist bei allen tief greifenden und anhaltenden Veränderungen des körperlichen Zustands eine wichtige Funktion zukommt. Jeder Mensch muss bei der Aufrechterhaltung seiner Gesundheit eine aktive Rolle spielen und die Verantwortung dafür übernehmen. Was ich an dem Buch so besonders wichtig finde, ist die Botschaft, die in der Geschichte enthalten ist und die zeigt, was Menschen jeden Alters tun können, um ihre Gesundheit aufrechtzuerhalten. Ich persönlich bin gar nicht daran interessiert, 120 Jahre alt zu werden, mir geht es mehr um die Lebensqualität, und in diesem Bereich bieten die fünf Riten eine Menge. Darum praktiziere ich sie, und darum empfehle ich sie manchen meiner

Patienten, die allen Altersgruppen angehören und unter einer Vielzahl von Erkrankungen und Beschwerden leiden. Für mich stellen die Riten eine perfekte Methode dar, um Körper und Geist in Einklang zu bringen.» Die Geschichte von Dr. Russell Joilette ist ein Paradebeispiel für diesen Satz. Dr. Joilette, ein Arzt aus Hartford in Kentucky, gab seine Praxis 1993 auf – im selben Jahr, in dem er anfing, die fünf Riten zu üben. Sieben Monate darauf traf er zufällig einen auswärtigen Kollegen, den er lange Zeit nicht gesehen hatte. «Sie können doch nicht schon Ihre Praxis aufgegeben haben», meinte der, «Sie sind doch erst 47, oder?» Dr. Joilette sagte ihm, dass er 63 sei, und musste seinen Führerschein zeigen, um den anderen zu überzeugen.

Bevor er anfing, die Riten zu üben, ging Dr. Joilette nur noch gebeugt und konnte den Kopf aufgrund einer alten Verletzung nicht mehr drehen. Sein Haar war grau-weiß, er war übergewichtig und fühlte sich alt. «Ich habe die Ratschläge des Buches seit dem 19. Juni 1993 genauestens befolgt», erzählte Dr. Joilette, «und ich habe fast 20 Pfund abgenommen, habe mehr Energie und bin viel wacher. Mein Haar ist wieder dicker und hat bis auf ein paar graue Strähnen an den Schläfen seine braun-schwarze Farbe zurückgewonnen. Ich kann meinen Kopf wieder ungehindert und ohne Schmerzen bewegen und wieder aufrecht stehen. Mein Gang ist leichtfüßig, mein sexueller Appetit und meine Potenz sind wieder normal. All das ist die absolute Wahrheit. Leute, die mich vier Jahre lang nicht gesehen haben, sind verblüfft darüber, dass ich jünger geworden bin!»

Wie die fünf Riten funktionieren

Jeder der Ärzte, mit denen ich sprach, erklärte die Art, wie und warum die Riten wirken, jeweils aus seiner berufsbedingten Sicht. Aber alle waren sich darin einig, dass die Riten ein Übungssystem darstellen, das positive Auswirkungen auf Körper und Geist hat, wenn es regelmäßig durchgeführt wird. Sie sagten übereinstimmend aus, dass durch die Übungen nicht nur Muskelkraft und Beweglichkeit verbessert und Kreislauf und Atmung angeregt werden, sondern dass auch Koordination, Gleichgewichtssinn, Energie und geistige Klarheit davon profitieren. Einige Ärzte meinten, dass die verbesserte Zirkulation dem Körper helfe, Giftstoffe, Ausscheidungsprodukte und Verunreinigungen auszuschwemmen, die im Fettgewebe, in den Organen und Gelenken gespeichert werden. Andere betonen die Tatsache, dass durch die Riten die Sauerstoffzufuhr zum Gehirn erhöht wird, was seine Funktionsfähigkeit verbessert. Viele sind davon überzeugt, dass die Stimulierung der Chakren genannten Energiezentren, die in den *Fünf »Tibetern«*® beschrieben wird, in Wahrheit eine Stimulierung des endokrinen Systems ist. (Siehe auch Kapitel 2, in dem die Chakren erörtert werden.)

«Die Lage der Chakren entlang der Wirbelsäule entspricht der der wichtigsten endokrinen Drüsen», führte Dr. David Selman aus. «Diese Drüsen halten das homöostatische Gleichgewicht der Körperchemie und ihrer automatischen Funktionen aufrecht. Die zum endokrinen System gehörende Schilddrüse und die Hirnanhangdrüse, die das Wachstumshormon produzieren, dessen Fehlen für den Alterungsprozess verantwortlich gemacht wird, befinden sich im Kopf und im Hals. Die Riten sind besonders geeignet, die Drüsen in diesen Bereichen zu aktivieren. Wissenschaftliche Untersuchungen haben gezeigt, dass schon kleine Dosen dieses Wachstumshormons den Alterungsprozess verlangsamen.»

Dr. Selman, ein Mikrobiologe, der ein besonderes Interesse an der Beziehung von Körper, Geist und Immunsystem hat, bemüht sich zur Zeit, Forschungsgelder zu bekommen, um die Wirkung der fünf Riten auf die Produktion dieses Wachstumshormons zu erforschen. Als er vor vier Jahren zum ersten Mal von dem Buch hörte, stand er dem Thema bereits mit demselben wissenschaftlichen Forschergeist gegenüber. Er wollte die fünf Riten ausprobieren, um zu sehen, was geschehen würde.

Zu seiner Überraschung fühlte sich Dr. Selman, der 63 ist, schon bald jünger und gesünder. Ihm fiel auf, dass er eine größere Widerstandskraft gegen Erkältungen und Grippe besaß. Nachdem er die fünf Riten einen Monat lang geübt hatte, konnte er in der Mittagshitze drei Sätze Tennis spielen, was vorher für ihn unmöglich gewesen wäre. Sein gegenwärtiger Doppelpartner ist 43, aber Selman behauptet, mühelos mithalten zu können.

«Ich fühle mich besser als mit 28 und sehe auch besser aus. Ich bin 1,80 Meter groß, und seit ich die fünf Riten in meinen Tagesplan integriert habe, kann ich essen so viel ich will, mein Gewicht bleibt bei 60 Kilogramm», erzählte Dr. Selman stolz.

Als guter Wissenschaftler zögert Dr. Selman, ausschließlich die Übungen für seine erstaunlich gute Gesundheit verantwortlich zu machen. Schließlich, so meinte er, liefere eine einzige Person keine wissenschaftlich signifikanten Werte. «Ich kann nicht mit Bestimmtheit sagen, wie es mir ohne die fünf Riten ginge», sagte er, «ich weiß nur, dass ich sie mache und das sichere Gefühl habe, dass sie mir helfen. Deshalb spreche ich in meinen Klassen und Seminaren darüber.»

Was zählt, ist das Ergebnis

«Mir geht es mehr um Ergebnisse als um die Frage, warum und wie etwas den Patienten hilft», erklärte mir Dr. Kathleen Sortini. «Ich bin offen für alles, was ihnen von Nutzen sein könnte. Wenn ihnen die Schulmedizin nicht zu helfen imstande ist, bin ich immer dafür, etwas anderes auszuprobieren. Schließlich möchten die Menschen, dass es ihnen besser geht, und ich teile diesen Wunsch.» Aufgrund dieser Sicht war sie bereit zuzuhören, als Cynthia, eine ihrer Patientinnen, ihr erzählte, die fünf Riten hätten nicht nur ihre Gesundheit verbessert, sondern ihr ganzes Leben verändert.

Dr. Sortini, die gegenwärtig zum Lehrkörper der medizinischen Fakultät der University of South Florida gehört, begegnete Cynthia vor achteinhalb Jahren. Cynthia, die damals 27 war, hatte verschiedene gesundheitliche Probleme, darunter eine chronische Schilddrüsenunterfunktion, eine Essstörung, die zu gefährlichem Untergewicht führte, und Erschöpfungszustände, die so stark waren, dass sie, wenn sie eine Treppe hochgestiegen war, schon vollkommen ermattet war. Als sie Dr. Sortinis Patientin wurde, empfahl diese ihr, zusätzlich zu einem klinischen Psychologen zu gehen, mit dem sie zusammenarbeitete.

Aber weder die Therapie noch die Medikamente schienen etwas zu nützen. Cynthia fühlte sich «älter als die meisten Menschen» und hatte das Gefühl, sie «würde sterben». «Mir war andauernd kalt, und ich sah schrecklich aus. Ich war furchtbar dünn, hatte stumpfes, brüchiges Haar und müde Augen.» Sie war kaum in der Lage, sich um ihre sechsjährige Tochter zu kümmern.

Kurz bevor sie wieder schwanger wurde, stolperte Cynthia im wahrsten Sinn des Wortes über Die Fünf »Tibeter«®. An einem regnerischen Tag bemerkte sie einen Stapel Bücher auf dem Bürgersteig, der für die Müllabfuhr bestimmt war. Als sie den nassen Stapel durchsah, um zu schauen, ob irgendetwas Interessantes dabei war, entdeckte sie Kelders Buch – das als einziges trocken geblieben war. Da sie der Titel faszinierte, nahm sie es mit nach Hause, las es und fing sofort an, die Riten zu üben. Schon bald bemerkten sowohl sie als auch Dr. Sortini eine positive Veränderung ihres Gesundheitszustandes. Sie bekam wieder Appetit, fing an zu essen und nahm zu. Ihr Energieniveau und ihre Stimmung verbesserten sich drastisch. Cynthia war davon überzeugt, dass dies auf die Übungen zurückzuführen war.

«Ich hatte bis zu dem Zeitpunkt, an dem Cynthia mir davon erzählte, nie von den Fünf ›Tibetern‹ gehört», erklärte mir Dr. Sortini. «Natürlich war ich, wie jede Ärztin, skeptisch. Aber da ich das Gefühl hatte, die Übungen könnten ihr auf keinen Fall schaden, hatte ich nichts dagegen. Im Lauf der Zeit glaubte ich meinen Augen nicht zu trauen. Cynthia wurde ein anderer Mensch, sah besser aus, fühlte sich besser und schien ihr Leben in den Griff zu bekommen, indem sie die Verantwortung für ihre Gesundheit und sich selbst übernahm.»

«Als ich das erste Mal schwanger war», sagte Cynthia, «musste ich die letzten beiden Monate im Bett verbringen. Dr. Sortini und ich hatten Angst, dass ich das neue Baby nicht austragen oder, falls ich es doch schaffen sollte, mich anschließend nicht richtig um es kümmern könnte. Ich dachte sogar daran, es zur Adoption freizugeben.» Aber Cynthias Schwangerschaft verlief ohne Komplikationen, und vor fünf Monaten gebar sie ein gesundes Baby. Bis zu dem Tag, an dem sie ins Krankenhaus musste, führte sie regelmäßig die Riten 1, 3 und 4 aus, und sechs Wochen nach der Entbindung konnte sie wieder alle machen.

«Meine Freundin, die ihr Baby gleich nach mir hatte, sieht immer noch schwanger aus, aber bei mir konnte man schon neun

Wochen nach der Geburt nicht mehr sehen, dass ich jemals schwanger gewesen war», erzählte Cynthia begeistert. «Ich führte jeden Ritus 21 Mal aus, und es war einfach toll. Ich verfügte über unglaublich viel Energie, was eine völlig neue Erfahrung für mich war. Heute versorge ich meine beiden Kinder, einen Fisch und ein Kaninchen. Wenn nicht mindestens zwei oder drei Dinge gleichzeitig passieren, weiß ich schon nicht recht, was ich mit mir anfangen soll. Früher hat es mich fast umgebracht, das Baby und die Einkaufstaschen ins Haus zu tragen, heute strengt es mich überhaupt nicht an. Mein Haar ist wunderschön, mir ist nicht mehr kalt, und ich nehme keine Medikamente für die Schilddrüse mehr. Das alles verdanke ich den Riten. Ich war eine junge Frau in schlechter Form, heute habe ich meine Jugend und meine Gesundheit wiedergewonnen.»

Dr. Sortini pflichtete dem bei. «Als Wissenschaftlerin kann ich nicht mit absoluter Gewissheit sagen, dass die Verbesserungen, die ich bei Cynthia festgestellt habe, tatsächlich durch die fünf Riten hervorgerufen wurden. Dennoch bin ich äußerst beeindruckt von dem, was sich ereignet hat, nachdem sie angefangen hat, sie zu praktizieren. Mich interessiert, was funktioniert, und es besteht kein Zweifel daran, dass die fünf Riten bei Cynthia funktionieren.»

Cynthia glaubt, dass sie das Buch in einem entscheidenden Moment ihres Lebens gefunden hat. «Ich hatte es satt, immer nur müde und krank zu sein», sagte sie. «Die Medikamente, die ich nehmen musste, brachten nichts. Ich hatte das Gefühl, dass ich Hilfe von innen benötigte, aber ich wusste nicht, was das sein könnte. Die fünf Riten haben diese Frage beantwortet.»

Im Schneckentempo altern

Dr. B. S. Mell, Psychiater an einer Klinik in Jackson in Louisiana, hörte zum ersten Mal von den Fünf »Tibetern« zu einer Zeit, als er befürchtete, Herzprobleme zu bekommen. Er war damals 63, aufgeschwemmt und übergewichtig. Als er noch seine eigene Praxis hatte, war eine 60-Stunden-Woche normal für ihn gewesen, aber nun konnte er kaum noch einen Achtstundentag bewältigen. Er hatte das Gefühl, plötzlich ein alter Mann geworden zu sein.

«Ich kaufte das Buch einfach, weil ich neugierig war. Da ich mit meinem Gesundheitszustand unzufrieden war, beschloss ich, die Übungen drei Monate lang auszuprobieren, um zu sehen, ob sie mir etwas bringen würden. Nach den drei Monaten konnte ich erstaunliche Veränderungen feststellen», erzählte Dr. Mell.

Durch die Riten erhöhte sich sein Energieniveau deutlich. Bevor er vor drei Jahren davon gehört hatte, brauchte er pro Nacht acht Stunden Schlaf und war dennoch am nächsten Nachmittag bereits müde. «Es gab damals nur etwa vier oder fünf Stunden, in denen ich voll leistungsfähig war», erklärte er mir, «dagegen bin ich heute nie müde, obwohl ich weniger schlafe. Ich stehe um 4 Uhr morgens erfrischt auf, arbeite den ganzen Tag und bin dabei hellwach, ohne die gewohnte nachmittägliche Schlaffheit. Wenn ich abends zu Bett gehe, bin ich noch nicht einmal erschöpft.»

Er hat dauerhaft fast zehn Pfund abgenommen, sein Bauchumfang ist um acht Zentimeter zurückgegangen, und sein Muskeltonus ist wieder wie früher. Er ist mit sich zufrieden, wenn er in den Spiegel schaut. Das chronische Niesen, das von einer Schwellung der Nasenschleimhaut herrührte, hat aufgehört, und er leidet nicht länger unter Kurzatmigkeit.

«Nachdem ich gesehen hatte, was in nur drei Monaten geschehen war, beschloss ich weiterzumachen», fuhr Dr. Mell fort. «Heute sind die Riten zu einer Art Gewohnheit geworden, mit der ich in all den Jahren nur fünfmal gebrochen habe. Ich weiß, dass ich mich nicht nur jünger fühle, sondern tatsächlich jünger bin. Seit ich mit den Riten anfing, habe ich nicht eine ernste Krankheit gehabt. Erkälte ich mich doch einmal, mache ich einfach mit den Übungen weiter, und die Symptome verschwinden nach zwei Tagen. Vor kurzem habe ich im Rahmen einer Vorsorgeuntersuchung gründliche Labortests machen lassen. Alle Werte sind normal. Mein Arzt kann es nicht fassen, dass er und ich gleich alt sind. Er hatte bereits einen Bypass und sieht zehn Jahre älter aus.

Ich bezweifle, dass die Riten den Alterungsprozess tatsächlich umkehren können», sagte Dr. Mell lachend, «aber wenn man die

Willenskraft aufbringt, die Übungen zu machen, lässt sich der Prozess bestimmt verlangsamen.»

Die Kommentare von Dr. Mell, Dr. Sortini, Dr. Cope und den anderen im Gesundheitswesen tätigen Personen sind keine Werbeslogans. Sie stammen nicht von Quacksalbern, die ihr Lebenselixier anpreisen, oder von Betrügern, die Ihnen das Geld aus der Tasche ziehen wollen. Weder die Ärzte noch die anderen Männer und Frauen, die bereit waren, sich mit mir zu unterhalten, haben etwas dafür bekommen. Ihr einziger Lohn für ihre kaum zu glaubenden, aber dennoch wahren Geschichten besteht in der Hoffnung, dass auch andere Menschen davon profitieren werden.

Entdecken Sie Ihren Quell der ewigen Jugend

Die Personen, die ich Ihnen in diesem Kapitel vorgestellt habe, sind lebende Menschen, die ein ganz normales Leben wie Sie und ich führen. Ihre Geschichten sind weder übernatürlich noch mysteriös. Das Besondere an diesen Leuten ist aber, dass sie nicht einfach von einem mythischen Jungbrunnen geträumt haben, sondern entdeckten, dass das «Wasser des Lebens» in Wirklichkeit in ihnen selbst floss. Durch das regelmäßige Üben der Riten, aktivierten sie die körpereigene Fähigkeit, sich zu heilen und zu verjüngen.

Es wird aus den vielen Berichten deutlich, dass die fünf Riten die erstaunliche Fähigkeit besitzen, «das zu beheben, was Ihnen fehlt». Sie können Ihr ganzes Leben verändern oder es einfach etwas verbessern, sie können Heilung bringen oder Ihnen helfen, leichter mit Ihren Problemen umzugehen. Durch sie können Sie unter Umständen jünger aussehen, als Sie tatsächlich sind, oder sich besser fühlen, als Sie es seit Jahren getan haben. Aber am wichtigsten ist, dass sie Ihre Einstellung sich selbst gegenüber ändern können.

Dazu bedarf es keines Glaubens, da die Fünf »Tibeter« keine religiöse Übung sind. Das einzige Erfordernis, um herauszufinden, was Ihnen die fünf Riten bieten können, ist die Bereitschaft, sie auszuprobieren. Trotz der vielen wissenschaftlichen und medizinischen Fortschritte dieses Jahrhunderts ist es unerlässlich, neue Wege zu Gesundheit und Wohlbefinden zu erforschen. Aber vielen von uns ist diese Bereitschaft abhanden gekommen. Als Gesellschaft sind wir von Fachleuten und den von ihnen verschriebenen Medikamenten abhängig geworden. Die gewaltigen Fortschritte in der biomedizinischen Forschung, die zu einer Flut von neuen Hochtechnologieverfahren geführt haben, die unerhört viel Geld kosten, haben ältere und einfachere Methoden der Gesundheitspflege in Vergessenheit geraten lassen. Dabei ist uns auch das Wissen, wie wir uns selbst helfen können, abhanden gekommen.

Die Frage, die sich jedem Leser stellt, ist folgende: Wenn durch die Fünf »Tibeter« auch nur die entfernteste Möglichkeit besteht, die Gesundheit zu verbessern, schmerzfrei zu werden und im besten Sinne des Wortes wieder jung zu werden, warum sollte man sie dann nicht ausprobieren? Man braucht dazu nur einen offenen Geist und zehn bis 20 Minuten täglich.

Die Menschen, die Sie in diesem Kapitel kennen gelernt haben, sind so real wie Ihr Nachbar oder Ihre beste Freundin. Sie sprachen mit uns einfach deshalb, weil sie von den fünf Übungen begeistert waren und ihre Erlebnisse mit anderen teilen wollten.

All diese Leute behaupteten, dass ihnen die fünf Riten auf die eine oder andere Weise geholfen haben. Im nächsten Kapitel werden einige Erklärungsversuche unternommen, um herauszufinden, worin die Macht dieser Übungen besteht, zu heilen und den Alterungsprozess so vieler Menschen zu verlangsamen.

RICHARD LEVITON

2 Das Energiegeheimnis der fünf Riten

Nach Auffassung der modernen Wissenschaft und der Schulmedizin ist der Alterungsprozess nicht umkehrbar. Aber Colonel Bradford und mit ihm hunderte von Lesern, die seine Ratschläge befolgen (Sie haben ihre Geschichten im vorangegangenen Kapitel gelesen), behaupten, dass das scheinbar Unmögliche wahr geworden ist und dass sie körperlich um Jahre jünger geworden sind.

Darin können sie sich zumindest der Unterstützung dreier Wissenschaftler sicher sein, die bewiesen haben, dass der Alterungsprozess im Gegensatz zur konventionellen Ansicht tatsächlich verlangsamt und häufig sogar rückgängig gemacht werden kann.

Wie Altern durch Meditation rückgängig gemacht werden kann

1978 wies R. Keith Wallace, ein Physiologe von der Universität von Kalifornien in Los Angeles, direkte Auswirkungen der Meditation auf den Alterungsprozess nach. Er maß dazu drei biologische Indikatoren: Blutdruck sowie Seh- und Hörvermögen. Alle drei Faktoren verbesserten sich mit zunehmender Meditationspraxis, und Wallace behauptete, dass in diesen Fällen die biologische Uhr tatsächlich rückwärts lief. Teilnehmer, die seit weniger als fünf Jahren meditierten, hatten physiologischen Untersuchungen zufolge ein biologisches Alter, das im Durchschnitt fünf Jahre niedriger lag als ihr tatsächliches Alter. Diejenigen Teilnehmer, die seit mehr als fünf Jahren meditierten, wurden sogar bis zu zwölf Jahren jünger eingestuft, als es ihrem tatsächlichen Alter entsprach. Mit anderen Worten: Durch regelmäßige Meditation wird das funktionale Alter gesenkt, so dass man effektiv jünger wird.

Die Ärzte Deepak Chopra und Jay Glaser haben ebenfalls bewiesen, dass die biologische Altersuhr durch Meditation dazu gebracht wird, rückwärts zu laufen. Chopra ist ein Endokrinologe, der zum Bestsellerautor wurde und zu einer international bekannten Autorität auf dem Gebiet von Meditation, Heilung und Altern avancierte. In seinem Buch *Die Körperzeit. Mit Ayurveda jung bleiben – ein Leben lang* stellte er eine Untersuchung vor, die bewies, dass das biologische Alter durch Meditation gesenkt werden kann.

1988 führten Chopra und Glaser ein Forschungsprojekt durch, um die Auswirkungen eines Hormons namens DHEA auf den Alterungsprozess zu untersuchen. Zur Zeit ist DHEA das einzige Hormon, von dem mit Sicherheit bekannt ist, dass es mit zunehmendem Alter abnimmt. Mit 25 erreicht seine Produktion einen Höchststand und nimmt danach kontinuierlich ab. Sobald man unter Stress steht, wird ein Teil des DHEA-Vorrats dazu benutzt, verschiedene Stresshormone wie Adrenalin und Kortison herzustellen. Daher ist das DHEA-Niveau ein verlässlicher Indikator dafür, wie viel Stress der Körper im Lauf der Zeit ausgesetzt war. Anfang der achtziger Jahre durchgeführte Untersuchungen an Mäusen ergaben, dass der natürliche Alterungsprozess rückgängig gemacht werden konnte, indem man ihnen DHEA injizierte, und dass sie den jugendlichen Elan junger Mäuse wiedererlangt hatten. Chopra und Glaser wollten herausfinden, ob dies auch beim Menschen möglich ist.

Durch die Versuche mit Mäusen wussten Chopra und Glaser bereits, dass das DHEA-Niveau konstant hoch bleiben würde, wenn man den Auswirkungen von Stress entgegenwirken könnte. Gelänge das, könnte der unvermeidliche Alterungsprozess, der mit der Abnahme des DHEA einhergeht, rückgängig gemacht werden. Glaser untersuchte das DHEA-Niveau von 328 Meditierenden und verglich die Ergebnisse mit denen von 1462 Nicht-Meditierenden. Er stellte fest, dass das DHEA-Niveau der Meditierenden in allen Frauengruppen höher war und dass es bei den Männern immerhin in acht von elf Gruppen höher lag.

Für Chopra und Glaser bewiesen diese Versuche, dass das biologische Alter, das sich im DHEA-Niveau widerspiegelt, durch Meditation gesenkt wird. Die deutlichsten Unterschiede zeigten sich bei älteren Versuchspersonen, berichtete Chopra. Meditierende Männer über 45 wiesen ein um 23 Prozent höheres DHEA-Niveau auf, während es bei Frauen derselben Altersgruppe sogar um 47 Prozent höher lag. Und: Dieses Niveau war unabhängig von Ernährung, Sport, Körpergewicht und Alkoholkonsum. Das festgestellte DHEA-Niveau entsprach einem, das man von um fünf bis zehn Jahre jüngeren Männern und Frauen erwarten würde.

Welcher geheimnisvolle Faktor könnte für eine solche Umkehr des Alterungsprozesses verantwortlich sein? Aktivieren die fünf Riten diesen Mechanismus, und wenn, wie? In diesem Kapitel werde ich mögliche Antworten auf diese faszinierenden Fragen vorstellen.

Die Macht der vitalen Lebensenergie

Die fünf Riten, so erklärte Colonel Bradford, funktionieren aufgrund des Wirkens der «vitalen Lebensenergie». Normalerweise denken wir bei dem Wort «Energie» an Brennstoff, zum Beispiel an Kohlenhydrate oder Erdöl. Aber Colonel Bradford verstand unter Energie etwas weitaus Subtileres: die unsichtbare, aber dennoch machtvolle Lebensenergie, die Vitalkraft, von der alles Leben abhängig ist.

Laut Colonel Bradford wird durch das Üben der fünf Riten die Zirkulation dieser lebenswichtigen Energie im ganzen Körper angeregt. Die Hindus nennen diese Energie «Prana», und Bradford gebrauchte seinen Schülern gegenüber ebenfalls diesen Begriff. Nach der hinduistischen Auffassung zirkuliert Prana, was wörtlich so viel wie «Lebensodem» bedeutet, im menschlichen Körper und beeinflusst jeden Aspekt des Menschen, so auch das Denken, Fühlen und das körperliche Wohlbefinden. Obwohl man diese vitale Lebensenergie nicht sehen kann, spürt man ihre machtvolle Wirkung täglich.

1908 entwickelte Dr. Walter Kilner, ein britischer Arzt und Forscher, ein einzigartiges Gerät, das er Kilner-Schirm nannte und mit dem er die vitale Lebensenergie des Menschen fotografieren wollte. Nach Kilner befand sich die menschliche Lebenskraft in einem Energiefeld (Aura) um den Körper und konnte durch den Kilner-Schirm sichtbar gemacht werden. Es wurden außerdem Energiefelder um bestimmte Körperteile wie die Daumen sichtbar, aber auch um andere lebende Organismen wie Blätter. Diese Form der Fotografie, die später von dem russischen Wissenschaftler Kirlian weiterentwickelt wurde, trug viel dazu bei zu beweisen, dass alle biologischen Organismen von unsichtbaren Energiefeldern umgeben sind.

Mitte der achtziger Jahre kombinierte Dr. Richard Gerber, ein praktischer Arzt aus Michigan, in seinem Buch *Vibrational Medicine* östliche Theorien über diese vitale Lebensenergie mit traditioneller westlicher Medizin. Dr. Gerber war davon überzeugt, dass diese Lebenskraft nicht nur die Grundlage von Körper und Geist bildet, sondern dass sie auch in komplexen, miteinander verbundenen Energiesystemen organisiert ist. Diese Energiesysteme, die Gerber «Schwingungssysteme» nannte, versorgen alle Organe und Systeme des Körpers mit Nahrung und Brennstoff. Sie verschaffen dem Körper lebenswichtige «Nährstoffe», die für sein Funktionieren notwendig sind, und beeinflussen sämtliche Drüsen-, Hormon-, Nerven- und Zellaktivitäten. «Heilmethoden, die auf Schwingung beruhen, sind der Schlüssel, um das gegenwärtig vorhandene medizinische Wissen zu erweitern und zu einem besseren Verständnis von Diagnose und Behandlung menschlicher Krankheiten zu kommen», schrieb Gerber.

Diese kurzen Ausführungen in Bezug auf die vitale Lebensenergie geben Ihnen vielleicht einen kleinen Einblick in das, was vor sich geht, wenn Sie die fünf Riten üben. Auf irgendeine Weise verstärken die Bewegungen und Haltungen die Zirkulation der vitalen Lebensenergie in Körper und Geist oder, wie die ganzheitliche Medizin es nennt, im Körpergeist. Im Körpergeist existiert keine Trennung zwischen psychischen und physischen Aktivitäten. Der Geist wirkt durch den Körper, und der Körper wirkt durch den Geist.

Nun wollen wir uns dem nächsten Stückchen Information zuwenden, das Colonel Bradford uns zukommen ließ. Er meinte, dass sich die vitale Lebensenergie im Körper durch eine Reihe von Energiezentren bewegt, die «Chakren» genannt werden.

Die geheimen Energiezentren des Körpers

Der spirituellen Tradition des Ostens zufolge haben wir in uns sieben geheime Energiezentren, die in einer Säule von den Lenden bis zur Schädeldecke arrangiert sind. Man nennt sie geheim, weil sie normalerweise weder sichtbar sind noch auf sonstige Weise wahrgenommen werden können. Sie werden Chakren genannt, was wörtlich so viel wie «Räder» heißt, weil sie hellsichtigen Menschen zufolge, die sie wahrnehmen können, wie Wirbel oder sich drehende Räder aussehen. Ihre Form und Bewegung gleicht der eines Wirbels, einer in der Natur weit verbreiteten Form, die in der Weise sichtbar wird, wie Wasser abfließt oder ein Hurrikan sich um sein stilles Zentrum dreht.

Es heißt, die Chakren würden durch die sieben Drüsen mit innerer Sekretion auf den Körper einwirken. Diese Drüsen des endokrinen Systems, die ebenfalls in einer Säule von der Lendengegend bis zur Schädeldecke angeordnet sind, regulieren die Zirkulation lebenswichtiger Hormone. Den östlichen Lehren zufolge bewegt sich die vitale Lebensenergie durch die Chakren und wird durch das endokrine System im ganzen Körper verteilt. So wie die Chakren die Zirkulation der vitalen Lebensenergie bestimmen, so regulieren die Drüsen ihrerseits die hormonellen Wechselwirkungen im Körper.

Das entspricht völlig Colonel Bradfords Chakra-Modell. Nach seinen Worten ist eine Unausgewogenheit im Hormonsystem oder gar das Fehlen eines Hormons die Folge eines Problems in einem oder mehreren Chakren. Ein endokrines System, das nicht richtig funktioniert, führt schnell zu Krankheit, Verfall, Altern und Tod. Das Konzept der Chakren nimmt in Colonel Bradfords

Erklärungen zur Wirkung der fünf Riten auf die Gesundheit und das Altern einen zentralen Platz ein. Er erklärte seinen Schülern, die Chakren seien «kraftvolle elektrische Felder, unsichtbar für das Auge, aber nichtsdestoweniger sehr real».

Die Drehgeschwindigkeit der Chakren ist laut Colonel Bradford von besonderer Bedeutung für die fünf Riten. In einem gesunden Menschen drehen sich alle sieben Chakren sehr schnell, so dass die Lebensenergie von der Lendengegend nach oben in den Kopf steigen kann. Außerdem drehen sich bei einem gesunden Menschen alle sieben Chakren mit derselben Geschwindigkeit und arbeiten harmonisch zusammen. Man kann sie sich wie einen sich drehenden Rasensprenger vorstellen, der Prana in alle Richtungen versprüht.

Ist eines der Chakren blockiert – oder gar mehrere –, so dass sich die natürliche Drehgeschwindigkeit verlangsamt hat oder ganz zum Stillstand gekommen ist, kann nach Colonel Bradfords Worten die Lebensenergie nicht zirkulieren. Die Folge sind Krankheit und Altern. Der Alterungsprozess kann als Aktivität oder Nichtaktivität der Energiewirbel definiert werden. Ein «abnormaler Zustand» der Chakren – fehlende Drehbewegung, zu langsame Drehgeschwindigkeit oder falsche Drehrichtung – schwächt die Gesundheit und führt zu vorzeitigem Altern. Dies mag also der Schlüssel sein: Erhöht man die Drehgeschwindigkeit der Chakren, verlangsamt sich der Alterungsprozess. Nach Bradfords Aussage besteht das Geheimnis der fünf Riten in der Geschwindigkeit, mit der sich die Chakren drehen, und in ihrem harmonischen Zusammenwirken.

«Die schnellste Art, Jugend, Gesundheit und Vitalität zurückzugewinnen, ist, diese Energiezentren dazu zu bringen, sich wieder normal zu drehen», erklärte Colonel Bradford. Aber wie schnell ist die normale Drehbewegung der Chakren? Bradford zufolge sollen sie sich mit der Geschwindigkeit drehen, die der eines kräftigen, gesunden 25-jährigen Menschen entspricht. Um diese zu erreichen, muss man zunächst den ersten Ritus üben – das Drehen –, durch den sich die Geschwindigkeit aller sieben Wirbel erhöht. Das Drehen ist eine Art Aufwärmübung vor der Feinabstimmung der einzelnen Chakren, die durch das Üben der anderen vier Riten vorgenommen wird.

46

Der Wirbel als Essenz des Lebens

Zu allen Zeiten haben Menschen nach Einheit, Beständigkeit und Vollkommenheit gestrebt. Das einzige Bild, das dieses Ideal für Menschen aus aller Welt dauerhaft repräsentiert, ist der Kreis. Ein Kreis hat keinen Anfang und kein Ende und dehnt sich gleichmäßig in alle Richtungen aus. Von sämtlichen geometrischen Formen besitzt er die größte Fläche innerhalb eines gegebenen Umfangs. Von Anbeginn bis heute wird das Göttliche, die Kraft, die Materie überwindet, häufig durch einen Kreis dargestellt.

Ein dreidimensionaler Kreis wird als Ball oder Kugel bezeichnet. Die Kugel, die eine große Stabilität und strukturelle Integrität aufweist, enthält das größte Volumen innerhalb einer gegebenen Oberfläche. Es ist kein Zufall, dass alle Sterne und Planeten kugelförmig sind.

Wenn wir den Kreis in die vierte Dimension projizieren wollen – in die der Zeit –, stehen wir zunächst vor einem Problem, da wir den Zeitverlauf nur in einer Richtung erleben. Stellen Sie sich zwei nebeneinander befindliche Kreise vor. Beginnen Sie in der 9-Uhr-Position des linken Kreises, und zeichnen Sie seine obere Hälfte nach. An der Stelle, an der sich die beiden Kreise treffen, zeichnen Sie die untere Hälfte des rechten Kreises nach. Auf diese Weise können Sie erkennen, dass ein Kreis in der Zeitdimension zu einem Kreislauf, einem Zyklus, wird.

Wenn Sie sich aufmerksam umsehen, werden Sie feststellen, dass alle möglichen Aktivitäten im Lauf der Zeit zyklischen Veränderungen unterliegen. So gibt es den täglichen Zyklus von Hell und Dunkel oder den jährlichen der Jahreszeiten. Die Gezeiten kennen Ebbe und Flut, der Mond nimmt ab und wieder zu, und unsere Körper folgen jeden Tag einem regelmäßigen Temperaturzyklus.

In den letzten Jahrzehnten haben Forscher zyklisches Verhalten in so unterschiedlichen Bereichen wie Tierpopulationen und Börsenkursen entdeckt. Es ist wichtig, sich bei der Beobachtung von Fluktuationen daran zu erinnern, dass es sich dabei um natürliche Verläufe innerhalb bestimmter Zeitrahmen handelt.

Nun wollen wir einen Schritt weitergehen und einen Kreis sowohl in der Zeit als auch im Raum darstellen. Positionieren Sie einen Finger über dem Kopf, und zeichnen Sie einen Kreis, während Sie den Finger nach unten bewegen. Sie werden entdecken, dass diese Bewegung die Form eines Korkenziehers oder einer Spirale hat. Sie repräsentiert den Kreis in Zeit und Raum. Eine sich bewegende Spirale wird Strudel oder Wirbel genannt. Die wahrscheinlich am leichtesten erkennbare Form eines Wirbels ist der Wirbelsturm. Aus diesem Beispiel ist leicht ersichtlich, dass ein Wirbel viel Energie und große Macht besitzt.

Wenn Sie sich in der Welt umschauen, werden Sie überall Wirbel entdecken. Mit Hilfe der Zeitrafferfotografie wurde sichtbar, dass ein Same nicht durch den Boden stößt und dann gerade nach oben wächst, sondern dass er sich spiralförmig nach oben streckt. Die Muster, die die Kerne in einer Sonnenblume oder die Zweige an einer Tanne bilden, zeigen in Materie eingefrorene Wirbel.

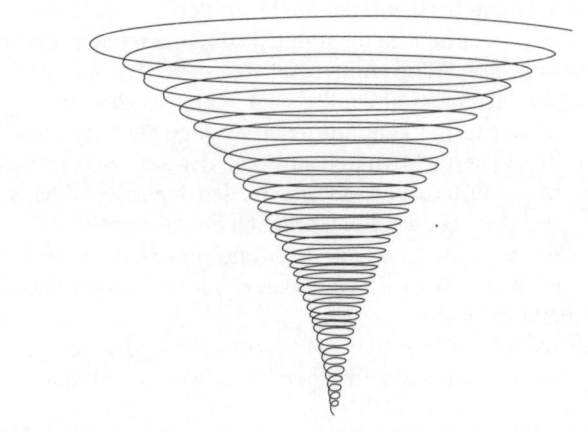

Die Hoch- und Tiefdrucksysteme, die unser Wetter ausmachen, haben die Form von Wirbeln. Diese Form erstreckt sich durch das gesamte Universum. Wenn man die Satellitenaufnahme eines Hurrikans neben das Bild einer Galaxie legt, erscheinen beide fast identisch.

Im industriellen Bereich können wir sehen, dass die Schrauben und Muttern, die Maschinen und Gebäude zusammenhalten, spiralförmig sind.

Im menschlichen Körper werden Spiralen in den Fingerabdrücken ebenso sichtbar wie in der Art und Weise, auf die unser Haar wächst. Wenn wir einatmen, zirkuliert die Luft in zahlreichen Miniwirbeln durch die Atemwege, so dass sie, wenn sie die Lungen erreicht, erwärmt, angefeuchtet und gefiltert worden ist und in dieser Form vom Körper verwertet werden kann. Am wichtigsten aber ist wahrscheinlich die Tatsache, dass die Grundlage unserer physischen Existenz, die DNS, die unseren gesamten genetischen Code enthält, die Form zweier ineinander verschlungener Spiralen hat.

Der Wirbel ist das Medium, mit dessen Hilfe die machtvolle Energie des Universums alle Bereiche der Existenz durchdringt. Uralte Lehren berichten, dass der Körper Energiezentren besitzt, die Wirbeln gleichen und durch die die Energie des Universums in unsere Körper eintritt und sie belebt. Diese Zentren «verstopfen» im Lauf der Jahre, so dass der Energiefluss behindert wird. Die fünf Riten beseitigen die «Verstopfung», damit die machtvolle spiralförmige Energie des Universums unsere Körper wieder stärken kann.

Charles Albert Marks

Was entdeckt man in einem durchschnittlichen Menschen mittleren Alters? Laut Bradford höchstwahrscheinlich Disharmonie und eine ungleiche Drehgeschwindigkeit der Chakren. «Die langsameren würden bewirken, dass der betreffende Körperteil verfällt, während die schnelleren Nervosität, Ängstlichkeit und Erschöpfung verursachen würden», erklärte er. Kurz gesagt, führen sowohl Chakren, die sich zu schnell, als auch solche, die sich zu langsam drehen, zu einer Verschlechterung des Gesundheitszustandes. Daraus können wir schließen, dass die fünf Riten die Drehbewegung der sieben Energiezentren des menschlichen Körpers koordinieren und sogar verbessern und dass sie dem endokrinen System und damit allen Organen und Körperfunktionen reine Lebensenergie zuführen. Das Ergebnis sind Langlebigkeit und Verjüngung.

Wie sich die Chakren auf Krankheit, Heilung und Altern auswirken

Östliche Lehrer nennen die Chakren «Lotosblumen», weil sie wie Blumen unterschiedlich viele Blütenblätter und einen langen Stiel haben, der mit der Wirbelsäule verbunden ist. Es heißt, die Blütenblätter und mit ihnen die ganze Lotosblume würden sich drehen und nähmen dabei die vitale Lebensenergie auf und leiteten sie weiter. Die Anzahl der Blütenblätter eines jeden Chakras reicht von den vieren des Wurzel-Chakras bis zu den 1000 des Scheitel-Chakras.

Die Zuordnung der sieben Chakren zu den entsprechenden endokrinen Drüsen ist umstritten. Die Details variieren von einem Experten zum andern, aber viele von ihnen sind davon überzeugt, dass die Chakren, ihre Lage und ihr Einfluss auf die endokrinen Drüsen folgendermaßen einzuordnen sind:

Chakra	Sitz	Drüse
1. Wurzel	Steißbein	Keimdrüsen
2. Sakral	Unterleib	Nebennieren
3. Solarplexus	Oberbauch	Bauchspeicheldrüse
4. Herz	Brust	Thymusdrüse

5. Hals	Hals	Schilddrüse
6. Stirn	Stirnmitte	Hirnanhangdrüse
7. Scheitel	Schädeldach	Zirbeldrüse

Unabhängig davon, welche Drüsen man welchen Chakren zu-
ordnen will, ist klar, dass der Schlüssel zu Colonel Bradfords Aussagen in der Annahme besteht, dass es überhaupt eine Verbindung gibt. Wahrscheinlich macht es Sinn, die Chakren einfach
als Körperbereiche zu sehen. Wenn man den Körper in Bereiche
aufteilt – Unterleib, Bauch, Herz, Hals und Kopf – und sich vor-
stellt, dass diese Bereiche von bestimmten Chakren beeinflusst
werden, erlangt man ein einfaches, tragfähiges Verständnis davon, wie das System funktioniert.

Da eine Krankheit Ausdruck einer Dysfunktion oder eines
Ungleichgewichts innerhalb des Chakra-Systems ist, sind Halsschmerzen demnach das Ergebnis eines «kranken» Hals-Chakras
und Magengeschwüre die Folge eines «kranken» Solarplexus-
Chakras. «Krank» bedeutet, dass die Energiemuster der betreffenden Chakren irgendwie aus dem Gleichgewicht geraten sind und
sich entweder zu langsam oder zu schnell drehen.

Eine hellsichtige Frau namens Dora Kunz und der Arzt Shafica
Karagulla haben mehr als 200 Fälle dokumentiert, in denen bestimmte Krankheiten den entsprechenden Chakren zugeordnet
werden konnten. Nach ihrer Aussage beobachteten sie einen Zusammenhang zwischen dem Zustand eines Chakras und einer
spezifischen Erkrankung des «menschlichen Systems», des Körpergeistes.

Kunz zufolge weisen Abnormalitäten in den Blütenblättern
eines Chakras – wie Farbe, Rhythmus, Drehrichtung, Helligkeit,
Form, Elastizität und Oberflächenbeschaffenheit – auf eine ernste
Störung der Gesundheit hin. Aus einer solchen Störung entwickelt sich mit einiger Sicherheit später eine Erkrankung
der dem betreffenden Chakra zugeordneten endokrinen Drüse
oder des Körperteils, der seine Energie von dem entsprechenden
Chakra erhält. Stimmt etwas mit dem Rhythmus, der Farbe, der
Oberflächenbeschaffenheit oder der Energie des Hals-Chakras
nicht, so kann daraus ein körperliches Problem im Halsbereich
entstehen. Dabei mag es sich um Halsschmerzen, Stottern oder

eine andere Sprachstörung, um Kehlkopfentzündung, Mandel-
entzündung oder Schlimmeres handeln.

Diese Untersuchung bestätigt Colonel Bradfords Behauptung,
dass abnormale oder ungesunde Chakren Krankheit und Verfall
hervorrufen. Sie berechtigt aber ebenso zu der Annahme, dass
dieser Prozess auch umgekehrt wirkt. Mit anderen Worten:
Wenn man das Gleichgewicht und die Drehbewegung eines ge-
störten Hals-Chakras korrigiert, wird der Gesundheitszustand
der Schilddrüse und des ganzen Halses verbessert.

Wenn es gelänge, alle sieben Chakren ins Gleichgewicht zu
bringen und ihr Zusammenwirken so weit wie irgend möglich zu
harmonisieren, könnte die Lebensenergie ungehindert durch sie
hindurchfließen. Davon würde das gesamte endokrine System
profitieren und damit der ganze Körper. Würde dadurch auch der
Alterungsprozess verlangsamt und der Körper verjüngt? Wirken
die fünf Riten ihre Wunder auf diese Weise?

Die «Botschaften» der Chakren

Die sieben Chakren beeinflussen aber nicht nur die körperliche
Gesundheit, sie haben auch eine psychische Dimension, indem
sie «Botschaften» in Form von Stimmungen, Gefühlen und Wahr-
nehmungen aussenden. Auch wenn die meisten von uns die
Chakren nicht sehen können, sind wir doch imstande, ihre Botschaften ohne weiteres wahrzunehmen.

Denken Sie einen Moment über diese normalen Erfahrungen
und die Worte nach, mit denen wir sie beschreiben: «Er macht
sich in die Hose», «Sie hat Schmetterlinge im Bauch», «Es zer-
reißt einem die Brust», «Er hat einen Kloß im Hals», «Ihr laufen
Schauer über den Rücken». Dies sind einige Beispiele dafür, auf
welche Weise die Chakren mit uns durch verschiedene Empfindungen und Stimmungen kommunizieren. In Zuständen plötz-
licher Angst oder Panik, die beispielsweise durch die Nachricht
vom Tod oder einer schweren Erkrankung eines einem nahe stehenden Menschen ausgelöst werden können, spüren viele eine
Art elektrischen Schlag oder ein Vibrieren im Unterleib. Das liegt
daran, dass das hier ansässige Wurzel-Chakra stimuliert wird.

Dieses Zentrum ist für die biologischen Grundfunktionen und für grundlegende Lebensfragen zuständig, wie zum Beispiel Überleben, Ernährung, Geld, Sicherheit, Beständigkeit und Festigkeit.

Wahrscheinlich kennen Sie Augenblicke nervöser Anspannung («Schmetterlinge im Bauch»), die sich bemerkbar macht, wenn Sie in der Öffentlichkeit auftreten sollen oder sich mit jemandem – etwa einer Autoritätsperson – auseinander setzen müssen. Diese Empfindung ist eine energetische Botschaft des dritten Zentrums, des Solarplexus-Chakras, das für persönlichen Selbstausdruck, Selbstbewusstsein und Willenskraft zuständig ist. Dieses Zentrum wirkt sich ganz allgemein auf die Verdauung aus – sei es von Nahrung, Sinneseindrücken oder Ideen.

Wenn Sie einen Kloß im Hals haben, bedeutet das, dass Ihnen das fünfte Zentrum, das Hals-Chakra, eine Botschaft sendet. Ihre Gefühle (aus dem Herz-Chakra) fließen über in den Hals, in das Zentrum Ihres mündlichen Selbstausdrucks, das für Kommunikation zuständig ist.

Dies ist zwar nur eine sehr vereinfachte Darstellung vom Wirken der Chakren, aber sie mag uns helfen zu verstehen, wie diese Energien unser Leben beeinflussen. Jedes Chakra repräsentiert ein anderes grundlegendes Lebensthema. Das erste Energiezentrum, das Wurzel-Chakra, hat mit unserer Erdverbundenheit zu tun, während das zweite Zentrum, das Sakral-Chakra im Bereich der Genitalien, für Sexualität, Fortpflanzung, Emotionen und Beziehungen zuständig ist. Das dritte Chakra im Solarplexus ist das des Feuers des individuellen Willens. Das vierte Energiezentrum, das Herz-Chakra, vermittelt zwischen allen sieben Zentren. Hier ist der Ort mitfühlender Erkenntnis, universeller Liebe und Empathie, hier werden Innen und Außen, das Selbst und die Welt miteinander versöhnt. Alles, was mit mündlichem Selbstausdruck zu tun hat, wird vom fünften Zentrum, dem Hals-Chakra, geregelt. Das sechste Energiezentrum, das Stirn-Chakra zwischen den Augenbrauen, fördert mediale Einsichten, das Unterscheidungsvermögen, die Intuition und die Vorstellungskraft. Das siebte Energiezentrum auf der Schädeldecke, das Scheitel-Chakra, ist der Ort des reinen Bewusstseins, der Erkenntnis und der spirituellen Intelligenz. Wenn Sie empfänglich genug sind, können Sie spüren, dass Ihre Kopfhaut kribbelt, wenn Sie durch diese Stelle die Funken des Göttlichen empfangen. Die Chakren beeinflussen also jeden Aspekt unseres Lebens. Laut Colonel Bradford werden durch das Üben der fünf Riten die körperliche Heilung und die spirituelle Entwicklung gefördert, so dass der Alterungsprozess umgekehrt wird. Die vitale Lebensenergie kann ungehindert und reichlich fließen, wodurch ein Optimum an körperlicher und geistiger Gesundheit erreicht wird.

Leben und Heilung im Meer des Qi

Die Traditionelle Chinesische Medizin beruht wie die fünf Riten auf dem Wirken der vitalen Lebensenergie, die die Chinesen «Qi» nennen. Wie das Prana, so ist auch Qi nichtmateriell und unsichtbar, aber für das Leben unverzichtbar. Nach der Theorie der chinesischen Medizin wird jeder Aspekt des Lebens durch die Qualität und die Zirkulation des Qi beeinflusst.

Vereinfacht ausgedrückt, gibt es ohne Qi kein Leben. Eine verwelkende Pflanze leidet ebenso wie ein schwächlicher Mensch an einem Mangel an Qi. Ein Mensch, der Qi im Übermaß besitzt, strotzt nur so vor Kraft und ist voller Energie. Kinder, die auf einer Party umhertoben und ununterbrochen lachen, besitzen viel Qi, während jemand, der schwer krank ist, seinen Vorrat an Qi fast verbraucht hat, und jemand, der leicht reizbar ist, ein unausgewogenes Qi besitzt. Wir wissen dank unserer körperlichen Intuition, wie sich Qi anfühlt; wir wissen, wann wir viel davon haben und wann es uns daran mangelt. Glücklicherweise beginnen wir unser Leben mit einem Überfluss an Qi. Das Herzstück der fünf Riten besteht darin zu lernen, auf welche Weise wir wieder Zugang zu dieser natürlichen Kraftquelle finden können.

Energiebahnen und Akupunkturpunkte im Körper

Der ungestörte Fluss und die gleichmäßige Verteilung des Qi, wie Bradfords vitale Lebensenergie (Prana) in China genannt wird, sind entscheidend für die Gesundheit. Die Akupunktur, die auf tausenden von Jahren klinischer Erfahrung beruht, bestimmt den Fluss des Qi im menschlichen Körpergeist auf präzise Weise, um herauszufinden, wo und wie er reguliert werden muss, um Krankheiten zu heilen oder sie gar nicht erst entstehen zu lassen. Ein wichtiges Konzept der Akupunktur ist die Auffassung, dass Qi durch eine Reihe von Meridianen fließt – durch Kanäle feinstofflicher Energie. Diese Meridiane durchziehen den ganzen Körper von den Zehen bis zum Kopf, von den Fingerspitzen bis zu den Augen. Auf jedem Meridian befinden sich zahlreiche Akupunkturpunkte, an denen das Qi durch das vorübergehende Einstecken winziger Nadeln in die Haut reguliert – das heißt manipuliert, erhöht, vermindert, gereinigt – werden kann.

Im Verlauf einer Akupunkturbehandlung werden die Nadeln in sorgfältig ausgewählte Akupunkturpunkte gesteckt und etwa eine halbe Stunde lang dort gelassen. Ein Akupunkteur würde sich vermutlich gegen diesen Vergleich wehren, aber ich halte es für nützlich, sich das Meridiansystem als ein komplexes U-Bahn-Netz vorzustellen, das den Körper von Kopf bis Fuß durchzieht. Stellen Sie sich Ihren Körper als eine Großstadt vor, die dutzende von U-Bahn-Linien mit hunderten von Haltestellen hat. Jede dieser Haltestellen ist ein Akupunkturpunkt; jede dieser U-Bahn-Linien ist eine Fahrtroute für das Qi. In gewissem Sinn ist das Qi der «Zug des Lebens», der durch den Körper fährt und überall auf seiner Strecke Lebensenergie abliefert.

Die meisten Akupunkteure arbeiten mit 14 Hauptmeridianen, auf denen sich mehrere hundert Schlüsselpunkte befinden. Aber die meisten Praktiker sind sich darin einig, dass es eigentlich weit mehr Meridiane und Behandlungspunkte gibt. Traditionell ist von 365 Akupunkturpunkten die Rede, doch die meisten Akupunkteure kennen mindestens 1000. Interessanterweise haben alle diese Akupunkturpunkte Namen und energetische Qualitäten, die poetische Assoziationen hervorrufen. Man denke nur an die folgenden Bezeichnungen, die Punkte entlang des Nierenmeridians benennen: sprudelnder Quell, flammendes Tal, große Schlucht, See der Tränen, schimmerndes Meer. Das Qi zirkuliert ununterbrochen durch dieses komplexe Netzwerk von Energiekanälen, die mit bestimmten Organen und physiologischen Systemen in Verbindung stehen.

Zwar ist ein bestimmter Meridian mit einem bestimmten Organ und einem physiologischen System verbunden, aber das heißt nicht, dass er das betreffende Organ auch tatsächlich durchläuft. So erstreckt sich beispielsweise der Dickdarmmeridian von der Spitze des Zeigefingers über Arm und Schulter, Nacken und Wange bis zur Nasenwurzel und nicht durch den Dickdarm hindurch. Dennoch wird die Energie des Dickdarms beeinflusst, wenn man eine Nadel in einen der Akupunkturpunkte steckt. Bei einem Problem im Bereich des Dickdarms wird aber nicht notwendigerweise der Dickdarmmeridian behandelt. Eher wird mit dem Dickdarm gearbeitet, indem mehrere Nachbarmeridiane behandelt werden, die ihn beeinflussen. Die chinesische Medizin scheint verblüffende Umwege zu gehen. Aber das ist unwichtig, da sich alles im Meer des Qi abspielt, in dem der gesamte Körpergeist von der Beeinflussung des Energiestroms und der Energieverteilung profitiert.

Manchmal benutzen die Praktiker Akupressur statt Akupunktur, und oft setzen sie diese Massagetechnik als ergänzende Behandlungsmethode ein. Als der in Harvard ausgebildete Arzt David Eisenberg Anfang der achtziger Jahre in Peking Akupunktur studierte, lernte er die Wunder der Akupressur schätzen, nachdem er von einem Experten namens Zhu behandelt worden war. Zhu hatte die unheimliche Fähigkeit, Eisenbergs «Knotenpunkte» zu entdecken. Damit werden Stellen bezeichnet, an denen das Qi vorübergehend blockiert ist oder stagniert. «Das Ziehen und Drücken der Muskeln, Sehnen und Knochen wurde mit der Absicht ausgeführt, den Fluss des Qi anzuregen oder umzuleiten, um so den Körper wieder ins Gleichgewicht zu bringen», erklärte Eisenberg. Durch die Behandlung der Punkte und das Ausüben von Druck auf bestimmte Körperteile verbesserte sich Eisenbergs Zustand schnell, was er als wunderbares Gefühl tiefer Entspannung erlebte. Eisenberg beschrieb diesen Zustand als «merkwürdiges Empfinden von Druck, Völle und Hitze im ganzen Körper» und war sich, während er anhielt, jedes Nervs und jedes Muskels bewusst.

Dr. Eisenberg lernte die Geheimnisse dieser feinstofflichen Energie von chinesischen Ärzten und Meistern der Kampfkünste. Er war der erste amerikanische Austauschstudent, der in Peking Traditionelle Chinesische Medizin studierte. Es überrascht

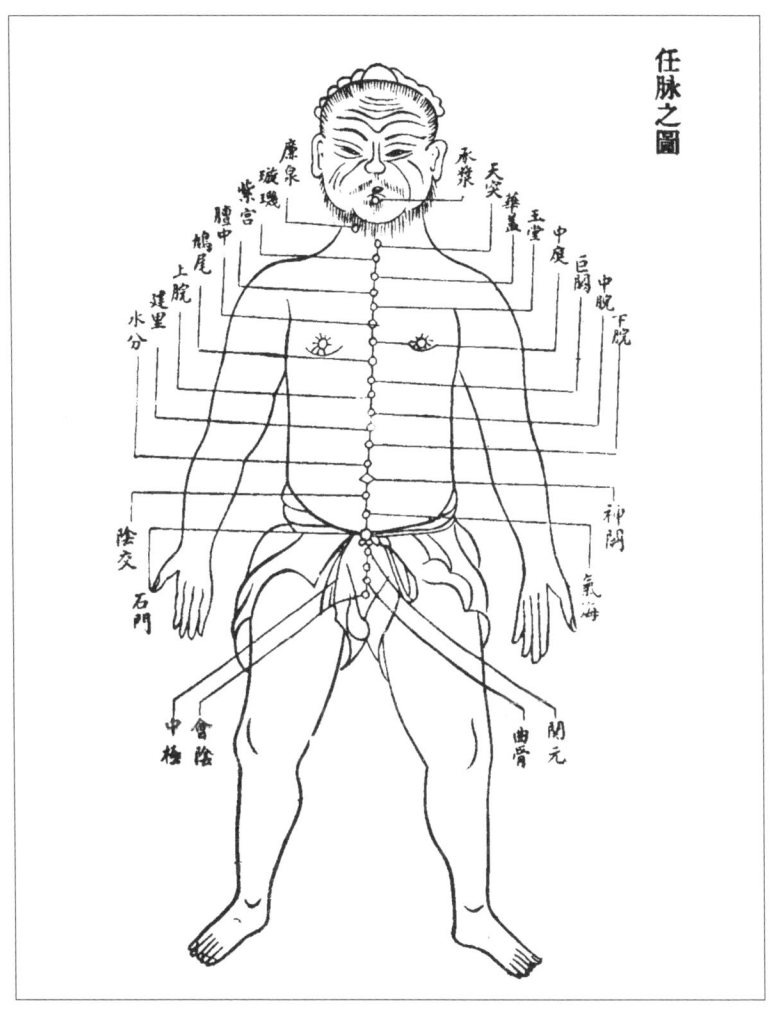

Darstellung der Akupunkturpunkte entlang des Konzeptionsmeridians aus der Zeit der Ming-Dynastie (1368 bis 1644).
(Aus: The True Story of Chinese Acupuncture; Bd. 1, hrsg. von der Academy of Oriental Heritage, Vancouver, B. C., 1975. Mit freundlicher Genehmigung von Henry C. Lu.)

wohl kaum, dass das, was er lernte, seine Einstellung völlig veränderte, da es nicht in seine westlichen Medizintheorien passte, aber dennoch gute Ergebnisse brachte. Die Patienten wurden einfach nur durch das Einstecken kleiner Nadeln in bestimmte Körperteile von Krankheiten geheilt oder von Schmerzen befreit. Trotz seiner Skepsis erlebte Dr. Eisenberg dies am eigenen Körper. Wie viele Menschen, die in den wissenschaftlichen Methoden des Westens ausgebildet sind, war er von den Auswirkungen gleichermaßen verwirrt und fasziniert. «Ich weiß nicht, was ich von diesem Qi halten soll», vertraute er einem chinesischen Arzt an. Sein Dilemma bestand darin, dass er die Auswirkungen des Qi sehen konnte, aber nicht wusste, wie sie sich erklären ließen.

Dr. Eisenberg ermutigte die chinesischen Akupunkteure und die westlichen Ärzte, einen kreativen Dialog zu beginnen, um die beiden unterschiedlichen Systeme – das mechanische Modell des Westens und das energetische des Ostens – zu untersuchen, damit am Ende die Stärken beider Systeme zu einem ganzheitlichen Ansatz verschmolzen werden können.

Schon 1971 hatte der amerikanische Journalist James Reston in China eine erstaunliche Erfahrung mit Akupunktur gemacht. Ihm wurde der Blinddarm entfernt – und zwar mit einer Form der Narkose, die lediglich darin bestand, dass Akupunkturnadeln in strategische Punkte seines Körpers gesteckt wurden. Die chinesischen Ärzte versicherten ihm, dass er dank dieser Nadeln den Operationsschmerz nicht wahrnehmen werde. Und wie Reston nach seiner Rückkehr begeistert berichtete, hatten sie damit Recht. Durch sein Erlebnis wurde das Geheimnis und die Macht der feinstofflichen Energie einer breiten Öffentlichkeit bekannt.

Geheimnis und Macht des Qigong

Wenn man den Chinesen glauben darf, kann man das Qi meistern durch eine Reihe von Körperübungen namens Qigong, was wörtlich so viel wie «Arbeit mit der Energie» bedeutet. Qigong besteht wie die fünf Riten aus Übungen und Bewegungen, mit denen man lernt, die Lebensenergie Qi zu beeinflussen und zu kontrollieren. So wie Colonel Bradford behauptete, dass die fünf

Riten Krankheiten heilen können, so behaupten die Meister des Qigong, dass ihre Kunst ernste Beschwerden wie Prostataprobleme, Rheuma, Darmverschlüsse, Nervenkrankheiten und schlechtes Erinnerungsvermögen beheben kann. Aber durch die Ausübung von Qigong oder der fünf Riten bleibt man nicht nur einfach gesund, worunter auch ein Sicharrangieren mit bestehenden Krankheiten verstanden werden kann, man wird außerordentlich gesund. Qigong wird heute ebenso wie Akupunktur von westlichen Wissenschaftlern wie Dr. Eisenberg unter die Lupe genommen.

Qigong erscheint fast als etwas Übernatürliches, wenn man sich die Wundertaten anschaut, die regelmäßig von Qigong-Meistern demonstriert werden. Sie tun dies oft in aller Öffentlichkeit, um die Macht des Qi zu beweisen. Bei einer solchen Vorführung sah man beispielsweise einen Mann auf Händen und Knien vor einem dicken Marmorblock. Nachdem er einige Male auf spezielle Weise ein- und ausgeatmet hatte, spannte er alle Muskeln an, schrie auf und schlug mit seiner Stirn wie mit einem Hammer gegen den Stein, woraufhin nicht etwa sein Kopf zersplitterte, sondern der Marmorblock. Auf seiner Stirn war nicht die geringste Spur einer Verletzung zu sehen. Es heißt, ein Meister des Qigong könne sein Qi dermaßen kontrollieren, dass er imstande sei, es in jeden Teil seines Körpers zu senden – in diesem Fall in die Stirn.

Bei einer anderen Demonstration lag ein Qigong-Meister auf dem Boden, mit einer Matte unter und einer über sich. Dann wurde zuerst eine 900 Pfund schwere Zementplatte auf die obere Matte gelegt, woraufhin zwölf Männer sich auf diese stellten. Als das Gewicht wieder entfernt wurde, zeigte sich nicht die geringste Verletzung am Körper des Meisters. Er hatte sein Qi in den Oberkörper geleitet, wo es als Puffer gegen das extreme Gewicht diente.

Ein anderer Meister konzentrierte sein Qi im Bauch, so dass er seinen ganzen Körper auf den Spitzen einer Heugabel balancieren konnte. Ein anderer machte seinen Körper so hart wie Stahl und ließ sich von einem Jeep überfahren. Auf seiner Haut war nicht einmal ein Kratzer zu sehen.

Für die Meister des Qigong sind solche Leistungen keine

große Sache. «Qi auszustrahlen ist für mich wie auszuatmen», erklärte einer von ihnen. «Es ist einfach in mir. Es ist ein Teil von mir wie mein Arm oder der Atem. Und versteht denn wirklich jemand, was beim Atmen vor sich geht?»

Die Qigong-Meister können aber nicht nur ihr inneres Qi mobilisieren, es scheint auch, als ob sie es aussenden könnten. In den frühen achtziger Jahren stellte das Shanghaier Institut für Traditionelle Chinesische Medizin eine Fernsehdokumentation über Qigong zusammen, in der ein Qigong-Meister gezeigt wurde, der vor einem Oszilloskop stand. Als er auf Befehl aus den Fingern seiner rechten Hand Qi aussandte, reagierte das Messgerät bei jeder Ausstrahlung seines Qi mit einem Pfeifton. Nachdem Dr. Eisenberg diese Demonstration gesehen hatte, bemerkte er: «Es scheint, als ob das Qi eine physikalische Kraft sei, die von einem Qigong-Meister willentlich ausgesendet werden kann.»

Schon Anfang der siebziger Jahre hatten chinesische Wissenschaftler in Hongkong Versuche mit Menschen durchgeführt, die Qi beeinflussen konnten. Zu einer Gruppe gehörten acht chinesische Ärzte, die ihr Qi auf geistigem Weg auf acht Patienten übertrugen, ohne sie dabei zu berühren. Die Wissenschaftler bemerkten, dass während der Übertragung die Temperatur an der Nasenspitze der Ärzte um ein bis zwei Grad sank, während die Temperatur an der gleichen Stelle der Patienten um ein bis zwei Grad zunahm. Die Temperaturschwankungen schienen durch die Energieübertragung von den Ärzten auf die Patienten verursacht worden zu sein.

Es heißt, dass durch die Steigerung des verfügbaren Qi ein kranker Mensch vor Gesundheit strotzen und ein schwächlicher Mensch zum Kraftprotz werde. Nach Aussagen des amerikanischen Qigong-Experten Bruce Kumar Frantzis, der seit 30 Jahren innerhalb und außerhalb Chinas trainiert, führt eine Steigerung der Lebensenergie zu einer Verbesserung des Gesundheitszustands, zu größerer geistiger Klarheit und sogar zu spiritueller Erkenntnis. «Regelmäßige Übung in Qigong wird einem zu einem Körpergeist verhelfen, der funktional jünger ist, so dass die besten Jahre des Lebens tatsächlich die besten sind und nicht die gebrechlichsten», sagte Frantzis. Er wies darauf hin, dass circa die Hälfte der Chinesen, die anfangen, Qigong oder Taijiquan (eine chinesische Kampfkunst) auszuüben, über 60 sind, also in den Jahren, in denen das Altern zu einer Realität wird. «Wenn ein Übungssystem die Alten funktional jünger machen kann, lässt sich die Wirkung auf die Jungen oder die im mittleren Alter Stehenden gar nicht einschätzen», fügte Frantzis hinzu.

Frantzis' Qigong, das aus einer Reihe schwingender und spiralförmiger Bewegungen sowie aus Dehn- und Streckübungen besteht, ist einfach, aber effektiv. Durch die Bewegungen sollen die Energietore aktiviert und das Qi zum Fließen gebracht werden. Zwar wirken seine Übungen nicht speziell auf die Chakren und unterscheiden sich im Detail von den fünf Riten, dennoch ähneln die Schwingbewegungen dem ersten Ritus, durch den die Drehgeschwindigkeit aller Wirbel gesteigert werden soll. Wie die fünf Riten, so beweisen auch die Qigong-Übungen von Bruce Kumar Frantzis, dass das Qi des Körpergeistes durch Körperbewegungen, die mit einer bestimmten geistigen Einstellung und Atemübungen einhergehen, direkt beeinflusst werden und sowohl die Gesundheit verbessern als auch die Langlebigkeit erhöhen kann.

Täglich Taijiquan üben – seit 120 Jahren

Taijiquan gehört ebenso wie Qigong zu den chinesischen Künsten, mit deren Hilfe gute Gesundheit und Langlebigkeit erreicht werden soll, indem die Zirkulation der Lebensenergie optimiert wird. Meister Da Liu zufolge, der Taijiquan in den fünfziger Jahren in die Vereinigten Staaten brachte, ist es «ein ausgefeiltes System langsamer, fließender und fein aufeinander abgestimmter Bewegungen». Wie die fünf Riten besteht auch Taijiquan aus einer Reihe entspannender und kräftigender Übungen, die dem Körpergeist Lebensenergie zuführen, wovon er auf vielfältige Weise profitiert. Noch mit Ende achtzig unterrichtete Da Liu Schüler im Taijiquan.

Da Liu erzählte eine bemerkenswerte Geschichte über seinen Lehrer Li Ching Yuan, der 1678 in China geboren wurde, dort 14 Mal heiratete, 180 Nachfahren in elf Generationen hatte und Da Liu zufolge 250 Jahre alt wurde. 1925, drei Jahre vor seinem Tod, begegnete ein chinesischer General Li Ching Yuan und beschrieb dessen Aussehen später so: «Er hat gute Augen und einen forschen Schritt, er ist über zwei Meter groß, hat sehr lange Fingernägel und eine frische Gesichtsfarbe.» Viele seiner Schüler waren über 100 Jahre alt. Worin bestand das Geheimnis seiner Langlebigkeit? Als er bereits 130 Jahre alt war, traf er in den Bergen einen sehr alten Mann, der behauptete 500 Jahre alt zu sein. Er führte sein hohes Alter darauf zurück, dass er eine Reihe von Übungen praktizierte, die dem Taijiquan ähneln und Baguazhang heißen. Zu seiner Praxis gehörten auch bestimmte Mantren, Atemtechniken, Ernährungs- und Kräuterkunde. Der Einsiedler aus den Bergen lehrte Li Ching Yuan diese Übungen, der sie wiederum an Da Liu weitergab.

«Meine Langlebigkeit», so sagte Meister Li, «führe ich auf die Tatsache zurück, dass ich diese Übungen regelmäßig, präzise und aufrichtig seit 120 Jahren jeden Tag gemacht habe.» Die beste Zeit dafür war seiner Aussage nach zwischen 11 Uhr abends und 11 Uhr morgens. In diesem Zeitraum wiederholte er jede Übung zwischen zwei und sechs Mal. Das erinnert an Bradfords Rat an Peter Kelder und seine anderen Schüler, die Riten täglich zu üben und sich allmählich bis auf 21 Wiederholungen zu steigern. Diese Regelmäßigkeit, so behauptete Bradford, würde machtvolle Auswirkungen haben, die mit der Zeit noch zunähmen.

Was soll man von all diesen wunderbaren Geschichten halten? Es scheint, dass der menschliche Körper eine große Anzahl von Energiekanälen besitzt, durch die sich die Lebensenergie bewegt. Im Lauf vieler Jahre entwickelten die Adepten dieser Tradition Übungen, die den Fluss der Energie steigern und sie gleichmäßig im Körper verteilen sollen, wodurch eine Verbesserung des Gesundheitszustandes ebenso eintritt wie größere Bewusstheit und Vitalität.

In den östlichen Traditionen, die aus Tibet oder China stammen, ist Langlebigkeit eine Wissenschaft, kein Geschenk des Schicksals. Zu den chinesischen Übungen wie zu den fünf Riten gehören schraubende, drehende und dehnende Bewegungen, durch die die Akupunkturpunkte, die Energietore und Chakren gedrückt, stimuliert und gekräftigt werden. Dadurch wird das, was als stagnierendes Qi, Prana oder Lebensenergie bezeichnet wird, freigesetzt, so dass der Übende mit dem kostbaren Wasser des Lebens wie von einem Springbrunnen überschüttet wird.

Wie die fünf Riten das Altern rückgängig machen

Colonel Bradford und mit ihm hunderte von Lesern, die die fünf Riten praktizieren, behaupten, dass der Alterungsprozess durch diese Übungen rückgängig gemacht oder zumindest verlangsamt werden kann und dass deren Geheimnis darin liegt, zu lernen, wie man die Lebensenergie aktiviert und nutzt. Aber wie können wir diese Vorgänge auf eine Weise erklären, die für uns, die wir im westlichen Geist erzogen wurden, Sinn macht?

Wir wollen zunächst die Lehren des Colonels zusammenfassen.

1. Der positive Nutzen der fünf Riten ist auf das Wirken der Lebensenergie Prana zurückzuführen. Darunter versteht man die immaterielle und äußerst machtvolle Lebenskraft selbst, den vitalen Faktor, von dem alles Leben abhängig ist.

2. Durch das regelmäßige Üben der fünf Riten in der richtigen Reihenfolge wird das riesige Reservoir der Lebensenergie angezapft und ihre Zirkulation durch den Körpergeist angeregt. Dadurch entstehen eine robuste Gesundheit, Vitalität und Langlebigkeit.

3. Die Lebensenergie fließt durch die sieben «unsichtbaren» Energiezentren des Körpers, die Chakren genannt werden und sich drehenden Rädern oder Wirbeln ähneln.

4. Die Chakren wirken durch die sieben Drüsen mit innerer Sekretion auf den Körper ein. Die Lebensenergie strömt durch die Chakren und wird durch das endokrine System im Körper verteilt.

5. Eine unausgewogene oder mangelnde Hormonproduktion ist die Folge eines Problems mit einem oder mehreren Chakren. Funktioniert das endokrine System nicht ordnungsgemäß, führt dies schnell zu Krankheit und körperlichem Verfall, zu vorzeitigem Altern oder sogar zum frühen Tod.

6. Die Drehgeschwindigkeit der Chakren ist der entscheidende Faktor für eine robuste Gesundheit und Langlebigkeit. Bei einem gesunden Menschen drehen sich alle sieben Chakren sehr schnell und mit derselben Geschwindigkeit. Wird die Drehgeschwindigkeit der Chakren erhöht, verlangsamt sich der Alterungsprozess. Ist eines oder sind mehrere Chakren blockiert, so dass die normale Drehgeschwindigkeit verlangsamt wird oder sogar zum Stillstand kommt, setzen Krankheiten und der Alterungsprozess ein.

7. Die fünf Riten erhöhen die Drehgeschwindigkeit der Chakren, gleichen ihre Drehgeschwindigkeit einander an und versorgen das endokrine System mit reiner Lebensenergie, die an alle Organe und Körpersysteme weitergeleitet wird. Daraus resultieren eine optimale Gesundheit, Verjüngung und Jugendlichkeit.

Meine knappe Darstellung der chinesischen Künste Qigong und Taijiquan hat gezeigt, dass Körperübungen, die in Übereinstimmung mit einer genauen Kenntnis der energetischen Anatomie des Menschen ausgeführt werden, die Zirkulation des Qi anregen können und uns im wahrsten Sinne des Wortes mehr Leben schenken können. Auch die Qigong-Übungen wirken ja, weil sie den Chakren mehr Energie zuführen. Und alles, was man tun kann, um die Zirkulation des Qi zu verbessern, nützt dem ganzen System. Wenn die vitale Lebensenergie Qi in größerer Menge durch die Chakren und Meridiane strömt, werden die inneren Organe und endokrinen Drüsen angeregt.

Ich habe gezeigt, dass in bestimmten östlichen Traditionen Körperübungen entwickelt wurden, die es möglich machen, den Fluss der Lebenskraft zu verstärken und ihn anzuzapfen. Wenn man Übungen wie die Fünf »Tibeter«, Qigong oder Taijiquan praktiziert, die direkt auf die Energiezentren einwirken, wird man mit einiger Wahrscheinlichkeit deutliche Veränderungen des körperlichen, geistigen und emotionalen Wohlbefindens feststellen können.

Ich möchte hier als Beispiel das Solarplexus-Chakra anführen, das für die Verdauung zuständig ist und Leber, Bauchspeicheldrüse, Magen, Gallenblase und Milz beeinflusst. Wenn Sie eine Übung ausführen, die sich auf das Solarplexus-Chakra auswirkt, werden im Lauf der Zeit alle Organe und Hormone, die mit der Nahrungsaufnahme zu tun haben, und damit der gesamte Verdauungsapparat und der ganze Metabolismus profitieren. Wenn die Übungen wirklich effektiv sind und Sie sie lange genug ausführen, werden sie sich dramatisch auf die Art und Weise, wie die Energie durch diesen Teil des Körpers strömt, auswirken. Die Verdauung wird besser, was bedeutet, dass Sie die Nahrung effizienter verwerten und daher wahrscheinlich weniger essen müssen. Dadurch wird sich Ihre Gesundheit verbessern und Ihre Vitalität zunehmen, was wiederum dazu führt, dass Sie sich besser fühlen und besser aussehen – und wahrscheinlich auch jünger.

Man muss diese positiven Auswirkungen nur mit sieben multiplizieren, um zu erkennen, wie tief greifend sich der Körper verändern kann, wenn man Übungen praktiziert, die alle sieben Chakren und alle mit ihnen verbundenen Organe und Körpersysteme beeinflussen. Wenn Sie Übungen ausführen, die auf die sieben Chakren wirken, mobilisieren Sie alles, was Ihr physisches Leben ausmacht: den Energiekreislauf, die Organe, die endokrinen Drüsen und die biochemischen Vorgänge, mittels derer die Lebensenergie auf den Körper einwirkt. Wenn diese Übungen dazu führen, dass sich die Chakren schneller und gleichmäßiger drehen, wird mehr von dieser Energie im Körper verteilt. Wo früher der Fluss der Lebensenergie blockiert war, kann sie nun ungehindert fließen. Multiplizieren Sie dies wiederum mit sieben, um zu sehen, welche kumulativen Auswirkungen das haben kann.

Beim Üben der fünf Riten entsteht eine energetische Rückkopplungsschleife zwischen dem Körper und seinen Organen, den endokrinen Drüsen und ihrer Hormonausschüttung, den Chakren und ihrem Energiekreislauf und der Quelle des Lebens selbst. Die drehenden, dehnenden, komprimierenden und streckenden Bewegungen der Riten regen das endokrine System und die sieben Chakren dadurch an, dass sich Druck und Entspannung abwechseln.

Der erste Ritus (Drehen) erhöht die Drehgeschwindigkeit aller sieben Chakren. Der zweite Ritus scheint auf die ersten fünf

Chakren von der Wurzel bis zum Hals zu wirken. Der dritte Ritus stimuliert das Herz- und das Hals-Chakra. Der vierte Ritus scheint sich auf alle sieben Chakren auszuwirken, besonders aber auf das sechste und siebte, weil der Kopf, in dem sich diese befinden, vor- und zurückgestreckt wird. Der fünfte Ritus scheint hauptsächlich das Wurzel- und das Sakral-Chakra sowie die beiden Chakren im Kopf zu beeinflussen. Mit anderen Worten: Wenn Sie die fünf Riten praktizieren, stellen Sie einen energetischen Kontakt zu allen Bereichen Ihres Wesens her.

Durch das Üben der fünf Riten massieren Sie Ihre Energiezentren und indirekt auch die endokrinen Drüsen, die von ihnen versorgt werden, und damit alle inneren Organe. Je mehr Sie üben, desto mehr werden Sie profitieren. Schon bald fangen Sie im wahrsten Sinne des Wortes damit an, Ihren Körper von Grund auf neu zu gestalten. Schon Colonel Bradford hat darauf hingewiesen, dass man mehr aus den Übungen herausholt, wenn man mehr übt. «Darüber hinaus werden die fünf Riten helfen, die Drehung der Wirbel zu normalisieren, so dass der Körper noch empfänglicher für die wohltuenden Wirkungen der Übungen wird», erklärte Bradford. Ist es da ein Wunder, dass sich die fünf Riten offensichtlich bei so vielen Menschen auf so dramatische Weise ausgewirkt haben, dass sie jünger aussehen, sich kräftiger fühlen und länger leben?

Einen Punkt möchte ich noch besonders betonen. Selbst wenn ich auf den Einfluss eines bestimmten Ritus auf ein oder mehrere Chakren hingewiesen habe, so gehören die fünf Riten doch untrennbar zusammen, da sich jede Übung auf das gesamte System auswirkt. Colonel Bradfords Übungen entstammen nämlich einem System ganzheitlichen Denkens. Die tibetische, indische und chinesische Philosophie sieht Materie und Geist, Energie und Form, Seele und Körper als untrennbar miteinander verbunden, als eins. Das bedeutet, dass sich das Üben der Riten positiv auf alle Aspekte Ihres Wesens auswirkt. Der Körper sieht jünger aus, der Verstand wird klarer. Sie dürfen also mit Recht erwarten, dass sich Ihr Bewusstsein erweitert und Sie sich besser fühlen.

Es bleibt nach wie vor schwierig zu erklären, wie ein Ritus im Einzelnen auf ein Chakra und eine Drüse wirkt. Der Versuch, dies zu tun, ist allein schon Ausdruck des mechanistischen Denkens des Westens. Wir sollten einfach akzeptieren, dass diese energetischen Einwirkungen möglich sind und tatsächlich stattfinden.

Nun möchte ich mich einem zusätzlichen Ritus zuwenden, den Colonel Bradford ebenfalls beschrieben hat. Seiner Aussage nach ist dieser zwar wünschenswert, aber nicht unbedingt notwendig.

Der sechste Ritus –
die Bewahrung des Lebenselixiers

Colonel Bradford behauptete, dass durch die fünf Riten Jugend, Gesundheit und Vitalität wiederhergestellt würden. Er fügte allerdings hinzu: «Aber wenn Sie wirklich wollen, dass die Gesundheit und das Aussehen der Jugend vollständig wiederhergestellt werden, gibt es einen sechsten Ritus, den Sie üben müssen.»

Wahrscheinlich stellt der sechste Ritus unter den Lehren des Colonels die größte Herausforderung dar, weil er darauf abzielt, die sexuelle Energie für höhere Zwecke umzuleiten. Um ein «Supermann» oder eine «Superfrau» zu werden, ist laut Bradford eine zölibatäre Lebensweise, also sexuelle Enthaltsamkeit, vonnöten. Die machtvolle Lebensenergie, deren Ausdruck unser Sexualtrieb ist, muss «zuerst aktiviert und dann nach oben gerichtet werden, so dass sie von allen Wirbeln genutzt werden kann».

Der Colonel musste diesen Gedanken ausführlich erläutern, denn es ging ihm nicht um die Unterdrückung des Sexualtriebs. Er beharrte im Gegenteil vehement darauf, dass man den sechsten Ritus überhaupt nur dann ausüben kann, wenn der Sexualtrieb stark und lebendig ist. Aber genau hierin liegt die Herausforderung. Wenn der Sexualtrieb lebendig und stark ist, sollte man ihn nicht ausleben, sondern stattdessen lernen, diese machtvolle Energie in den sechsten Ritus fließen zu lassen. Das ist unter «Umleitung des aktiven Sexualtriebs» zu verstehen. Man verändert ihn und macht sich seine machtvolle Energie zunutze. Indem die Sexualenergie «nach oben gerichtet wird», kann sie sozusagen in «Langlebigkeitsenergie» umgewandelt werden.

Zu Bradfords sechstem Ritus gehört das, was im Hatha-Yoga «Bandha» oder Verschluss genannt wird. Erst wird der Bauch mit einer kräftigen Ausatmung eingezogen, dann hält man eine bestimmte Zeit lang den Atem an. Im Yoga gehören die Bandhas zu den fortgeschrittenen Techniken, die nur nach eingehender Vorbereitung und unter Aufsicht ausgeführt werden sollen. Wahrscheinlich hob sich Colonel Bradford auch deshalb diesen Ritus für den Schluss auf. Der sechste Ritus arbeitet mit der Sexualenergie ähnlich wie ein Blasebalg, indem er die «Primärhitze» nach oben in die höheren Chakren bläst und sie damit der Anziehungskraft der ersten beiden Chakren entzieht. Aber eine zölibatäre Lebensweise ist nötig, um diese wertvolle Energie zu bewahren, die sonst während des Sexualaktes verausgabt wird. Durch den Verschluss und die tiefe Atmung wird die konservierte Sexualenergie als eine Art Brennstoff für den sechsten Ritus verwendet.

Ein Mann ejakuliert im Durchschnitt im Lauf seines Lebens 5000 Mal, was bei 200 bis 500 Millionen Spermien pro Ejakulation einer Menge von etwa 16 Litern Samenflüssigkeit entspricht. Diese Menge würde ausreichen, um mehr als eine Billion Kinder zu zeugen. Von einem energetischen Standpunkt aus geht es hier also um eine gewaltige schöpferische Macht. Stellen Sie sich vor, was Sie damit alles machen könnten, wenn Sie sie anders einsetzen würden. Zum einen würden Sie wahrscheinlich länger leben. Der bekannte taoistische Autor Mantak Chia sagte dazu: «In einem sehr realen Sinn kann jeder Mann einen Vorrat an sexueller Energie anlegen, der machtvoller ist als eine Atombombe.»

Das ist genau der Gedanke, der dem sechsten Ritus zugrunde liegt. Lebt man enthaltsam, kann man diese machtvolle Sexualenergie bewahren und umleiten, um optimale Gesundheit, Verjüngung und Langlebigkeit zu erreichen. Aber da der Colonel wusste, dass ein enthaltsames Leben für viele Menschen keine realistische Möglichkeit darstellt, empfahl er, so lange damit zu warten, bis man wirklich bereit ist, diese schwierige Herausforderung anzunehmen.

Die Bedeutung des Glaubens an die Möglichkeit der Verjüngung

Als Ergänzung zu den sechs Riten sprach Colonel Bradford noch einen Punkt an, der genauso wichtig ist wie die Übungen selbst. Man muss nämlich daran glauben, dass es überhaupt möglich ist, den Alterungsprozess zu stoppen oder zumindest seine Auswirkungen zu begrenzen, und man muss daran glauben, dass man es tun kann. Diese geistige Einstellung ist der entscheidende Faktor. «Wenn Sie fähig sind, sich trotz Ihres Alters als jung zu empfinden, werden auch andere Sie so sehen», sagte Colonel Bradford.

Dies ist eigentlich eine Form der Magie, die mit Rauchschwaden und Spiegeleffekten arbeitet, nur ist das Publikum in diesem Fall das eigene ungläubige Selbst. Bradford erzählte seinen Schülern, dass er sich selbst als jungen Mann sah, als er anfing, die Riten in Tibet zu praktizieren. Statt sich auf die vermeintliche Realität seiner selbst als eines gebrechlichen alten Mannes zu konzentrieren, rief er sich ins Gedächtnis, wie er in der Blüte seiner Jahre gewesen war. Er investierte jeden Tag psychische Energie und starkes Verlangen in das Bild seines jugendlichen Selbst. Allmählich sah er sich jünger und wurde zu diesem vitalen jungen Mann. Und alle, die ihm begegneten, sahen ihn ebenso.

Wahrscheinlich kennen Sie Ausdrücke wie die folgenden: «Das bildest Du Dir alles nur ein!», «Wir erschaffen uns unsere eigene Wirklichkeit», «Der Geist beherrscht die Materie» oder «Sie wollte es mit ganzer Seele, und es wurde wahr». Steckt hinter diesen Aussagen irgendein Hokuspokus? Oder spiegeln sie eine grundlegend andere Realität wider?

Die westliche Wissenschaft hat immer versucht, Geist und Materie zu trennen und sie als Phänomene darzustellen, die in keinem Zusammenhang zueinander stehen. Die östlichen Philosophien lehren das genaue Gegenteil. Sie sehen die Materie als Schöpfung des Bewusstseins. Bewusstsein ist demnach der wichtigste Faktor der Schöpfung, der Stoff, aus dem Materie gemacht wird. Materie ist verfestigtes Bewusstsein.

Die Quantenphysik des 20. Jahrhunderts bestätigt diese östliche Sicht. Mehr und mehr Wissenschaftler kommen allmählich zu der Überzeugung, dass Materie durch Bewusstsein beeinflusst werden kann. Manche von ihnen entwerfen neue Modelle einer «Schwingungsmedizin» oder von «Quantenheilung». Wenn Bewusstsein tatsächlich der Rohstoff ist, aus dem Materie entsteht, ist es nur vernünftig, davon auszugehen, dass die physische Realität (der Körper) und seine Funktionen (die Gesundheit) durch die Gedanken geformt werden.

Dr. Deepak Chopra erklärt diese neue Sicht der Materie, indem er die mystischen Erkenntnisse der Meditation mit den Theorien der modernen Physik und seiner praktischen Erfahrung als Arzt vereint. Chopra zufolge leben wir in einem Fluss von Möglichkeiten, denen durch den Geist Form und Inhalt gegeben wird. Die Realität ist unbegrenzt und entwickelt sich ständig weiter. Sie könnte so ziemlich jede Form annehmen.

Das trifft sogar auf die Welt der subatomaren Partikel zu. Man dachte früher, dass sich das Elektron wie ein kleiner Planet um den Atomkern drehe und dass man es jederzeit sehen und seine Position vorherbestimmen könne. Aber heute meinen viele Physiker, dass diese traditionelle Sicht des Elektrons nur dann zutrifft, wenn wir es beobachten. In Wahrheit, so sagen sie, existiert das Elektron nicht an einem bestimmten Ort, es könnte potenziell überall sein. Das Elektron wird lediglich durch unsere Beobachtung als solches definiert. Mit anderen Worten: Wie es gesehen wird, so ist es. Das erinnert daran, dass Colonel Bradfords erfolgreiche Schaffung eines jüngeren Körpers davon abhing, dass er sich selbst als jünger sah.

Das Phänomen des Placeboeffekts demonstriert auf eindrückliche Weise, dass der körperliche Zustand durch Erwartung und Glauben direkt beeinflusst wird. Ein Placebo ist nichts weiter als eine Zuckerpille, die Patienten gegeben wird, die glauben, dass sie ein hochwirksames Medikament erhalten. Etwa einem Drittel der Patienten, denen ein Placebo verabreicht wird, geht es tatsächlich besser – als ob sie wirklich ein wirksames Medikament erhalten hätten. Anscheinend sind es der Verstand des Patienten und dessen Erwartungshaltung, die eine reale Verbesserung des Gesundheitszustands hervorrufen.

Die Arbeit der Psychotherapeutin Evelyn Silvers aus Los Angeles zeigt, wie stark der Placeboeffekt sein kann. Sie überzeugte Patienten mit chronischen Schmerzen davon, dass sich in ihrem Körper eine «innere Apotheke» befinde. Mit Hilfe einer Kombination aus Suggestion und geführten Visualisierungsübungen, forderte sie die Patienten auf, schmerzstillende «Medikamente» herzustellen. Sie bat sie, sich vorzustellen, einen großen Vorrat an Endorphinen (den körpereigenen Schmerzmitteln) zu produzieren und diese auf geistigem Weg in den Blutkreislauf zu bringen. Die Resultate waren beeindruckend. Mit Hilfe dieser Methode waren viele Patienten in der Lage, chronische Schmerzen ganz auszuschalten oder zu lindern und abhängig machende Schmerzmittel abzusetzen. In einem späteren Versuch mit einer ähnlichen Methode half Dr. Silvers Drogenabhängigen, die bereits vier bis 40 Jahre lang süchtig waren, sich von ihrer Sucht zu befreien.

«Das ist für mich ein ausgezeichnetes Beispiel dafür, wie das Bewusstsein heilen kann», merkte Dr. Chopra an. «Sobald ein Erfolg versprechendes Instrument angeboten wurde, ließ es der Verstand zu, aus einem alten einschränkenden Denkmuster auszubrechen.» Laut Chopra ist das Gehirn ein neutrales Werkzeug, das keinen eigenen Willen besitzt. Es ist ein «unendlich erfinderischer Diener», der jede Sucht annehmen oder ablehnen kann. Zu den Süchten zählt Dr. Chopra auch die eingefahrene Überzeugung, dass der Alterungsprozess und der körperliche Verfall nicht aufgehalten werden können.

Chopra zufolge ist das Selbst der höchste Meister. Wenn wir daran glauben, dass es möglich ist, wird ein langes Leben unser sein. Dr. Chopras Konzept trägt dazu bei zu verstehen, warum Colonel Bradford die Unabdingbarkeit von Verlangen, Einstellung und Glaube betonte, wenn man Altern und Verfall abwenden möchte.

Wissenschaftler erforschen die Lebensenergie

Energie und ihre Auswirkungen bilden die Grundlage der fünf Riten, mit denen der Quell der ewigen Jugend erschlossen werden soll. Kann diese schwer fassbare, aber dennoch so machtvolle Energie, die Prana oder Qi genannt wird, tatsächlich von Wissenschaftlern gemessen werden? Spielt Energie wirklich im

Bereich von Krankheit, Gesundheit und Heilung die Hauptrolle, wie es die chinesischen Akupunkteure behaupten? Gibt es wissenschaftliche Beweise für die östlichen Theorien? Es gibt sie trotz des erheblichen Widerstands vieler Ärzte und Wissenschaftler, die ihre eingefahrene Sicht von Materie und Realität nicht aufgeben wollen, tatsächlich.

Wahrscheinlich hat in den achtziger Jahren die Entwicklung von medizinischen Hochtechnologiegeräten, mit denen elektromagnetische Felder um einzelne Körperteile und den ganzen Körper herum gemessen wurden, die Tür zu dieser bisher unsichtbaren Welt der Energie aufgestoßen. Heute sind Wissenschaftler nämlich in der Lage, genaue Bilder von elektromagnetischen Feldern anzufertigen.

Geräte wie beispielsweise der Kernspinresonanztomograph bieten den Ärzten computerisierte bildgebende Verfahren, mit deren Hilfe Aufzeichnungen vom Gehirn und anderen Organen gemacht werden können. Tomographen werden heute in vielen Krankenhäusern und Forschungslabors als wertvolle diagnostische Instrumente eingesetzt.

Dann wären noch die bahnbrechenden Forschungen des schwedischen Radiologen Björn Nordenström vom Karolinska Institut zu erwähnen. Nordenström ist davon überzeugt, dass der Körper ein elektrisches System enthält und dass dessen Aktivität die Grundlage des Heilungsprozesses ist. Seine Arbeit hat gezeigt, dass eine Verstärkung des durch den Körper fließenden elektrischen Stromes das Wachstum von Krebszellen stoppen kann. Nach Nordenström ist das elektrische System des Körpers für die Gesundheit ebenso wichtig wie der Blutkreislauf.

Auch neue Entdeckungen im Bereich der Akupunktur haben zu Fortschritten beim Nachweis der unsichtbaren Energie geführt. Der deutsche Akupunkteur Reinhard Voll entwickelte ein Dermatron genanntes Gerät und eine Methode namens Elektroakupunktur. Der Arzt misst mit Hilfe eines Computers die elektrische Ladung der Akupunkturpunkte. Auf dem Bildschirm erscheint eine graphische Darstellung der Ergebnisse vor und während der Akupunkturbehandlung, an der sich der Arzt orientieren kann.

Der japanische Forscher Hiroshi Motoyama entwickelte ein

Gerät, das ebenfalls die elektrische Ladung der Akupunkturpunkte misst. Dieser Apparat hat 28 Elektroden, die vor allem an bestimmte Akupunkturpunkte an den Fingern und Zehen angeschlossen werden. Ein Computer wertet die eingehenden Daten anschließend aus. Mit Hilfe seines Geräts entdeckte Motoyama, dass eine auffällige Verbindung zwischen den aus dem Gleichgewicht geratenen Meridianen und den Erkrankungen der entsprechenden Organe besteht. «Experimente mit circa 2000 Probanden legen die Vermutung nahe, dass die relative Spannung des elektrischen Hautwiderstands die Funktionalität der Qi-Energie in den Meridianen widerspiegelt», berichtete Dr. Motoyama.

Er entwickelte außerdem ein Instrument, das winzige Energieschwankungen registriert, die von den Körperbereichen ausgehen, die mit den verschiedenen Chakren assoziiert werden. Er habe angenommen, dass das Instrument Veränderungen der elektrischen Ladung, die durch Handlungen oder Gedanken ausgelöst werden, registrieren würde, wenn die Chakren wirklich mit den Nervenzellen und den entsprechenden Organen in Verbindung stehen. Seine Entdeckungen veranlassten ihn zu folgender bemerkenswerten Schlussfolgerung: «Die durch die Chakren fließende Psi-Energie (Qi) kann auf der körperlichen Ebene den Fluss der Energie hemmen oder fördern.» Mit anderen Worten: Das Qi der Chakren wirkt sich direkt auf die Gesundheit der Körperorgane aus, und Motoyama erbrachte dafür den wissenschaftlichen Nachweis.

Motoyama, Voll und Nordenström sind nur einige von vielen Wissenschaftlern, die das menschliche Energiefeld erforschen. Durch sie erfahren wir mehr über seine Beschaffenheit, seine Energiekanäle und seine Beziehung zu Gesundheit, Krankheit, Heilung und Altern. Ihnen verdanken wir neue Möglichkeiten des Umgangs mit dieser Energie, die unserem Leben zugrunde liegt. Höchstwahrscheinlich werden diese Forschungen die Lehren von Colonel Bradford bestätigen. Auf jeden Fall helfen sie den Menschen des Westens, die sich für die fünf Riten interessieren, ein tieferes Verständnis der biochemischen und energetischen Mechanismen zu erlangen, die Langlebigkeit möglich machen. So werden wir aufgrund wissenschaftlicher Erkenntnisse wahrscheinlich wie Colonel Bradford zu dem Schluss kommen, dass sich der Quell der ewigen Jugend schon immer in uns selbst befand.

Bis zu diesem Zeitpunkt werden wir aber wohl enttäuscht sein, wenn wir darauf bestehen, dass der Wahrheitsgehalt der Behauptungen des Colonels von der wissenschaftlichen Beweisbarkeit abhängt. Denn die Wissenschaft verfügt noch nicht über die dafür nötigen Instrumente und theoretischen Modelle. Dennoch müssen wir der Aussage der *Fünf »Tibeter«*® nicht blinden Glauben schenken, denn Colonel Bradford ist, wie wir gesehen haben, nicht der Einzige, der derart dramatische Äußerungen in Bezug auf erstaunliche Fälle von Langlebigkeit aufgestellt hat. Große Traditionen stehen hinter diesen Äußerungen. Geheimnis und Macht der vitalen Lebensenergie sind unter anderem in China, Indien und Tibet gründlich erforscht worden. Was uns geheimnisvoll erscheint, gehört für diese Kulturen zum Allgemeinwissen.

Wenn Sie von diesem kurzen Ausflug in die Kulturen des Ostens, in denen Energie so real ist wie für uns eine Hand, nichts weiter mitgenommen haben, als dass die direkte Erfahrung der beste Beweis ist, so soll das genügen. Wäre Bradford heute unter uns, würde er wahrscheinlich sagen: «Erforschen Sie die Geheimnisse der Energie, wenn Sie möchten, aber üben Sie um Himmels willen die fünf Riten, und erfahren Sie ihre Wirkung am eigenen Leib!»

Wenn Sie mit dem Yoga vertraut sind, werden Sie erkennen, dass sich die fünf Riten und Yoga in mancherlei Beziehung ähneln. Da in den letzten Jahren immer wieder Fragen hinsichtlich der Verbindung von Yoga und den fünf Riten aufgetaucht sind, werden wir diesen wichtigen Punkt im nächsten Kapitel behandeln. Auch wurde immer wieder danach gefragt, wie die fünf Riten am effektivsten auszuführen seien. Eine Antwort hierauf wird im Folgenden gegeben, nebst einer ausführlichen Darstellung der Übungen selbst.

Dr. Jeff Migdow
(aufgezeichnet von Laura Faye Taxel)

3 Die fünf Riten und Yoga: Übungen für ein langes, gesundes Leben

Die fünf Riten, die in dem Buch *Die Fünf »Tibeter«*® vorgestellt werden, können als modifizierte Version bestimmter Haltungen des Hatha-Yoga bezeichnet werden. Für mich ist offensichtlich, dass beide Systeme der selben Quelle entstammen. Die fünf Riten und Hatha-Yoga beruhen nämlich auf einem ähnlichen Verständnis des menschlichen Körpers und seiner Funktionsweisen.

Yoga ist keine Religion, sondern eine uralte Wissenschaft, mit deren Hilfe wir Körper, Geist und Seele vereinigen können. Das Wort «Yoga» selbst bedeutet «Joch» im Sinne von Vereinigung. Im Westen würden wir das Wort «Ganzheit» verwenden, um dieses Konzept zu umschreiben. Die Yoga-Haltungen, die dazu dienen, den Körper zu heilen und zu revitalisieren, die Gefühle zur Ruhe zu bringen und den Verstand zu schärfen, können ausschließlich aus diesen Gründen ausgeführt werden, aber ihr wahrer Sinn besteht in der Meditation.

Meditieren bedeutet, eine bewusste Anstrengung zu unternehmen, ruhig, still und wach zu sein. Durch Meditation kann eine andere Ebene der Realität wahrgenommen werden – unabhängig davon, welchem Glaubenssystem man sich verpflichtet fühlt. Gleich, ob man Meditation als Gebet, Kontemplation oder Erweiterung des Bewusstseins versteht, ihrem Wesen nach ist sie immer tiefe, ruhige Betrachtung, die es uns ermöglicht, ein Gefühl des Gegenwärtigseins zu erlangen. Unter «Gegenwärtigsein» verstehe ich eine sehr intensive Wahrnehmung dessen, was in mir und mich herum vorgeht. Für mich hat das tägliche Üben von Yoga und Meditation dazu geführt, dass ich stärker mit dem verbunden bin, was ich gerade tue. Ich fühle mich lebendiger, bin positiver eingestellt und weiß um den Sinn meines Lebens.

Die Yoga-Übungen sind ganz gezielt darauf ausgerichtet, körperliche Entspannung und geistige Ausgeglichenheit zu fördern, die Voraussetzungen für eine solche höhere Lebensqualität sind. Die Übungen dienen dazu, die körperlichen Aspekte des Menschen an die geistigen und spirituellen «anzujochen», damit sie harmonisch zusammenarbeiten und einander dienen können. Die Haltungen führen den Übenden in einen meditativen Zustand.

Sie tragen aber auch dazu bei, die körperliche Kraft und Ausdauer zu entwickeln, die nötig sind, um sich in einer meditativen spirituellen Disziplin zu üben. Prana, ein Sanskrit-Wort, das im Yoga häufig gebraucht wird, bedeutet sowohl Energie als auch Geist, da die beiden untrennbar miteinander verbunden sind. Schon die Griechen stellten dieselbe Verbindung her: Ihr Wort «Pneuma» bedeutete sowohl Atem als auch Seele.

Für die Meditation ist es notwendig, über längere Zeit mit geradem Rücken still zu sitzen. Aber die meisten modernen Menschen sind zu unruhig, zu steif oder zu müde, um dies länger als einige Minuten durchzuhalten. Die Yoga-Haltungen bereiten den Körper darauf vor, still mit gekreuzten Beinen und geradem Rücken zu sitzen, ohne sich anzulehnen. In der tantrischen Literatur (den religiösen Schriften) steht, dass der Buddha einmal gesagt haben soll: «Ohne einen vollkommen gesunden Körper kann niemand Glückseligkeit erfahren.»

In den letzten Jahren hat die moderne Wissenschaft damit begonnen, die positiven physiologischen und psychischen Auswirkungen von Yoga, Meditation und yogaähnlichen Übungen wie den Fünf»Tibetern« zu dokumentieren und zu bestätigen.

Eine im *Journal of Research in Indian Medicine* veröffentlichte Untersuchung bestätigte, dass das tägliche Üben von Yoga-Asanas (Haltungen) über einen Zeitraum von sechs Monaten zu einer Senkung der Herz- und Atemfrequenz und des Blutdrucks, zur Verminderung von Angstzuständen und zu Gewichtsabnahme führte, wobei gleichzeitig die Lungenkapazität und der Brustumfang zunahmen. Eine Folgeuntersuchung ergab, dass durch eine regelmäßige Yoga-Praxis physiologischer Stress vermindert, der Cholesterinspiegel gesenkt und der Blutzuckerspiegel normalisiert wurde. Festgestellt wurde außerdem, dass das Gehirn mehr Alphawellen erzeugte (was auf Entspannung hinweist) und dass, ganz allgemein gesagt, körperliche Beschwerden abnahmen.

Zahlreiche andere Studien sind zu ähnlichen Ergebnissen gekommen. Dr. T. J. Thorpe von der Universität Tennessee teilte mit, Yoga-Übende hätten übereinstimmend berichtet, dass Angstgefühle und Zustände innerer Unruhe abgenommen hätten. Viele der Versuchsteilnehmer gaben an, bei Problemen wie Schlafstörungen, Erschöpfungszuständen, Schmerzen, Wirbelsäulenproblemen, Schwindelgefühl, Gelenkversteifung und Hautausschlägen Linderung erfahren zu haben. Yoga half auch übergewichtigen Menschen beim Abnehmen und reduzierte bei manchen Versuchsteilnehmern das Verlangen nach Alkohol und Nikotin. Weitere positive Veränderungen beinhalteten ein Gefühl innerer Ruhe, tiefere Entspannung, größere Lebensfreude, gesteigertes Konzentrationsvermögen und eine Verbesserung der Beziehungen zu anderen Menschen.

Bei einem anderen Versuch verglich Dr. V. H. Dhanaraj von der Universität Alberta in Kanada eine Gruppe, die seit sechs Wochen Yoga übte, mit einer Gruppe, die im selben Zeitraum Sport trieb. Er berichtete, dass die Yoga-Gruppe nicht nur insgesamt beweglicher war, sondern auch stärkere Verbesserungen hinsichtlich des Zellstoffwechsels, der Sauerstoffaufnahme und der Lungenkapazität sowie der Herz- und Schilddrüsenfunktionen, der Hämoglobinproduktion und der Anzahl der roten Blutkörperchen aufwies.

Von Indien nach Tibet:
Der historische Zusammenhang zwischen Yoga
und den fünf Riten

Viele Gelehrte nehmen an, dass ein buddhistischer Meister namens Milarepa im 11. oder 12. Jahrhundert Yoga aus Indien nach Tibet brachte. Meiner Meinung nach sehen die Tibeter damals wie heute ihr spirituelles Leben nicht als von ihrem Alltag getrennt an. Sie glauben, dass Gottes Präsenz in ihrem Körper zu spüren ist. Deshalb experimentierten sie mit Praktiken, die ihnen dabei helfen sollten, ihren Körper mit dem spirituellen Selbst, ihrer Seele, zu verbinden. Ich glaube, dass die tibetischen Mönche im Lauf der Zeit bestimmte Yoga-Haltungen zu dem entwickelten, was wir heute als die fünf Riten kennen. Die schwierigen Lebensumstände in den Bergen sind wahrscheinlich für die Betonung körperlicher Kraft und Ausdauer verantwortlich.

Die fünf Riten sind meiner Meinung nach etwas ganz Besonderes, da sie ein uraltes Lehrsystem darstellen, das uns intakt überliefert wurde. Im Gegensatz dazu sind die meisten Yoga-Haltungen, die heute im Westen gelehrt werden, erst in den letzten 50 Jahren entstanden. Zwar sind die Meditationsmethoden und die Stellungen uralt, aber in der Art und Weise, in der sie heute geübt werden, sind sie moderne Versionen der alten Lehren. Traditionellerweise wurden diese mündlich vom Lehrer an den Schüler weitergegeben und daher wahrscheinlich ständig abgewandelt und angepasst. Dagegen glaube ich, dass die Form und die Reihenfolge der fünf Riten jahrhundertealt sind. Deshalb halte ich es für wichtig, sie so zu üben, wie sie im Buch beschrieben sind, ohne die Form oder die Reihenfolge abzuändern. Aus meiner Sicht, beruhend auf meiner medizinischen Ausbildung und meiner persönlichen Erfahrung sowohl im Yoga als auch in den fünf Riten, besitzt die Struktur einen ganz bestimmten Sinn. Das beste Argument jedoch, diese Struktur nicht anzutasten, besteht darin, dass viele Menschen sie nach wie vor für effektiv befinden und positive Resultate damit erzielen.

Die Matrix des Körpers und der Energiefluss

Der Philosophie zufolge, in der sowohl Yoga als auch die fünf Riten ihren geistigen Ursprung haben, besitzen wir Menschen eine Reihe von Energiezentren. Im Yoga werden sie Chakren genannt, während die tibetischen Mönche sie als Wirbel bezeichnen. Bestimmte Bewegungen können diese Energiezentren «öffnen» und aktivieren (siehe dazu Kapitel 2).

Nach der Philosophie des Yoga befinden sich die Chakren nicht im physischen Körper, sondern bilden den Energiekörper, der unser physisches Selbst umgibt. Aber sie entsprechen genau lokalisierbaren Punkten innerhalb des Körpers, an denen die Lebensenergie in das Nervensystem strömt.

Wer Yoga übt und versteht, geht davon aus, dass wir nicht nur Energie im Körper produzieren, sondern auch von außen Energie empfangen. Andere Kulturen mit anderen Heilmethoden sehen das ähnlich. So nennen die Chinesen diese lebenswichtige feinstoffliche Energie «Qi». In den *Fünf »Tibetern«*® verwendet Colonel Bradford das Sanskrit-Wort «Prana» (vitale Lebensenergie). (Eine eingehende Erörterung der Chakren finden Sie in Kapitel 2.)

Auf den westlich geschulten Verstand scheint die Vorstellung unsichtbarer Chakren und subtiler Energien zunächst befremdend zu wirken, aber ist diese Idee wirklich merkwürdiger als das Funktionieren eines Fernsehgeräts? Eine außen am Haus angebrachte Satellitenschüssel empfängt unsichtbare elektromagnetische Wellen, die wir zwar nicht sehen können, von denen wir aber dennoch wissen, dass es sie gibt. Funktioniert das System einwandfrei, werden diese Wellen auf dem Bildschirm in Bilder und Klänge umgewandelt.

Auf ähnliche Weise empfangen die Chakren die für das Leben notwendige Energie. Colonel Bradfords Bericht zufolge lehrten die tibetischen Mönche ihn, dass die Wirbel eigentlich machtvolle elektrische Felder sind. Wenn sie ausgeglichen sind und sich mit normaler Geschwindigkeit drehen, kann die vitale Lebensenergie ungehindert durch den menschlichen Körper hindurchfließen.

Heute hat die Wissenschaft bestätigt, dass dieses uralte System tatsächlich auf biologischen Tatsachen beruht. Wir wissen, dass sich an den Stellen, die den Chakren zugeordnet werden, Nervenknoten befinden, die «Plexi» genannt werden. Diese sind Teil des sympathischen Nervensystems, das die Organe und Drüsen lenkt und anregt. Hier befindet sich sozusagen der «Schalter», der, wenn er angeknipst wird, dem Herzen zu schlagen befiehlt und den Lungen, sich auszudehnen und zusammenzuziehen.

Zwei Wege zu einer gesünderen Lebensweise

Obwohl es viele Ähnlichkeiten zwischen dem Yoga und den fünf Riten gibt, unterscheiden sie sich doch in manchen Punkten. Mir scheint, dass die Riten eine einfachere, praktischere Methode darstellen, die Früchte des Yoga zu ernten und zu genießen. Die Riten sind weniger einschüchternd und entmutigend, weil sie leichter zu erlernen und auszuüben sind als die oftmals komplizierten Haltungen des traditionellen Yoga. Und wenn sie in einem Buch korrekt beschrieben werden, kann man sie sich sogar selbst beibringen. Die Riten sind auch deshalb so attraktiv, weil sie aus sich wiederholenden Übungen bestehen, also einer Form von Gymnastik, die uns schon vertraut ist, und weil sie nur wenig Zeit erfordern.

Ich möchte aber betonen, dass die Riten und Yoga nicht in Konkurrenz zueinander stehen. Ich würde nicht sagen, dass das eine besser ist als das andere. Sie sind ähnlich, sie unterscheiden sich, und sie können einander hervorragend ergänzen.

Für manche Menschen sind die Riten sogar schwieriger als Yoga – besonders zu Anfang – und stellen eine besondere Herausforderung dar, weil man Körperkraft, eine gewisse Beweglichkeit und Balance braucht, um sie richtig auszuführen. Für Anfänger ist daher zu empfehlen, vor den anstrengenderen Riten als Aufwärmübung einige grundlegende Yoga-Haltungen zu praktizieren, die meistens nur etwa 20 Sekunden lang gehalten werden.

Die Auswirkungen von Yoga und den fünf Riten auf den Körper

Sowohl Yoga als auch die fünf Riten haben – wenn regelmäßig geübt – unabhängig voneinander oder in Kombination miteinander einen spürbaren Verjüngungseffekt. Aus medizinischer Sicht ist dies leicht zu verstehen.

Der Kreislauf ist der Schlüssel zur Gesundheit

Die Übungen wirken sich in unmittelbarer Weise positiv auf den Kreislauf aus. Und durch eine verbesserte Blutzirkulation wird das Immunsystem gestärkt und die Heilkraft des Körpers verstärkt. Da mehr Blut mit weniger Schlägen durch den Körper gepumpt werden kann, wird das Herz entlastet. Dank der verbesserten Durchblutung erhält jede Zelle des Körpers mehr Sauerstoff und andere Nährstoffe, und die Ausscheidungsprodukte können effizienter abtransportiert werden.

Verjüngung findet Zelle um Zelle statt

Sauerstoff, Glukose und Nährstoffe bilden den Brennstoff, den die Zellen brauchen, um Energie zu erzeugen. Dieser Brennstoff wird mit dem Blut zu den Zellen transportiert. Aber bei der Erzeugung von Energie entsteht Kohlendioxid, ein Abfallprodukt, das wir ausscheiden müssen. So findet auf der Zellularebene tatsächlich Atmung und Verdauung statt. Wenn wir atmen, nehmen wir Sauerstoff auf und scheiden Kohlendioxid aus. Wenn wir essen, nehmen wir Nährstoffe auf und scheiden alles andere wieder aus.

Stellen Sie sich die Zellen Ihres Körpers als winzige Fabriken vor. Eine bessere Durchblutung bedeutet, dass ständig mehr Nährstoffe und «Ersatzteile» ankommen, wodurch die Energieerzeugung auf vollen Touren laufen kann. Das Blut fungiert also als eine Art Fließband, auf dem mit verbesserter Zirkulation mehr Abfall abtransportiert werden kann.

Ich bin der Ansicht, dass diese Verjüngung auf zellulärer Ebene für viele der «wunderbaren» Veränderungen verantwortlich ist, von denen die Übenden berichten – so zum Beispiel für das Nachdunkeln grauen Haares oder neues Haarwachstum, für das Gefühl des Wohlbefindens und der Vitalität und für die straffere, jünger wirkende Haut.

Entspannung ist der wahre Weg zur Erneuerung

Es ist wichtig zu verstehen, welch entscheidende Rolle die Entspannung im Zusammenhang mit jeder Form körperlicher Anstrengung spielt – sei es aerobisches oder isometrisches Fitnesstraining, Yoga oder die fünf Riten. Sport, aber auch yogaähnliche Übungen wie die fünf Riten fördern die Anspannung von Muskeln, weil sie große geistige Konzentration und körperlichen Einsatz erfordern. Zwar wird den Muskeln durch den erhöhten Tonus mehr Blut zugeführt, aber die inneren Organe werden weniger stark durchblutet. Dadurch erhöht sich die Verletzungsgefahr, der Blutdruck steigt, Angstgefühle entstehen, und das Herz wird zusätzlich belastet. Daher ist es unerlässlich, sich vor jeder Anstrengung aufzuwärmen und sich hinterher zu entspannen, um die Gefahr von Verspannungen zu minimieren.

Wenn wir uns vor und nach einer Anstrengung – dazu gehören auch die fünf Riten – entspannen, ermöglichen wir es den Muskeln, sich auszuruhen, wodurch die Blutzufuhr zu den inneren Organen verstärkt wird. Nehmen Sie sich immer etwas Zeit, um sich vor und nach den fünf Riten zu entspannen, damit der körperliche, geistige und spirituelle Nutzen nicht durch überflüssige Anspannung zunichte gemacht wird. Durch richtige Entspannung wird die positive Wirkung der Übungen noch verstärkt.

Wenn Sie Spaß an einem aerobischen oder isometrischen Fitnesstraining haben, schlage ich vor, dass Sie die fünf Riten oder Yoga zusätzlich zu Ihrem normalen Übungsprogramm ausführen. Wenn Sie keinen Sport betreiben, stellen sowohl Yoga als auch die fünf Riten ein vollständiges, nutzbringendes Übungsprogramm dar.

Ein Training für den ganzen Körper

Die meisten westlichen Sportarten wirken nur auf bestimmte Körperteile, während die in einer bestimmten Reihenfolge ausgeführten Yoga-Haltungen oder die fünf Riten jeden Teil des Körpers, jedes Energiezentrum, Organ und System positiv beeinflussen. Die Riten arbeiten gegen den Einfluss der Schwerkraft auf den Körper, wodurch die Entwicklung von Osteoblasten (Knochenbildungszellen) gefördert wird. Untersuchungen an über 70-jährigen Frauen ergaben, dass die Osteoporose (eine Knochenatrophie) durch eine so schwache Antischwerkraftübung wie viermaliges 20-minütiges Gehen pro Woche bereits beinahe auf die Werte zurückging, die vor den Wechseljahren normal gewesen waren. Man stelle sich nur vor, wie viel durch Yoga oder die fünf Riten erreicht werden kann, bei denen der gesamte Körper wiederholt gegen die Schwerkraft arbeiten muss.

Yoga und die fünf Riten wirken aber noch auf eine andere Weise auf den ganzen Körper, nämlich, indem sie die inneren Organe massieren. Die pressenden und dehnenden Bewegungen des zweiten, dritten und fünften Ritus regen die Ausscheidung von Körpergiften und venösem Blut aus den Verdauungsorganen an, weil ihnen frisches Blut zugefuhrt wird, das die Abfallprodukte im wahrsten Sinne des Wortes fortspült. Dadurch wird eine gesunde Verdauung und Ausscheidung angeregt. Der dritte und der fünfte Ritus haben eine ähnliche Wirkung auf die Lungen, indem sie die für die Atmung zuständigen Muskeln im Brustkorb und das Zwerchfell aktivieren und trainieren. Dadurch wird die Atmung selbst dann noch freier und tiefer, wenn man gar nicht mehr übt, was zumindest teilweise erklärt, warum man sich den ganzen Tag über besser fühlt.

Die fünf Riten

Bevor Sie mit den fünf Riten beginnen, möchte ich Sie noch auf einige wichtige Punkte hinweisen.

1. In der ersten Woche sollten Sie die fünf Riten nur einmal am Tag je drei Mal üben. Dann fügen Sie über einen Zeitraum von neun Wochen jedem Ritus pro Woche zwei Wiederholungen hinzu. Auf diese Weise werden Sie nach neun Wochen jeden Ritus 21 Mal wiederholen können. Es ist aber auch in Ordnung, wenn Sie die Anzahl der Wiederholungen langsamer steigern. Am besten ist es, die Übungen gleich morgens auszuführen, damit sich ihre positive Wirkung den ganzen Tag über entfalten kann. Wenn Sie möchten, können Sie die gesamte Abfolge auch zwei Mal pro Tag – etwa am Abend und am Morgen – ausführen, es besteht aber keine Veranlassung für mehr als 21 Wiederholungen pro Ritus, um die gewünschten Resultate zu erreichen.

2. Befolgen Sie die Übungsanweisungen aufs Wort, denn jede Veränderung wird die Wirkung verwässern. Selbst wenn Sie körperlich fit sind und mehr Wiederholungen möglich wären, sollten Sie sich an die vorgegebene Anzahl halten. Wenn Sie Ihr Programm etwas schwieriger gestalten möchten, praktizieren Sie die Riten in schnellerem Tempo oder betreiben Sie zu einem anderen Zeitpunkt noch eine andere Art des Fitnesstrainings. Die positive Wirkung der fünf Riten beruht auf Bewegungen, die das Drehmoment der Energiezentren erhöhen und diese harmonisieren.

3. Es wird unausweichlich Tage in Ihrem Leben geben, an denen Sie nicht alle Übungen machen können, weil Sie krank sind oder keine Zeit haben. Drei Wiederholungen eines jeden Ritus erfordern nur etwa zwei Minuten und sind besser, als gar nichts zu tun.

4. Jede ungewohnte körperliche Anstrengung sollte mit Vorsicht unternommen werden, da durch die Riten viele körper-

liche Veränderungen ausgelöst werden können. Besonders am Anfang können die Riten, die den Kreislauf anregen, den Körper auf dramatische Weise entgiften, was ein Grund dafür ist, die Wiederholungen langsam zu steigern. Sie werden zu Beginn feststellen, dass Ihr Urin dunkler ist, stärker riecht oder dass es beim Wasserlassen sogar brennt. Manche Frauen bekommen eine Scheideninfektion. Es kann vorkommen, dass Ihr Schweiß unangenehm riecht oder dass Sie einen leichten Hautausschlag bekommen. Möglicherweise fangen Sie sich eine Erkältung ein oder haben Gelenkschmerzen, aber all die Symptome sind normal und gehen bald vorbei. Und sie sind wünschenswert! Diese Symptome sind einfach körperlicher Ausdruck der Gifte, die bisher im Körper gespeichert wurden und nun über die Organe, Gelenke und Schleimhäute ausgeschieden werden. Aber um ganz sicher zu gehen, dass die Symptome nicht Ausdruck einer ernsten Erkrankung sind, die medizinischer Behandlung bedarf, sollten Sie sich an Ihren Arzt wenden.

Sobald Sie sich überzeugt haben, dass die Symptome tatsächlich lediglich Ausdruck des Entgiftungsprozesses sind, lassen Sie ihnen eine Woche Zeit, um ihren Lauf zu nehmen. Versuchen Sie nicht, sie durch Medikamente zu lindern. Entgiftung ist der Schlüssel zum Wohlbefinden. Kommt Ihnen die körperliche Reaktion aber zu stark vor, reduzieren Sie die Anzahl der Wiederholungen, oder führen Sie die einzelnen Übungen langsamer aus. Trinken Sie mehr Wasser als sonst, um das Körpergewebe auszuspülen.

Veränderungen in Ihrer Ernährungsweise können auch hilfreich sein. Verzehren Sie weniger Milchprodukte, Rind- und Schweinefleisch, Fett, Zucker, Brot, Kaffee und andere koffeinhaltige Nahrungsmittel. Sollten Sie rauchen, empfehle ich Ihnen, die Menge mindestens auf die Hälfte zu reduzieren. Die fünf Riten sind übrigens eine wunderbare Methode, um ganz mit dem Rauchen aufzuhören. Essen Sie mehr frisches Obst, Gemüse und Getreide.

Schon bald sollten Sie sich gesünder und vitaler fühlen. Ihre Augen werden strahlender, Ihr Teint leuchtender und Ihre Gelenke beweglicher sein.

Aufwärmen, Strecken und Stärken

Ich habe eine Reihe von yogaähnlichen Übungen kreiert, die vor den fünf eigentlichen Riten als Aufwärmroutine geübt werden können, um deren verjüngende Wirkung noch zu steigern. Einige dieser Haltungen und Übungen stehen mit bestimmten Riten in Verbindung. Wenn Sie Probleme mit einem Ritus haben, kann Ihnen die Aufwärmübung helfen, die Kraft und Beweglichkeit zu entwickeln, die Sie für die korrekte Ausführung brauchen. Viele der Streckübungen können auch zwischendurch, im Lauf des Tages, geübt werden. Wenn es Ihr Gesundheitszustand nicht zulässt, dass Sie einen oder mehrere Riten ausführen, können Sie stattdessen die entsprechenden Aufwärmübungen machen (siehe «Aufwärmübungen als Alternative zu den fünf Riten», S. 110), von denen manche traditionelle Yoga-Haltungen sind. Andere basieren auf den Prinzipien des Yoga und wurden von mir oder anderen Yoga-Lehrern entwickelt. Die gesamte Reihe kann in etwa acht bis zehn Minuten ausgeführt werden.

Diese Aufwärm-, Streck- und Kräftigungsübungen, die die Aufmerksamkeit des Geistes auf den Körper richten, bauen Verspannungen ab, wodurch die Verletzungsgefahr verringert wird. Auf diese Weise werden Sie die Riten leichter, effektiver und gefahrloser ausüben können. Es handelt sich hier um sanfte, sichere Bewegungen, die für die meisten Menschen unabhängig von ihrem Alter und dem Grad ihrer Fitness nicht zu schwierig sein dürften. Sie sollen ja entspannend wirken.

Ich schlage vor, dass Sie die Streck- und Aufwärmübungen in der Reihenfolge üben, in der ich sie Ihnen hier präsentiere, da die Abfolge als optimale Vorbereitung auf die Riten konzipiert ist. Sie können alle machen oder sich nur diejenigen aussuchen, die Sie für nötig halten, aber ändern Sie die Reihenfolge nicht. Wärmen Sie sich immer auf, bevor Sie die Riten praktizieren. (Bevor Sie mit den Aufwärmübungen beginnen, sollten Sie erst einmal alle Anweisungen durchlesen, damit Sie mit der Reihenfolge bereits vertraut sind.)

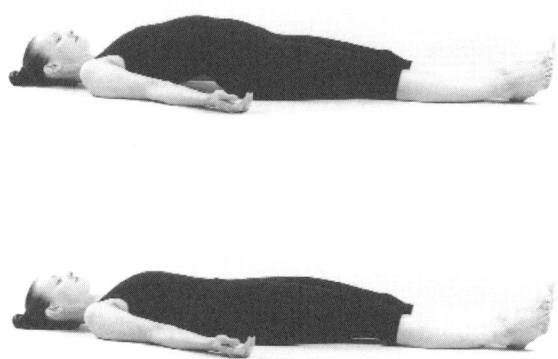

Körperscan mit tiefer Bauchatmung

- Legen Sie sich flach auf den Rücken, die Arme ruhen an den Seiten mit den Handflächen nach oben. Atmen Sie mehrmals langsam tief ein und aus.
- Bewegen Sie die Schultern und den Hintern nicht, während Sie einatmen und den Bauch heben, so dass sich die untere Ruckenpartie vom Boden abhebt.
- Atmen Sie aus, und entspannen Sie dabei die Bauchmuskulatur, so dass sich die untere Rückenpartie wieder auf den Boden senkt.
- Während Sie diese Übung ausführen, scannen Sie Ihren Körper. Fangen Sie am Kopf an, und arbeiten Sie sich einen Körperteil nach dem anderen nach unten, indem Sie Ihre Aufmerksamkeit kurz darauf richten.
- Werden Sie sich bei der Einatmung der Verspannungen und anderer Empfindungen in dem Körperteil bewusst, auf den Sie sich gerade konzentrieren.
- Lassen Sie mit der Ausatmung jede Anspannung los, und entspannen Sie den jeweiligen Bereich.
- Wiederholen Sie den Vorgang, und verbringen Sie etwa zwei Minuten mit dieser Übung.

Die Rückenschaukel

Die Rückenschaukel löst Verspannungen im Rücken.

- Legen Sie sich flach auf den Rücken. Umfassen Sie dann die Knie, und ziehen Sie sie in Richtung Brust.
- Nähern Sie das Kinn der Brust, krümmen Sie den Rücken, und schaukeln Sie nach hinten, bis Ihre Schultern den Boden berühren. Schaukeln Sie anschließend nach vorne, bis Ihr Steißbein den Boden berührt.

- Schaukeln Sie mehrere Male vor und zurück, und atmen Sie dabei gleichmäßig ein und aus.
- Zusätzlich zu der eben beschriebenen Übung – oder an ihrer Stelle – können Sie das Folgende tun:
- Wenn Sie Ihre Knie an die Brust gezogen haben, schaukeln Sie mehrmals von einer Seite zur anderen. Atmen Sie dabei normal, und versuchen Sie, den Rücken flach auf dem Boden zu halten.
- Wiederholen Sie die Schaukelbewegung 15 bis 20 Sekunden lang.

Die Brücke (Aufwärmübung)

Diese Form der Brücke bereitet den Körper auf den vierten Ritus vor und kann nötigenfalls auch an dessen Stelle geübt werden. Sie löst Verspannungen im unteren Rücken und im Beckenbereich.

- Legen Sie sich flach auf den Rücken. Die Arme ruhen an den Seiten, die Handflächen zeigen nach oben. Beugen Sie die Knie und stellen Sie die Füße in der Nähe des Hinterns flach auf den Boden.
- Atmen Sie ein, und heben Sie das Becken langsam einige Zentimeter hoch.
- Atmen Sie aus, und kehren Sie langsam in die Ausgangslage zurück.
- Wiederholen Sie die Übung zehn Mal.

Der Bauchkräftiger

Der Bauchkräftiger bereitet den Körper auf den zweiten Ritus vor und kann nötigenfalls an seiner statt geübt werden.

- Legen Sie sich mit gestreckten Beinen auf den Boden, und stützen Sie den Oberkörper auf die Ellenbogen.
- Atmen Sie ein, und heben Sie dabei die Beine etwa zehn bis 15 Zentimeter hoch. Halten Sie die Beine in dieser Position so gerade wie möglich etwa 15 bis 20 Sekunden lang. Atmen Sie dabei normal ein und aus. Schauen Sie auf die Zehen.
- Atmen Sie aus, und senken Sie dabei die Beine wieder auf den Boden. Ruhen Sie sich einen Moment lang aus.
- Wiederholen sie die Übung drei bis fünf Mal.

Der Beinklopfer

Der Beinklopfer löst Verspannungen in den Beinen und kräftigt die Schenkel.

- Legen Sie sich in derselben Position wie eben auf den Boden.
- Beugen Sie die Knie, und lassen Sie die Beine abwechselnd rhythmisch auf den Boden fallen. Wechseln Sie die Beine dabei in schneller Reihenfolge ab. Die Fersen sollten während der ganzen Übung Kontakt zum Boden haben.
- Atmen Sie dabei normal ein und aus, und schauen Sie auf Ihre Beine.
- Wiederholen Sie die Übung 15 bis 20 Sekunden lang.

Tisch, Hund und Katze

*Tisch, Hund und Katze lösen
Verspannungen im Rücken
und in den Hüften und kräftigen diese Bereiche gleichzeitig.*

- Stützen Sie sich auf
  Hände und Knie. Die
  Hände sollten sich direkt
  unter den Schultern
  befinden, die Knie direkt
  unter den Hüften. Diese
  Position wird häufig als
  Tisch bezeichnet.

- Atmen Sie ein, und
  lassen Sie den Rücken
  durchhängen. Heben Sie
  gleichzeitig das Kinn an,
  und rotieren Sie mit dem
  Becken so, dass sich das
  Steißbein nach oben be-
  wegt. Diese Position wird
  als Hund bezeichnet.
- Atmen Sie aus, und
  krümmen Sie den
  Rücken. Ziehen Sie
  gleichzeitig das Kinn an
  die Brust, und rotieren
  Sie mit dem Becken so,
  dass sich das Steißbein
  nach unten bewegt.
  Diese Position wird als
  Katze bezeichnet.

- Wiederholen Sie die
  gesamte Übung drei Mal.

Der Welpe

- Beginnen Sie mit dem Tisch, der in der vorigen Übung beschrieben wurde.
- Bewegen Sie den Körper nach hinten, bis der Hintern auf den Fersen ruht, ohne dabei Hände und Knie von der Stelle zu bewegen.
- Atmen Sie aus, und ziehen Sie das Kinn an die Brust.
- Atmen Sie ein, während Sie die Hände so weit wie möglich nach vorne strecken. Die Handflächen bleiben dabei in Kontakt mit dem Boden. Halten Sie diese Stellung 15 Sekunden lang, und atmen Sie langsam und tief durch.
- Kehren Sie in die Ausgangsposition zurück.
- Führen Sie diese Übung nur ein Mal aus.

Die Hundedehnung

Die Hundedehnung ist eine ausgezeichnete Vorbereitungs-übung für den fünften Ritus und kann nötigenfalls an seiner statt ausgeführt werden.

- Nehmen Sie die Tisch-Position ein.
- Atmen Sie ein, beugen Sie die Zehen, und heben Sie den Hintern, bis der Körper wie beim fünften Ritus ein umgekehrtes V bildet. Beine und Arme sind durchgestreckt, die Arme stellen eine gerade Verlängerung des Rückens dar. Halten Sie diese Position 15 Sekunden lang, und atmen Sie dabei langsam und tief ein und aus.
- Atmen Sie aus, und kehren Sie in die Ausgangsposition zurück.
- Führen Sie diese Übung nur einmal aus.

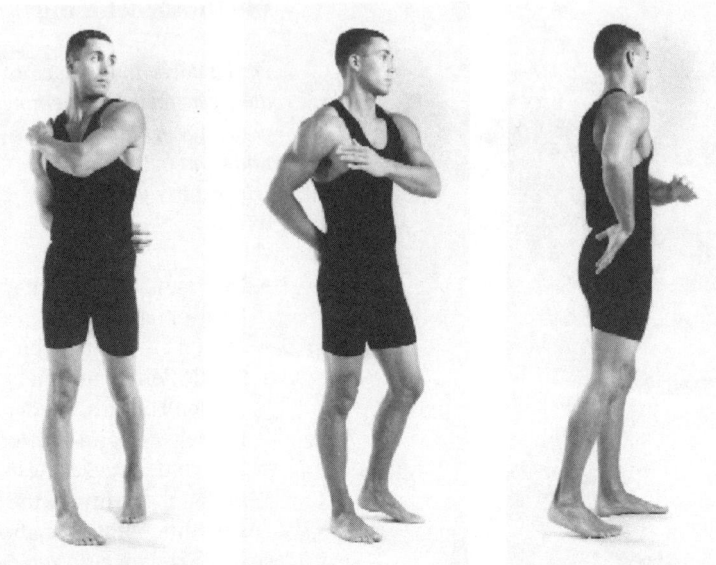

Der Hubschrauber

Der Hubschrauber löst Verspannungen im Schulter- und Nackenbereich.
Er ist eine gute Vorbereitungsübung für den ersten Ritus und kann nötigenfalls
an seiner Stelle geübt werden.

* Stehen Sie aufrecht. Die Füße befinden sich etwa 30 Zentimeter voneinander entfernt flach auf dem Boden. Die Augen sind und bleiben geöffnet.
* Strecken Sie die Arme mit den Handflächen nach unten seitlich aus, und heben Sie sie bis auf Schulterhöhe an.
* Drehen Sie den Oberkörper, so dass die ausgestreckten Arme rhythmisch hin und her schwingen können. Entspannen Sie die Arme und die Wirbelsäule, und geben Sie sich der Schwingbewegung hin.
* Während Sie die Arme nach rechts schwingen, sollte die linke Handfläche leicht gegen die rechte Schulter schlagen, während der rechte Handrücken leicht gegen den unteren Rückenbereich schlägt.

- Während Sie die Arme nach links schwingen, sollte die rechte Handfläche leicht gegen die linke Schulter schlagen, während der linke
  Handrücken leicht gegen den unteren Rückenbereich schlägt.
- Während Sie die Schwingbewegung ausführen, gestatten Sie dem
  Oberkörper und den Beinen, sich frei zu bewegen. Heben Sie dazu
  die linke Ferse, wenn Sie sich nach rechts drehen. Heben Sie die
  rechte Ferse, wenn Sie sich nach links drehen. Die Füße sollten
  jedoch ständig den Kontakt mit dem Boden behalten.
- Wenn Sie den Oberkörper nach rechts schwingen, drehen Sie
  den Kopf nach links; wenn Sie nach links schwingen, drehen Sie
  den Kopf nach rechts.
- Atmen Sie im Rhythmus der Bewegungen ein und aus.
- Wiederholen Sie diese Übung 20 Mal auf jeder Seite.

Die Kopfrolle

Die Kopfrolle öffnet und entspannt Hals, Nacken und Schultergürtel, wodurch Nackenschmerzen verhindert werden.

- Stehen Sie entspannt aufrecht, und atmen Sie tief ein und aus.
- Atmen Sie langsam aus, während Sie den Kopf sanft zur rechten Schulter senken. Halten Sie diese Position fünf Sekunden lang.
- Atmen Sie ein, und kehren Sie in die Ausgangsposition zurück.
- Atmen Sie langsam aus, während Sie den Kopf sanft zur Brust senken. Halten Sie auch diese Position fünf Sekunden lang.

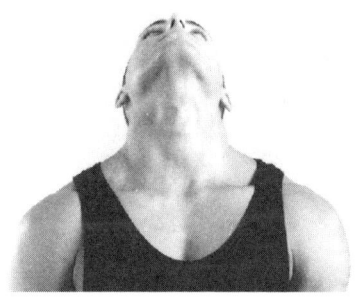

- Atmen Sie ein, und keh-ren Sie in die Ausgangs-position zurück.
- Atmen Sie langsam aus, während Sie den Kopf sanft zur linken Schulter senken. Halten Sie diese Position wieder fünf Sekunden lang.
- Atmen Sie ein, und keh-ren Sie in die Ausgangs-position zurück.
- Atmen Sie langsam aus, während Sie den Kopf sanft nach hinten führen. Halten Sie auch diese Position fünf Sekunden lang.
- Atmen Sie ein, und keh-ren Sie in die Ausgangs-position zurück.
- Führen Sie diese Übung nur ein Mal aus.

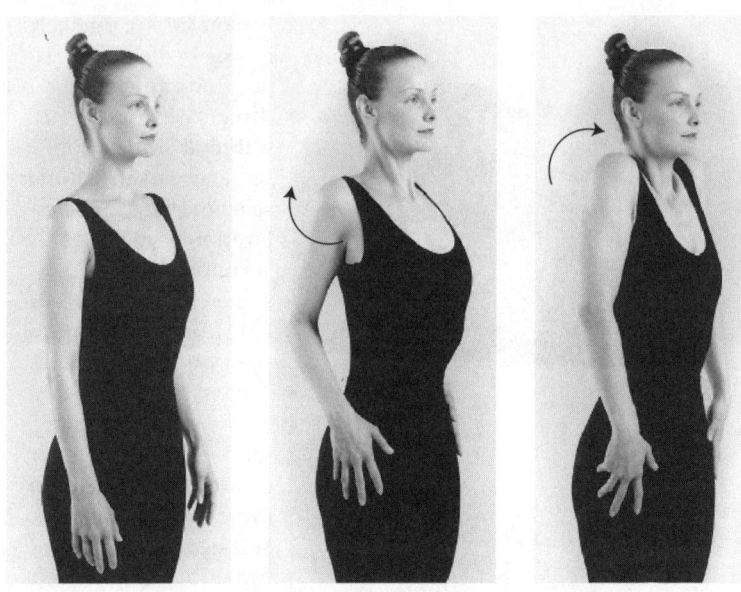

Die Schulterrolle

Die Schulterrolle löst Verspannungen im gesamten Schulterbereich.

- Stehen Sie entspannt aufrecht. Die Arme hängen locker an den Seiten. Atmen Sie normal.
- Rotieren Sie mit den Schultern fünf Mal locker nach vorne.

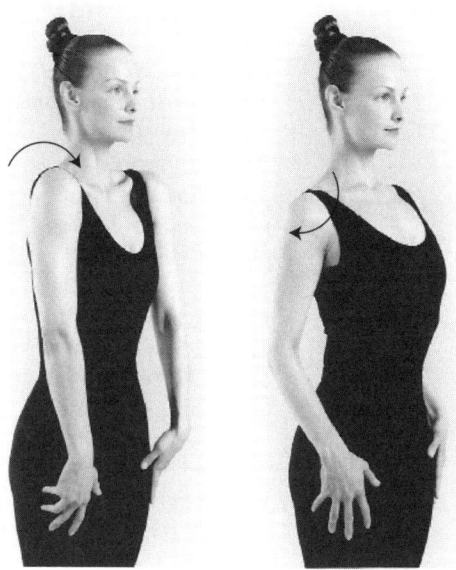

- Kehren Sie die Bewegung um, und rotieren Sie mit den Schultern fünf Mal nach hinten.
- Atmen Sie mehrmals tief ein, und lassen Sie den Atem jeweils mit einem hörbaren Seufzer ausströmen.

Spinnenliegestütz

Der Spinnenliegestütz kräftigt die Handgelenke und kann Verletzungen in diesem Bereich vorbeugen. Er ist als Vorbereitung auf den vierten und den fünften Ritus gedacht.

- Stehen Sie aufrecht. Heben Sie die Hände vor dem Körper, bis sich die Unterarme mehr oder weniger parallel zum Boden befinden.
- Spreizen Sie die Finger, und legen Sie die Fingerspitzen aneinander.
- Drücken Sie die Finger gegeneinander, bis sie sich in voller Länge berühren. Die Knöchel werden dabei durchgestreckt. Die Handflächen sollten sich aber nicht berühren.
- Entspannen Sie die Finger, und führen Sie die Bewegung dann erneut aus. Sie machen jetzt Liegestütz mit den Fingern.
- Führen Sie langsam zehn Liegestütze mit den Fingern aus. Halten Sie die Augen offen und beobachten Sie die Finger. Atmen Sie normal.

Handgelenksmassage

Diese einfache Massage stärkt die Handgelenke und kann Sehnenscheidenentzündungen vorbeugen. Außerdem bereitet diese Übung die Handgelenke auf den vierten und den fünften Ritus vor.

- Stehen Sie entspannt aufrecht, und halten Sie den linken Unterarm senkrecht in die Höhe, so dass Sie in Ihre offene Handfläche blicken. Atmen Sie normal.
- Umfassen Sie mit der rechten Hand das linke Handgelenk so, dass der rechte Daumen auf der Innenseite des Armes ruht.
- Drücken Sie zehn Mal sanft und doch fest.
- Wiederholen Sie die Übung mit dem anderen Handgelenk.

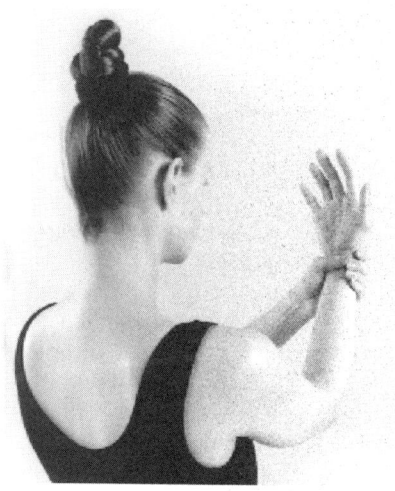

Der Beinkräftiger

Der Beinkräftiger ist eine ausgezeichnete Vorbereitungsübung für den dritten Ritus und kann nötigenfalls an seiner statt geübt werden.

- Stellen Sie sich mit dem Rücken vor eine Wand. Die Füße sollten etwa 15 Zentimeter auseinander, die Fersen etwa 25 bis 30 Zentimeter von der Wand entfernt sein.
- Beugen Sie leicht die Hüften, und lehnen Sie sich, ohne die Füße zu bewegen, zurück, bis Ihr Hintern die Wand berührt.
- Atmen Sie ein. Während Sie anschließend wieder ausatmen, rutschen Sie langsam nach unten, wobei Sie die Knie beugen und mit dem Hintern in Kontakt mit der Wand bleiben. Rutschen Sie weiter nach unten, bis sich die Schenkel parallel zum Boden befinden (als ob Sie aufrecht auf einem Stuhl säßen).

- Drücken Sie den Rücken gegen die Wand, bis er von oben bis unten Kontakt hat. Atmen Sie tief ein und aus.
- Halten Sie diese Position, solange Sie können, aber höchstens 15 Sekunden lang. Wenn Sie die Übung korrekt ausführen, werden Ihre Oberschenkel dabei zittern.
- Atmen Sie ein, und rutschen Sie nach oben. Atmen Sie ein paar Mal tief ein und aus, bevor Sie die Übung wiederholen.
- Führen Sie diese Übung zwei bis drei Mal aus.

Die Stoffpuppe

- Stehen Sie entspannt, beugen Sie dann den Oberkörper nach unten, als ob Sie Ihre Zehen berühren wollten.
- Lassen Sie den Oberkörper, den Kopf und die Arme locker herabhängen. Bleiben Sie entspannt und locker. Die Beine können durchgestreckt oder leicht gebeugt sein.
- Halten Sie diese Position 15 bis 20 Sekunden lang, und kehren Sie dann in die aufrechte Position zurück.
- Führen Sie diese Übung nur ein Mal aus.

Nach diesen Aufwärmübungen sollten Sie sich ein oder zwei Minuten lang ausruhen, um den Körper vor Beginn der fünf eigentlichen Riten wieder zu entspannen.

Aufwärmübungen als Alternative zu den fünf Riten

Wenn es Ihr Gesundheitszustand nicht erlaubt, einen bestimmten Ritus auszuführen oder wenn sich Ihr Arzt oder Heilpraktiker dagegen ausspricht, können Sie stattdessen die entsprechenden Aufwärmübungen ausführen.

- Ersetzen Sie den ersten Ritus durch
den Hubschrauber.

- Ersetzen sie den zweiten Ritus durch
den Bauchkräftiger.

- Ersetzen Sie den dritten Ritus durch
den Beinkräftiger.

- Ersetzen Sie den vierten Ritus durch
die Brücke.

- Ersetzen Sie den fünften Ritus durch
die Hundedehnung.

Ausführliche Übungsanleitung für die fünf Riten

Mit Ausdauer, Geduld und gutem Willen werden die meisten Menschen unabhängig von ihrem Alter und ihrem Gesundheitszustand in der Lage sein, die fünf Riten gut genug auszuführen, um von ihnen zu profitieren. Aber nicht jeder kann sie gleich alle machen oder sie gar perfekt praktizieren. Wenn es Ihnen nicht möglich ist, einen bestimmten Ritus auszuführen, ersetzen Sie ihn durch die eben beschriebenen entsprechenden Aufwärmübungen. Wenn Ihnen selbst das unmöglich ist, üben Sie nur die Riten, die Sie machen können, und versuchen Sie die anderen erst dann wieder, wenn Sie so weit sind.

Da Sie bei bestimmten Erkrankungen gewisse Riten nicht ausführen sollten, habe ich im Anschluss an die jeweiligen Übungsanleitungen eine kurze Liste solcher Erkrankungen angefügt. Wenn Sie unter einer solchen leiden, schlage ich vor, dass Sie sich zuerst mit Ihrem Arzt oder Heilpraktiker beraten, bevor Sie damit beginnen. Da die Liste sicher nicht vollständig ist, sollten Sie, wenn Sie wegen einer Krankheit oder einer Behinderung in Behandlung sind, auf jeden Fall mit der behandelnden Person darüber sprechen.

Bemühen Sie sich beim Üben der Riten, langsam, tief und gleichmäßig zu atmen, da zwischen der Qualität Ihrer Atmung und den positiven Wirkungen der fünf Riten ein direkter Zusammenhang besteht. Die meisten Menschen nutzen nämlich nur etwa zwei Drittel ihrer Lungenkapazität, aber die tiefe Atmung reinigt die Lungen, ersetzt verbrauchte Luft durch frische und führt dem Blut mehr Sauerstoff zu. Und sauerstoffreiches Blut belebt und energetisiert die Zellen. Die langsamere Atmung führt zu einer Verbesserung der Herz- und Kreislauffunktionen, so dass das sauerstoffreiche Blut tatsächlich zu jeder Zelle des Körpers gelangt.

Der erste Ritus

Der erste Ritus bedarf besonderer Erwähnung, denn im Gegensatz zu den anderen ähnelt er keiner der traditionellen Yoga-Haltungen oder -übungen. Er repräsentiert eine ganz besondere

Methode, die in vielen spirituellen Schulen bekannt ist. Hier liegt die Betonung auf der Bewegung und nicht auf der Haltung, und das Drehen soll den Energiefluss im Körper anregen. Ein Zweig der Sufis, der islamischen Mystiker, ist unter dem Namen «die drehenden Derwische» bekannt, weil ihre spirituelle Praxis darin besteht, sich über längere Zeiträume hinweg zu drehen, um auf diese Weise in einen erweiterten Bewusstseinszustand zu gelangen.

In ihrem Bestseller *Traumfänger* berichtet Marlo Morgan von der erstaunlichen Tatsache, dass für die australischen Aborigines Drehen ebenfalls eine Methode ist, mit deren Hilfe der Fluss der Lebensenergie angeregt werden soll. Als Morgan monatelang mit einer kleinen Gruppe Aborigines im Busch lebte, wurde ihr erklärt, dass es im Körper sieben Hauptenergiezentren gebe, deren Energie durch Drehen erhöht werden könne. Sie benutzte sogar das Wort «Wirbel», um diese Zentren zu beschreiben.

Ich glaube, dass Drehen etwas ganz Natürliches ist, wodurch sich erklären lässt, warum es in so vielen verschiedenen Kulturen verbreitet ist. Yogis drehen sich automatisch, wenn ihr Energieniveau sehr hoch ist, weil die Energie durch das Nervensystem strömt und zu einem Gefühl der Glückseligkeit führt. Ich habe gelesen, dass Drehen für einen Sufi eine Form der Ekstase darstellt.

Da Drehen aber auch einfach toll ist und Spaß macht, lieben es die Kinder wahrscheinlich so sehr. Mir ist aufgefallen, dass sich meine Tochter Kelly immer im Uhrzeigersinn dreht. Die Richtung ist wichtig, da sich die Chakren auf diese Weise drehen «wollen».

Der erste Ritus hilft bei folgenden Problemen

- Krampfadern
- Osteoporose
- Kopfschmerzen

Gesundheitlicher Nutzen

- Der erste Ritus verbessert die Durchblutung, wodurch Krampfadern verhindert werden. Weil die Arme gekräftigt werden, hilft er auch bei Osteoporose in den Armen. Da der Energiefluss durch alle Chakren verstärkt wird, besonders durch die, die sich im Schädel und in der Brust befinden, werden die Zellen revitalisiert und der Fluss der Rückenmarksflüssigkeit angeregt, was zu größerer geistiger Klarheit beiträgt und Kopfschmerzen vorbeugt. Durch den ersten Ritus kann die Verjüngung des ganzen Körpers eingeleitet werden.

Ausgangsposition

- Stehen Sie aufrecht, und strecken Sie die Arme seitlich aus, so dass sie sich parallel zum Boden befinden. Die Handflächen zeigen nach unten. Die Schultern sollten gerade und entspannt sein, die Arme sollten sich in einer Linie mit den Schultern befinden.
- Stellen Sie sich vor, Sie stünden auf einer Uhr. Die folgende Drehbewegung findet im Uhrzeigersinn statt.

Bewegung

- Drehen Sie sich in einem perfekten Kreis von links nach rechts. Beginnen und enden Sie langsam, beschleunigen und verlangsamen Sie die Bewegung allmählich. So wird eine unnötige Belastung des Körpers vermieden. Atmen Sie während des Drehens langsam und gleichmäßig ein und aus.
- Falls Ihnen schwindlig werden sollte, richten Sie vor dem Drehen Ihren Blick auf einen Punkt, der sich direkt vor Ihnen befindet. Während des Drehens versuchen Sie, diesen Punkt so lange wie möglich im Blick zu behalten. Wenn er wieder in Ihrem Gesichtsfeld auftaucht, konzentrieren Sie sich sofort wieder darauf.
- Nach Beendigung der Drehbewegung atmen Sie ein paar Mal tief durch die Nase ein und aus. Entspannen Sie sich. Legen Sie

Erster Ritus

sich auf den Boden, um sich auf den zweiten Ritus vorzubereiten. Warten Sie, bis ein etwaiges Schwindelgefühl nachlässt. Fangen Sie mit dem nächsten Ritus erst an, wenn Sie sich ganz ausgeglichen fühlen.

Tipps

- Die Füße folgen den Armen.
- Versuchen Sie, sich während des Drehens nicht vom Ausgangspunkt zu entfernen. Beenden Sie die Bewegung an derselben Stelle, an der Sie sie begonnen haben.
- Das Kinn bleibt parallel zum Boden, die Schultern bleiben entspannt.

Wenn Sie Probleme haben

- Beginnen und enden Sie langsam. Wenn die Bewegung Ihnen Schwierigkeiten bereitet, drehen Sie sich die ganze Zeit über langsam.
- Wenn Sie unter schmerzhaften Schulter- oder Nackenbeschwerden leiden, beugen Sie die Ellenbogen leicht, statt die Arme ganz gestreckt zu halten, um die Muskeln in diesem Bereich zu entlasten.
- Reduzieren Sie die Wiederholungen, bis Sie Ihnen die Übung leichter fällt.
- Wenn Sie unter einem starken Schwindelgefühl leiden, wählen Sie zusätzlich zum ersten Punkt drei weitere aus, auf die Sie Ihren Blick jeweils richten können. Konzentrieren Sie sich auf einer imaginären Uhr auf die 12, 3, 6 und 9. Jeder Punkt sollte etwas Konkretes sein, auf das Sie Ihren Blick richten können, zum Beispiel ein Fenster, eine Lampe, ein Möbelstück oder ein Bild. Wenn Sie in die Richtung eines dieser Objekte schauen, konzentrieren Sie sich kurz darauf.
Achten Sie darauf, dass die Handflächen nach unten zeigen. Auch das kann dem Schwindelgefühl vorbeugen.
Um nach dem Ende der Drehbewegung das Gleichgewicht

wiederzuerlangen, sollten Ihre Füße etwa um Schulterbreite auseinander sein. Legen Sie die Handflächen auf die Mitte der Brust und schauen Sie auf die Daumen. Halten Sie diese Position, bis das Schwindelgefühl vorüber ist.

Wenn Sie eine größere Herausforderung wünschen

- Drehen Sie sich schneller, aber niemals so schnell, dass Sie das Gleichgewicht verlieren.

Vorsicht

- Drehen kann zu Übelkeit, Kopfschmerzen und dem Verlust des Gleichgewichts führen. Wenn Sie anfangen, diese Übung auszuführen, drehen Sie sich langsam und immer im Uhrzeigersinn.

Sprechen Sie mit Ihrem Arzt, wenn ...

- Da sich durch das Drehen bestimmte Erkrankungen verschlimmern können, sollten Sie medizinische Hilfe in Anspruch nehmen, wenn Sie unter multipler Sklerose, der Parkinsonschen Krankheit, der Meniérschen Krankheit, Schwindelgefühl oder Schlaganfällen leiden, wenn Sie sich in einer von Morgenübelkeit begleiteten Phase der Schwangerschaft befinden oder Medikamente nehmen, die Schwindel hervorrufen können. Wenn Ihr Herz vergrößert ist, Sie ein Herzklappenproblem haben oder in den letzten drei Monaten einen Herzinfarkt hatten, sollten Sie diesen Ritus nicht ohne ausdrückliche Genehmigung Ihres Arztes ausführen.

Der zweite Ritus

Der zweite Ritus hilft bei folgenden Problemen

- Arthritis
- Osteoporose
- unregelmäßige Menstruation
- durch die Wechseljahre bedingte Probleme
- Verdauungsprobleme und Verstopfung
- Rückenschmerzen
- Steifheit in den Beinen und im Nacken

Gesundheitlicher Nutzen

- Der zweite Ritus wirkt sich positiv auf die Schilddrüse, die Nebennieren, die Nieren, die Verdauungs- und Sexualorgane sowie die Keimdrüsen und die Prostata beziehungsweise die Gebärmutter aus. Er hilft bei unregelmäßigen Monatsblutungen und lindert bestimmte Begleiterscheinungen der Wechseljahre. Er beeinflusst die Verdauung positiv und hilft besonders bei Verstopfung. Der zweite Ritus regt die Durchblutung, den Lymphfluss und die Atmung an, stärkt die Herzmuskulatur und das Zwerchfell. Die Bewegungen stärken darüber hinaus die Bauchmuskeln, die Beine und Arme, entspannen den Lendenwirbelbereich und beeinflussen Steifheit in den Beinen und im Nacken auf positive Weise.
- Der zweite Ritus kann Menschen helfen, die unter Arthritis der Hüften oder des Nackens oder unter Osteoporose in den Beinen, den Hüften, dem Becken oder dem Nacken leiden.
- Er erhöht die Drehgeschwindigkeit des ersten, zweiten, dritten und fünften Chakras im Steißbein, Unterleib, Bauch und Hals.

Zweiter Ritus

Ausgangsposition

- Legen Sie sich mit gestreckten Beinen flach auf den Rücken. Am besten legen Sie sich auf einen dicken Teppich, eine Übungsmatte oder eine andere gepolsterte Unterlage, damit die Wirbelsäule nicht gegen den harten, kalten Boden gedrückt wird.
- Die Arme liegen parallel zum Körper an den Seiten, die Handflächen zeigen nach unten, die Finger liegen aneinander.

Bewegung

- Atmen Sie durch die Nase ein, während Sie den Kopf vom Boden heben und das Kinn in Richtung Brust bewegen. Heben Sie gleichzeitig beide Beine an, so dass sie beinahe einen rechten Winkel zum Boden bilden.
- Es ist wichtig, die Beine so gerade wie möglich zu halten. Wenn es Ihnen nicht möglich ist, die Knie gestreckt zu halten, beugen Sie sie nur so weit, wie es unbedingt erforderlich ist. Arbeiten Sie darauf hin, die Beine mit gestreckten Knien zu heben.
- Senken Sie langsam Kopf und Beine gleichzeitig zum Boden, und versuchen Sie auch dabei, die Beine so gerade wie möglich zu halten. Atmen Sie bei dieser Bewegung langsam durch die Nase aus.
- Entspannen Sie sich einen Augenblick lang, bevor Sie die Übung wiederholen.

Tipps

- Drücken Sie mit den Handflächen, Unterarmen und Ellenbogen fest gegen den Boden, während Sie die Beine heben.
- Ziehen Sie die Bauchdecke ein, und richten Sie Ihre Aufmerksamkeit auf den Bauch. Der Kopf sollte sowohl bei der Aufwärts- als auch bei der Abwärtsbewegung so entspannt wie möglich sein.

Wenn Sie Probleme haben

• Platzieren Sie ein gefaltetes Handtuch oder eine Decke unter den Hüften, um sich besser abstoßen zu können. Wenn Sie merken, dass Ihnen diese Übung mit der Zeit leichter fällt, lassen Sie Handtuch oder Decke weg.

• Wenn es nötig werden sollte, legen Sie zwischen den einzelnen Bewegungen kurze Pausen ein.

• Erhöhen Sie die Anzahl der Wiederholungen nur ganz allmählich.

• Um das Heben der Beine zu erleichtern, versuchen Sie die folgende Atemtechnik. Atmen Sie zunächst in der Ausgangsposition ein. Atmen Sie kräftig aus, während Sie Kopf und Beine heben. Atmen Sie wieder ein, wenn Sie die Aufwärtsbewegung beendet haben, und atmen Sie langsam wieder aus, während Sie Kopf und Beine auf den Boden senken. Sobald es Ihnen leichter fällt, die Beine zu heben, atmen Sie, wie unter dem Punkt «Bewegung» beschrieben.

• Wenn Sie diesen Ritus nicht ausführen können, ersetzen Sie ihn durch die Aufwärmübung «Der Bauchkräftiger» (siehe Seite 91).

Wenn Sie eine größere Herausforderung wünschen

• Wenn Sie die Beine mit gestreckten Knien in eine vertikale Position bringen können, führen Sie sie weiter in Richtung Kopf, wobei die Zehen zum Boden zeigen sollten.

• Wiederholen Sie die Übung in schnellerem Tempo.

Vorsicht

• Führen Sie diesen Ritus besonders langsam aus, und erhöhen Sie die Anzahl der Wiederholungen nur um eine oder zwei pro Woche, wenn Sie Magengeschwüre, Rücken- oder Nackenschmerzen, medikamentös behandelten Bluthochdruck, schwache Bauchmuskeln, extreme Verspannungen oder Steifheit in

117

den Schultern oder den Beinen haben, wenn Sie unter multipler Sklerose, der Parkinsonschen Krankheit, entzündlichen Erkrankungen des Bindegewebes oder chronischen Erschöpfungszuständen leiden.

- Menstruierende Frauen sollten sich darüber im Klaren sein, dass diese Übung bestehende Krämpfe verstärken, die Blutung unterbrechen oder ganz zum Erliegen bringen kann.

Sprechen Sie mit Ihrem Arzt, wenn ...

- Suchen Sie medizinischen Rat, um herauszufinden, ob Sie diese Übung sicher ausführen können, wenn Sie unter Leistenbrüchen, Schilddrüsenüberfunktion, der Meniérschen Krankheit, Schwindelanfällen oder Epilepsie leiden.
- Wenn Sie schwanger sind, sich in den letzten sechs Monaten einer Bauchoperation unterziehen mussten oder unter unkontrolliert erhöhtem Blutdruck, fortgeschrittener Arthritis der Wirbelsäule oder Bandscheibenvorfall leiden, sollten Sie die Erlaubnis Ihres Arztes einholen, bevor Sie diesen Ritus ausführen.
- Auch wenn Sie ein vergrößertes Herz haben oder in den letzten drei Monaten einen Herzinfarkt erlitten haben, sollten Sie diesen Ritus nicht ohne ärztliche Genehmigung ausführen.

Der dritte Ritus

Der dritte Ritus hilft bei folgenden Problemen

- Arthritis
- unregelmäßige oder zu schwache Regelblutung
- Symptome der Wechseljahre
- Verdauungsbeschwerden
- Rücken- und Nackenschmerzen
- Nebenhöhlenvereiterung

118

Gesundheitlicher Nutzen

- Wie der zweite Ritus, so verjüngt auch der dritte die Schilddrüse, Nebennieren, Nieren, alle Verdauungs- und Sexualorgane, die Keimdrüsen und Prostata beziehungsweise die Gebärmutter. Er tut Frauen in den Wechseljahren besonders gut, aber auch menstruierende Frauen, die eine unregelmäßige oder zu schwache Regelblutung haben, profitieren davon.
- Die Übung kräftigt die Bauchmuskulatur, stärkt das Zwerchfell, vertieft die Atmung und löst Verspannungen im unteren Rücken und im Nackenbereich, wodurch Schmerzen und Steifheit in diesen Bereichen gelindert werden können. Sie kann Nebenhöhlenvereiterungen lösen und arthritische Symptome im Nacken- und Schulterbereich lindern.
- Dieser Ritus erhöht die Drehgeschwindigkeit aller Chakren, besonders die des zweiten, dritten und fünften in Unterleib, Bauch und Hals, wodurch Ihre Vitalität und Energie ganz allgemein zunehmen werden.

Ausgangsposition

- Knien Sie auf dem Boden, die Zehen sind aufgestellt, der Körper wird gerade gehalten.
- Legen Sie die Hände seitlich an die Oberschenkel, die Daumen zeigen nach vorne. Atmen Sie durch die Nase ein und aus.

Bewegung

- Atmen Sie durch die Nase aus, während Sie den Kopf sanft nach vorne beugen und das Kinn zur Brust führen.
- Atmen Sie langsam tief ein, und lehnen Sie sich zurück, so dass sich Ihr Oberkörper über Ihren Waden befindet. Der Kopf folgt der Bewegung des Rückens und wird – so weit es ohne Anstrengung möglich ist – in den Nacken gelegt.
- Atmen Sie aus, während Sie in die Ausgangsposition zurückkehren. Atmen Sie ein, und wiederholen Sie die Übung.

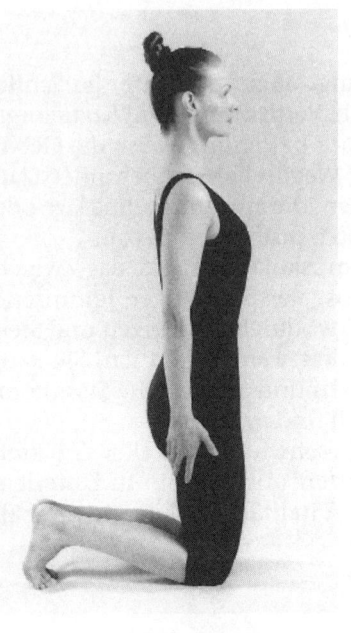 

Dritter Ritus

Tipps

- Um das Gleichgewicht besser halten zu können, sollten Sie sich sowohl bei der Rück- als auch bei der Vorwärtsbewegung mit den Händen auf die Oberschenkel stützen.
- Entspannen Sie Kopf und Nacken.

Wenn Sie damit Probleme haben

- Wenn Sie Schmerzen in den Knien spüren, legen Sie ein gefaltetes Handtuch oder eine Decke darunter.
- Wenn Sie diesen Ritus nicht ausführen können, ersetzen Sie ihn durch die Aufwärmübung «Beinkräftiger» (siehe Seite 104).

Wenn Sie eine größere Herausforderung wünschen

- Führen Sie diese Übung schneller aus.

Vorsicht

- Wenn Sie Medikamente gegen Bluthochdruck einnehmen, sollten Sie den Kopf nicht niedriger als Ihr Herz halten. Wenn Sie unter Rücken- oder Nackenschmerzen, chronischen Kopfschmerzen, multipler Sklerose, der Parkinsonschen Krankheit, entzündlichen Erkrankungen des Bindegewebes oder chronischer Erschöpfung leiden oder schwache Bauchmuskeln haben, sollten Sie die Übung sehr langsam ausführen und pro Woche nur eine oder zwei Wiederholungen hinzufügen.

Sprechen Sie mit Ihrem Arzt, wenn ...

- Wenn Sie unter einem Leistenbruch, unkontrolliert hohem Blutdruck, fortgeschrittener Arthritis der Wirbelsäule, Bandscheibenvorfall, Schilddrüsenüberfunktion, der Meniérschen

Krankheit, Schwindelanfällen oder Epilepsie leiden, sollten Sie medizinischen Rat suchen, bevor Sie diesen Ritus ausführen.

- Schwangere Frauen und alle, die sich in den letzten sechs Monaten einer Bauchoperation unterziehen mussten, sollten ihren Arzt fragen.
- Wenn Sie ein vergrößertes Herz haben, an einem Herzklappenproblem leiden oder in den letzten drei Monaten einen Herzinfarkt hatten, sollten Sie diesen Ritus nicht ohne Erlaubnis Ihres Arztes ausführen.

Der vierte Ritus

Der vierte Ritus hilft bei folgenden Problemen

- Arthritis
- Osteoporose
- unregelmäßige oder zu schwache Regelblutung
- Symptome der Wechseljahre
- Nebenhöhlenvereiterung

Gesundheitlicher Nutzen

- Der vierte Ritus zeichnet sich durch eine belebende Wirkung auf die Schilddrüse, die Durchblutung, Verdauung und den Lymphfluss, die Geschlechtsorgane und Keimdrüsen, die Prostata beziehungsweise die Gebärmutter aus. Er kräftigt die Bauchmuskulatur, Oberschenkel, Arme und Schultern und stärkt das Herz sowie das Zwerchfell.
- Wenn Sie unter Nebenhöhlenvereiterung leiden, werden Sie spüren, dass Ihnen diese Übung besonders hilft. Auch bei Arthritis im Nacken-, Schulter-, Hüft- und Kniebereich lindert sie zumindest die Symptome. Das gilt auch für Osteoporose in den Armen, Beinen und im Becken.
- Dieser Ritus vertieft die Atmung und regt die Haupt-Chakren

in Hals, Brust, Bauch, Unterleib und Steißbein (erstes bis fünftes Chakra) an sowie die Neben-Chakren in den Knien. Dadurch wird die Grundenergie des Menschen verstärkt, seine Vitalität erhöht und das Immunsystem massiv unterstützt.

• Zu schwache oder ausbleibende Regelblutungen werden durch diesen Ritus ebenso positiv beeinflusst wie Symptome der Wechseljahre.

Ausgangsposition

• Setzen Sie sich mit geradem Rücken und gestreckten Beinen auf den Boden. Die Füße sind etwa schulterweit voneinander entfernt.
• Stützen Sie die Handflächen neben dem Hintern auf den Boden. Die Arme sind gestreckt, die Finger zeigen zu den Zehen. Atmen Sie ein.

Bewegung

• Atmen Sie aus, und ziehen Sie das Kinn an die Brust. Atmen Sie langsam wieder ein, während Sie den Kopf so weit zurücksinken lassen, wie es Ihnen ohne Anstrengung möglich ist. Heben Sie den Oberkörper vom Boden, während Sie weiter langsam einatmen. Ihr Oberkörper wird nun von den Armen und Unterschenkeln getragen.
• Die Knie sind gebeugt und befinden sich in einer geraden Linie über den Fußgelenken. Die Arme sind gestreckt und befinden sich in einem 90-Grad-Winkel zum Boden. Brust, Bauch und Oberschenkel bilden eine Brücke. Die Füße befinden sich flach auf dem Boden.
• Spannen Sie in dieser Position alle Muskeln an, und halten Sie gleichzeitig den Atem an. Atmen Sie dann langsam aus, und leeren Sie die Lungen vollständig, während Sie den Körper entspannen und in die Ausgangsposition zurückkehren.
• Ruhen Sie sich einen Augenblick lang aus, atmen Sie ein, und wiederholen Sie die Übung dann.

Vierter Ritus

Tipps

- Pressen Sie Handflächen und Fersen kräftig gegen den Boden, wenn Sie den Oberkörper heben.
- Drücken Sie Ihr Becken nach oben, und konzentrieren Sie sich auf diese Aufwärtsbewegung.
- Pressen Sie die Hinterbacken zusammen, um den Lendenwirbelbereich zu entlasten.
- Wenn Sie unter Symptomen der Wechseljahre leiden, ziehen Sie die Bauchdecke ein.
- Um die Knie zusammen und in einer Linie mit den Fußgelenken zu halten, stellen Sie sich vor, dass Sie einen Ball zwischen den Knien halten.
- Der Kopf bleibt in einer geraden Linie mit der Wirbelsäule. Beginnen Sie in einer Position, in der Ihr Kinn die Brust berührt. Führen Sie den Kopf dann in die normale Position zurück, so dass er sich parallel zum Boden befindet. Bewegen Sie ihn nicht weiter nach hinten.

Wenn Sie damit Probleme haben

- Praktizieren Sie die Aufwärmübungen zur Stärkung der Oberschenkel drei Mal am Tag (siehe Seite 104).
- Heben Sie den Oberkörper nur so hoch, wie es Ihnen ohne Anstrengung möglich ist. Versuchen Sie ihn im Lauf der Zeit höher zu heben. Lassen Sie sich aber Zeit.
- Wenn Ihnen die Handgelenke weh tun oder Sie eine Sehnenscheidenentzündung haben, ballen Sie die Hände zu Fäusten.
- Wenn Sie diesen Ritus nicht ausführen können, ersetzen Sie ihn durch die Brücke (siehe Seite 90).

Wenn Sie eine größere Herausforderung wünschen

- Führen Sie die Übung in schnellerem Tempo aus.

Vorsicht

- Wenn Sie unter medikamentös behandeltem Bluthochdruck, Magengeschwüren, Rücken- oder Nackenschmerzen, multipler Sklerose, der Parkinsonschen Krankheit, entzündlichen Erkrankungen des Bindegewebes, Sehnenscheidenentzündung oder chronischen Erschöpfungszuständen leiden oder schwache Bauch-, Schulter- oder Beinmuskeln haben, sollten Sie diesen Ritus langsam ausführen und pro Woche nur eine oder zwei Wiederholungen hinzufügen.
- Dieser Ritus kann bei menstruierenden Frauen bestehende Krämpfe verstärken oder die Blutung ganz zum Stillstand bringen.

Sprechen Sie mit Ihrem Arzt, wenn ...

- Wenn eine der folgenden Erkrankungen bei Ihnen diagnostiziert wurde, sollten Sie diesen Ritus nur mit der Erlaubnis Ihres Arztes oder Heilpraktikers ausführen: Leistenbruch, Schilddrüsenüberfunktion, die Meniérsche Krankheit, Schwindelanfälle oder Epilepsie.
- Wenn Sie schwanger sind, sich innerhalb der letzten sechs Monate einer Bauchoperation unterziehen mussten, einen Leistenbruch oder unkontrolliert hohen Blutdruck haben, unter fortgeschrittener Arthritis der Wirbelsäule oder einem Bandscheibenvorfall leiden, sollten Sie medizinischen Rat einholen, bevor Sie mit diesem Ritus beginnen.
- Wenn Sie ein vergrößertes Herz haben, unter Herzklappenproblemen leiden oder innerhalb der letzten drei Monate einen Herzinfarkt hatten, sollten Sie diesen Ritus nicht ohne die ausdrückliche Erlaubnis Ihres Arztes ausführen.

Der fünfte Ritus

Der fünfte Ritus hilft bei folgenden Problemen

- Arthritis
- Osteoporose
- unregelmäßige oder zu schwache Monatsblutung
- Nebenhöhlenvereiterung
- Verdauungsprobleme und Verstopfung
- Rückenschmerzen
- Steifheit in den Beinen und im Nacken

Gesundheitlicher Nutzen:

- Der fünfte Ritus verjüngt die Schilddrüse, Nebennieren, Nieren, alle Verdauungsorgane und die Sexualorgane, die Keimdrüsen, die Prostata beziehungsweise die Gebärmutter.
- Er fördert die Durchblutung und den Lymphfluss, was sich positiv auf das Immunsystem auswirkt, vertieft die Atmung, bringt neue Energie und Vitalität und erhöht die Drehgeschwindigkeit aller Chakren.
- Der fünfte Ritus stärkt Herz und Zwerchfell, kräftigt die Bauchmuskulatur, Beine und Arme und lindert Rückenschmerzen sowie Steifheit in den Beinen und im Nacken.
- Wie schon die Riten 2, 3 und 4 wirkt auch der fünfte Ritus besonders gut bei Symptomen der Wechseljahre und hilft bei unregelmäßigen oder zu schwachen Monatsblutungen.
- Außerdem löst er Vereiterungen der Nebenhöhlen, lindert Verdauungsprobleme und Verstopfung, hilft bei Osteoporose in den Armen und Beinen und kann auch bei Arthritis der Hüften, des Rückens, der Schultern, Hände und Füße von Nutzen sein.

Fünfter Ritus

128

Ausgangsposition

- Legen Sie sich mit gestreckten Beinen auf den Bauch. Die Zehen sind aufgestellt. Die Hände befinden sich mit den Handflächen nach unten direkt unter den Schultern. Die Füße sollten etwa um Schulterbreite auseinander sein und sich in einer Linie mit den Händen befinden, damit Sie eine feste Grundlage haben.
- Heben Sie den Körper, einschließlich der Beine, indem Sie die Arme voll durchdrücken und die Zehen beugen. Diese Bewegung ähnelt einem modifizierten Liegestütz. Die Wirbelsäule sollte nach hinten gebogen sein, die Brust nach oben gestreckt werden und der untere Teil des Rückens durchhängen.

Bewegung

- Atmen Sie ruhig durch die Nase ein, während Sie vorsichtig den Kopf so weit wie möglich in den Nacken legen.
- Atmen Sie weiter ein, während Sie den Körper von der Hüfte ab beugen, so dass Ihr Körper ein umgekehrtes V bildet. Wenn Sie diese Position einnehmen, wird sich Ihr Kopf ganz natürlich nach vorne bewegen. Ziehen Sie das Kinn an die Brust, und schauen Sie auf Ihre Füße, die sich nun flach auf dem Boden befinden sollten. Nur die Fersen können leicht gehoben sein.
- Atmen Sie aus, und leeren Sie die Lungen vollständig, während Sie in die durchhängende Position zurückkehren. Arme und Beine sind wieder gestreckt. Atmen Sie ein, und wiederholen Sie die Übung.

Tipps

- Denken Sie daran, die ursprüngliche Ausgangsposition, in der Sie flach auf dem Bauch liegen, erst dann wieder einzunehmen, wenn Sie alle Wiederholungen dieser Übung ausgeführt haben.

- Ziehen Sie die Bauchdecke ein, und spannen Sie den Hintern an, um den Lendenwirbelbereich zu entlasten.
- Konzentrieren Sie sich auf die Schultern, die Rückseite der Beine und das Dehnen und Zusammenziehen der Brust. Stellen Sie sich vor, Sie würden den Hintern bis in den Himmel strecken.
- Entspannen Sie Kopf und Nacken, um diese Bereiche zu entlasten.

Wenn Sie damit Probleme haben

- Die Beine bleiben auf dem Boden, und Sie heben nur den Oberkörper, bis die Arme stärker geworden sind.
- Führen Sie die Stärkungsübungen für Handgelenke, Arme und Schultern drei Mal täglich aus (siehe die Aufwärmübungen auf den Seiten 87–107).
- Wenn Sie Schmerzen in den Handgelenken oder eine Sehnenscheidenentzündung haben, legen Sie nicht die Handflächen flach auf den Boden, sondern ballen die Hände zu Fäusten und stützen sich auf die Knöchel.
- Bei Knieschmerzen sollten Sie die Knie leicht beugen, wenn Sie am Anfang Oberkörper und Schenkel heben.
- Wenn Sie den fünften Ritus nicht ausführen können, ersetzen Sie ihn durch die Hundedehnung (siehe Seite 95).

Wenn Sie eine größere Herausforderung wünschen

- Führen Sie die Übung in einem schnelleren Tempo aus.

Vorsicht

- Wenn Sie unter Magengeschwüren, Rücken- oder Nackenschmerzen, multipler Sklerose, der Parkinsonschen Krankheit, entzündlichen Erkrankungen des Bindegewebes, Sehnenscheidenentzündung oder chronischen Erschöpfungszuständen leiden oder schwache Bauch-, Schulter- oder Beinmuskeln haben, führen Sie diese Übung langsam aus und fügen Sie, wenn nötig, pro Woche nur eine oder zwei Wiederholungen hinzu.

Sprechen Sie mit Ihrem Arzt, wenn …

- Suchen Sie medizinischen Rat, wenn Sie unter Bluthochdruck, Leistenbruch, fortgeschrittener Arthritis der Wirbelsäule, Bandscheibenvorfall, Schilddrüsenüberfunktion, der Meniérschen Krankheit, Schwindelanfällen oder Epilepsie leiden, schwanger sind oder sich in den letzten sechs Monaten einer Bauchoperation unterziehen mussten.
- Wenn Sie ein vergrößertes Herz oder ein Herzklappenproblem haben oder in den letzten drei Monaten einen Herzinfarkt erlitten haben, sollten Sie diesen Ritus nicht ohne die ausdrückliche Erlaubnis Ihres Arztes oder Heilpraktikers ausführen.

Nach den fünf Riten: Entspannung

Es hat sich als hilfreich erwiesen, sich nach den fünf Riten etwa fünf bis zehn Minuten lang zu entspannen. Dazu schlage ich folgende Methode vor: Legen Sie sich mit geschlossenen Augen flach auf den Rücken. Führen Sie den Körperscan mit der tiefen Bauchatmung durch, der im Abschnitt «Aufwärmübungen» in diesem Kapitel beschrieben wurde (siehe Seite 87). In dieser Entspannungsphase, die sich durch tiefes, langsames Atmen auszeichnet, löst sich die Anspannung, die sich während der Übungen möglicherweise aufgebaut hat, wodurch die positive Wirkung auf die Nerven, Drüsen und Organe noch verstärkt wird. Die Chakren erhalten mehr Zeit, ins Gleichgewicht zu gelangen, und der Geist bekommt die Gelegenheit, zur Ruhe zu kommen, wovon Sie den ganzen Tag über profitieren werden.

Der sechste Ritus

Der sechste Ritus nimmt eine Sonderstellung ein. Deshalb wird er in den *Fünf »Tibetern«*® auch getrennt von den anderen fünf erörtert.

Zum sechsten Ritus gehört sexuelle Enthaltsamkeit als ultimativer Weg zu einem unglaublich jugendlichen Aussehen. Colonel Bradford erklärte dies folgendermaßen: Die vitale Lebensenergie, die sich normalerweise als Sexualtrieb ausdrückt, wird in die anderen Energiezentren des Körpers umgeleitet. Er unterschied aber zwischen der klösterlichen Tradition des Westens, die sich bemühte, derartige Energien zu unterdrücken, und der östlichen Sichtweise, die davon überzeugt ist, dass sexuelle Energie umgeleitet und zu höheren Zwecken eingesetzt werden kann. (Siehe Kapitel 2, in dem der sechste Ritus ausführlicher erörtert wird.)

Enthaltsamkeit zu praktizieren ist für Menschen, die sich auf dem spirituellen Weg befinden, nicht unüblich. Im Yoga wird häufig sexuelle Entsagung geübt, um «Energie zu sparen». Manche Traditionen sehen das Umleiten sexueller Impulse als Möglichkeit, die spirituelle Entwicklung zu fördern. Wer beschließt, enthaltsam zu leben, trifft eine Entscheidung, die ihn aus der Normalität hinauskatapultiert, weil sie den Schwerpunkt des täglichen Lebens nicht länger auf das Weltliche richtet, sondern auf das Spirituelle.

Zwar berichtete der Colonel, ihm sei gesagt worden, dass vollkommene sexuelle Enthaltsamkeit nötig sei, um den sechsten Ritus zu üben, aber ich habe da meine Zweifel, da nicht in allen buddhistischen Schulen Enthaltsamkeit vorgeschrieben ist. Meine eigenen Erfahrungen führen mich zu der Überzeugung, dass der Gedanke, der dem sechsten Ritus zugrunde liegt, modifiziert werden kann und dass der Ritus uns zu helfen vermag, zu einem kreativen Umgang mit unserer sexuellen Energie zu finden, selbst wenn wir nicht völlig enthaltsam leben.

Die meisten Menschen haben zumindest gelegentlich einen Überschuss an sexueller Energie oder verspüren dann sexuelle Regungen, wenn kein geeigneter Partner in der Nähe ist. Diese Energie kann sich in Nervosität oder in einem Angstgefühl äußern und sich als ständige Unruhe oder Fresslust manifestieren. Der sechste Ritus bietet uns eine sehr gesunde, harmonische Möglichkeit, diese Spannung aufzulösen. Nach der Übung wird man entspannter sein, und schon das allein wirkt sich – wie ich bereits an früherer Stelle gesagt habe – verjüngend aus. Ich bin davon überzeugt, dass wir die sexuelle Energie zur Belebung anderer Bereiche des Lebens und zur Verfolgung anderer Ziele einsetzen können. Der sechste Ritus funktioniert, weil er die Energie so umleitet, dass sie uns für diese Zwecke zur Verfügung steht. Daher finde ich, dass der Ritus auch dann von Nutzen sein kann, wenn man nicht vollkommen enthaltsam leben möchte. Er sollte aber nur dann ausgeführt werden, wenn Sie eine sexuelle Erregung spüren, die, aus welchem Grund auch immer, nicht befriedigt werden kann, oder wenn Sie überschüssige sexuelle Energie haben.

Ausgangsposition

- Stehen Sie aufrecht, die Füße sind etwa schulterweit auseinander und haben festen Kontakt mit dem Boden. Die Arme hängen locker an den Seiten herab.

Bewegung

- Atmen Sie langsam aus, während Sie den Oberkörper von den Hüften aus nach vorne beugen. Legen Sie die Hände oberhalb der Knie auf die Schenkel. Atmen Sie weiter aus, bis Sie die Lungen vollständig entleert haben.
- Kehren Sie in die aufrechte Position zurück, wenn die Lungen leer sind. Legen Sie die Hände auf die Hüften, und drücken Sie sie nach unten, wodurch sich die Schultern nach oben schieben. Der Schlüssel zur Wirksamkeit dieser Übung besteht darin, dass Sie den Bauch einziehen und die Brust so weit wie möglich heben müssen, wenn die Schultern nach oben gehen. Dabei dürfen Sie nicht einatmen. So wird die Energie in die anderen Zentren umgeleitet. Halten Sie diese Position, solange es Ihnen möglich ist.

Sechster Ritus

134

- Wenn Sie die Luft nicht länger anhalten können, atmen Sie durch die Nase ein. Wenn die Lungen gefüllt sind, atmen Sie durch den Mund aus, und entspannen Sie dabei Bauch und Schultern. Die Hände rutschen von den Hüften, so dass die Arme wieder locker an den Seiten hängen.
- Atmen Sie mehrmals tief durch die Nase ein und aus. Dies ist das Ende eines Durchgangs, der nur zwei oder drei Mal wiederholt werden sollte.

Zum Schluss einige Ratschläge

- Praktizieren Sie die Riten in der richtigen Reihenfolge, von 1 bis 5.
- Machen Sie die Übungen täglich. Natürlich wird es Tage geben, an denen es Ihnen unmöglich ist, die 20 oder 30 Minuten aufzubringen, die für die ganze Abfolge nötig sind. Aber lassen Sie es nicht zur Gewohnheit werden, sie länger als einen Tag nicht auszuführen, sonst werden Sie nie herausfinden, auf welch positive Weise die Riten Ihre Gesundheit und Ihr Leben beeinflussen können.
- Wenn Sie krank sind, zu beschäftigt oder gestresst, ist es besser, die Riten lediglich drei Mal auszuführen, als sie überhaupt nicht zu machen. Sie brauchen nicht einmal fünf Minuten, um die Riten je drei Mal auszuführen. Vergleichen Sie diese Kurzfassung mit dem Waschen des Gesichts statt einer langen Dusche. Sie haben immer genug Zeit, um sich morgens das Gesicht zu waschen, oder?
- Wenn Sie mehr als einen Tag auslassen, schlage ich vor, einen Schritt zurückzugehen und zunächst weniger Wiederholungen auszuführen, bis Sie nach etwa einer Woche wieder auf Ihrem alten Stand sind. Wiederholen Sie die Übungen niemals öfter, um das Verlorene wieder aufzuholen. Ich kann diesen Punkt gar nicht oft genug betonen: Es ist wichtig, langsam wieder auf 21 Wiederholungen hinzuarbeiten, wenn Sie mit den fünf Riten neu anfangen oder sie eine Weile nicht geübt haben.
- Selbst wenn Sie von Anfang an in der Lage sind, alle 21 Wiederholungen zu machen, folgen Sie dennoch genau den Anwei-

sungen und steigern Sie sich langsam auf die volle Anzahl der Wiederholungen. Bei den Riten geht es nicht wie bei normalen Sportarten oder Fitnessübungen einfach um Muskelkraft und Beweglichkeit. Respektieren Sie diesen Prozess, bemühen Sie sich nicht um Quantität, sondern um Qualität.

- Der Erfolg ist garantiert, wenn Sie regelmäßig üben und die Anweisungen genau beachten. Wenn Sie das tun, werden Sie auch nicht entmutigt werden, und es wird für Sie nicht schwer sein, täglich zu üben. Außerdem werden Sie sich nicht überanstrengen oder unter unangenehmen Nebenwirkungen wie Übelkeit oder Schwindelgefühl leiden.

- Für jeden Ritus sind lediglich 21 Wiederholungen erforderlich. Es gibt keinen Grund, mehr zu tun. Wenn Sie möchten, können Sie die Übungen zwei Mal am Tag ausführen – nach dem Aufwachen und abends, frühestens zwei Stunden nach dem Essen. Sie können zu einer dieser Zeiten aber auch andere, ergänzende Methoden der Entspannung und Selbsterforschung wie beispielsweise Yoga üben.

- Am besten ist es, die Übungen gleich morgens mit leerem Magen auszuführen. Ich schlage vor, eine halbe Stunde früher aufzustehen, damit Sie genug Zeit haben, die Riten in aller Ruhe zu üben. Ich weiß, dass das manchmal schwer sein kann – besonders am Anfang –, aber es ist es wert, denn so beginnen Sie den Tag hellwach, entspannt und voller Energie und brauchen wahrscheinlich sogar weniger Schlaf.

- Es ist wichtig, lockere, bequeme Kleidung zu tragen, die Ihre Bewegungsfreiheit nicht einschränkt. Unterwäsche, Shorts und ein T-Shirt oder ein Pyjama sind ideal. Ich finde es am besten, barfuß zu sein, aber wenn Ihre Füße kalt werden, können Sie auch Socken tragen. Wie bei anderen Fitnessübungen auch, sollten Sie die Brille abnehmen, falls Sie eine tragen.

- Da die Riten ja zu Ihrer Entspannung beitragen sollen, ist es angebracht, sie nicht zu üben, wenn um Sie herum viel Lärm und Anspannung herrschen. Suchen Sie sich einen Ort aus, der so gemütlich, ruhig und abgeschieden wie möglich ist und an dem Sie sich in voller Länge ausstrecken können.

- Wenn das Zimmer nicht mit Teppichboden ausgelegt ist, sollten Sie sich eine Übungs- oder Yogamatte, ein Stück Schaumstoff oder einen dicken Wollteppich zulegen. Konzentrieren Sie sich von Anfang an ganz auf die Übungen. Es geht ja darum, Ihrem Körper Aufmerksamkeit zu schenken und seine Botschaften verstehen zu lernen. Ich weiß, dass einige Leute dies anders sehen, aber ich halte es für das Beste, auf Hintergrundmusik zu verzichten. Ich finde, sie lenkt den Geist nur vom Körper ab.

• Um die Riten auszuführen, ist eine ruhige Umgebung ideal, aber nicht immer möglich. Akzeptieren Sie das, kämpfen Sie nicht dagegen an. Lassen Sie Verschlafen oder Unruhe im Haus nicht zu einer Ausrede werden, nicht zu üben.

• Denken Sie während des Übens nicht über den Tag, Ihre Verpflichtungen und Sorgen nach. Wenn Sie merken, dass Sie anderweitig beschäftigt sind und sich Ihre Aufmerksamkeit von Körper gelöst hat, konzentrieren Sie sich wieder auf die Bewegung, die Sie gerade ausführen. Wenn Sie mir auch nur im Entferntesten ähnlich sind, werden Sie dies immer und immer wieder tun müssen. Wenn Sie Ihre Aufmerksamkeit auf den Atem richten, werden Sie sich besser konzentrieren und entspannen können.

• Die fünf Riten können leicht in Ihr Leben integriert werden. Im Gegensatz zu anderen Methoden, die aus dem Osten zu uns kommen, verlangen sie nicht, dass Sie Ihre Lebensweise oder Weltanschauung ändern oder eine andere Religion annehmen. Obwohl sie aus einer uralten spirituellen Tradition stammen, können sie einfach als Übungsprogramm gesehen werden.

• Die Riten sind eine ausgezeichnete Vorbereitung für all diejenigen, die sich für Meditation interessieren. Es ist ratsam, sie zuerst auszuführen und anschließend zu meditieren. Aber selbst wenn Sie nicht meditieren, möchten Sie sich hinterher vielleicht etwas Zeit nehmen, um still zu sein, sich zu entspannen und den Kopf frei zu bekommen. Legen Sie sich deshalb nach Beendigung der Übungen einfach zehn bis 15 Minuten auf den Rücken. Weil Entspannung eine so wichtige Rolle bei der Fähigkeit des Körpers spielt, sich selbst zu heilen, werden die positiven Wirkungen der Übungen durch diese Entspannungsphase nur noch verstärkt.

Meine persönliche Erfahrung

Ich habe meine eigene Morgenroutine entwickelt, die den Nutzen eines vollständigen Trainingsprogramms mit dem einer Tasse Kaffee kombiniert, ohne dass ich dazu besonderes Gerät bräuchte, viel Zeit aufwenden oder mich den schädlichen Wirkungen des Koffeins aussetzen müsste.

Gleich nach dem Aufwachen mache ich alle Aufwärmübungen. Sie helfen mir, mich auf den Körper einzustimmen und die Müdigkeit zu vertreiben, die ich nach dem Erwachen häufig spüre. Ich nenne dies «den Motor anlassen». Dann übe ich die fünf Riten, deren Wirkung sofort offensichtlich ist. Ich verspüre größere geistige Klarheit und fühle, wie mich eine große körperliche und emotionale Kraft durchströmt. Ich habe das gute Gefühl, etwas vollbracht zu haben, und bin mit mir zufrieden. Ich schließe diesen Teil mit einer äußerst wohltuenden Entspannungsphase oder formeller Meditation ab.

Mein Tag ist immer sehr voll. Ich stehe früh auf und komme erst spät ins Bett, aber wenn ich die fünf Riten ausgeführt habe, bin ich bereit, alle Herausforderungen des Lebens anzunehmen, weil ich weiß, dass ich die dafür nötige Energie und Gesundheit besitze.

Ich wünsche Ihnen für Ihre eigene Praxis der fünf Riten alles Gute und bin davon überzeugt, dass Sie sich auf dem Weg zu wahrer, anhaltender Gesundheit und Vitalität befinden.

4 Nahrungszusammenstellung und andere Ernährungsratschläge

Im Rahmen seiner Ausführungen über die Auswirkungen der fünf Riten auf Gesundheit und Langlebigkeit sprach Colonel Bradford auch über Ernährung und die wichtige Rolle, die Nahrung für den Menschen spielt. Colonel Bradford zufolge führt die richtige Ernährung zu «wunderbaren Zeichen physischer Besserung». Ich möchte hier einige seiner Ratschläge in Bezug auf Ernährung näher erläutern.

Der Schlüssel zu guter Gesundheit liegt laut Colonel Bradford in der seit alters her bekannten Methode, nur einfache Nahrungsmittel zu sich zu nehmen. Seinen Aussagen zufolge bauten die körperlich schwer arbeitenden tibetischen Lamas ihre Nahrung selbst an und ernährten sich überwiegend vegetarisch, wobei sie manchmal auch Eier, Butter und Käse zu sich nahmen.

Vor allem aber aßen die Lamas nur ein Nahrungsmittel zur Zeit. Obwohl man seine Ernährung nicht bis zu diesem Extrem zu treiben braucht, rät Colonel Bradford Folgendes: «Ich würde empfehlen, dass Sie Kohlenhydrate, Obst und Gemüse bei Ihren Mahlzeiten von Fleischwaren, Fisch und Geflügel getrennt halten.»

Der Colonel warnt auch vor einem Problem, das viele von uns haben: zu viel essen! Nachdem er zwei Jahre lang im Kloster gelebt hatte und nach Indien zurückgekehrt war, war Bradford erstaunt. «Eines der ersten Dinge, die mir auffielen, als ich in einer der Großstädte Indiens eintraf, waren die großen Nahrungsmengen, die jeder verspeiste, der es sich leisten konnte. Ich sah einen Mann, der bei nur einer Mahlzeit so viel aß, dass es ausgereicht hätte, um vier hart arbeitende Lamas zu verköstigen und vollständig zu ernähren.»

Darüber hinaus fand der Colonel die Vermengung von verschiedenen Nahrungsmitteln bei derselben Mahlzeit abstoßend. «Daran gewöhnt, ein oder zwei Nahrungsmittel pro Mahlzeit zu essen, verblüffte es mich, eines Abends auf der Tafel meines Gastgebers 23 verschiedene Arten von Nahrungsmitteln vorzufinden. Kein Wunder, dass die Menschen im Westen eine so miserable Gesundheit haben. Sie scheinen wenig oder gar nichts über die Beziehung zwischen Ernährung einerseits und Gesundheit und Kraft andererseits zu wissen.»

Zum Schluss seiner Ausführungen riet Colonel Bradford seinen Schülern noch, gründlich zu kauen und langsam zu essen. «Das Kauen ist der erste wichtige Schritt bei der Verdauung der Nahrung, damit sie vom Körper verwertet werden kann. Alles, was man isst, sollte im Mund verdaut werden, bevor es im Magen verdaut wird.»

Dann fasste der Colonel den Nutzen der richtigen Ernährungsweise und Nahrungszusammenstellung folgendermaßen zusammen: «Die richtigen Nahrungsmittel, die richtigen Kombinationen und die richtige Menge von Nahrungsmitteln bringen in Verbindung mit der richtigen Essweise wunderbare Ergebnisse hervor. Wenn Sie Übergewicht haben, werden sie Ihnen helfen abzunehmen. Und wenn Sie Untergewicht haben, werden sie Ihnen helfen zuzunehmen.»

Er fasste seine Methode, durch richtige Ernährung gesünder zu werden, in fünf einfachen Regeln zusammen:

1. Essen Sie nie Kohlenhydrate und Fleisch bei derselben Mahlzeit, obwohl es Ihnen möglicherweise nicht allzu viele Beschwerden verursacht, solange Sie stark und gesund sind.
2. Wenn Kaffee Ihnen Beschwerden verursacht, trinken Sie ihn schwarz, ohne Milch oder Sahne. Wenn er Ihnen immer noch Verdruss bereitet, streichen Sie ihn aus Ihrer Ernährung.
3. Kauen Sie Ihr Essen, bis es flüssig ist, und reduzieren Sie die Nahrungsmenge, die Sie essen.

4. Essen Sie jeden Tag einmal rohes Eigelb. Essen Sie es entweder unmittelbar vor oder unmittelbar nach dem Essen – nicht während des Essens. (Die Gesundheitsbehörden warnen heute vor dem Verzehr roher Eier, da sie möglicherweise durch Salmonellen kontaminiert sein könnten, was zu einer Lebensmittelvergiftung führen kann.)

5. Reduzieren Sie die Vielfalt an Nahrungsmitteln, die Sie bei einer Mahlzeit essen, auf ein Minimum.

Ich möchte diese Ernährungsratschläge des Colonels auf den folgenden Seiten näher erläutern.

«Natural Hygiene» und der Quell der ewigen Jugend

Zwar mögen sich diese Ernährungsvorschläge tatsächlich mit tibetischen Essensgewohnheiten in Einklang bringen lassen, aber der Großteil der Ideen stammt wohl eher aus einer in den dreißiger Jahren in den Vereinigten Staaten weit verbreiteten Bewegung namens «Natural Hygiene» («Natürliche Gesundheitslehre»).

Die heutigen Vertreter dieser Bewegung würden Colonel Bradfords Regeln wohl im Großen und Ganzen zustimmen, aber wahrscheinlich empfehlen, Kaffee ganz aus der Ernährung zu streichen und, wegen der Salmonellengefahr, keine rohen Eier zu essen.

Vermutlich hatte Peter Kelder durch die Bücher von Dr. Herbert M. Shelton von den Prinzipien der natürlichen Gesundheitslehre erfahren – also durch den Mann, der als Einzelkämpfer eine Tradition des 19. Jahrhunderts wiederbelebte, die damals einfach als «Hygiene» bekannt war. Dr. Shelton fasste diese Ideen zusammen, brachte sie auf den neuesten Stand und gab ihnen einen neuen Namen – eben «Natural Hygiene». Dr. Shelton gab nicht nur eine Monatszeitschrift heraus und verfasste ein siebenbändiges Lehrwerk zum Thema, er schrieb auch für Bernard MacFaddens Zeitschrift *Physical Culture* und für andere alternative Gesundheitsmagazine der damaligen Zeit.

Jahrelang hatte «Natural Hygiene eine» zwar treue, aber gleichbleibend kleine Gefolgschaft. Doch dann, im Jahre 1985, veröffentlichten Harvey und Marilyn Diamond ein Gesundheits- und Ernährungsbuch mit dem Titel *Fit for Life,* in dem die Prinzipien der natürlichen Gesundheitslehre erklärt wurden. Dank seines einfachen Stils und seiner vielen Erfolgsgeschichten wurde *Fit for Life* schon bald ein Bestseller. Durch das Buch, das die Grundideen der «Natural Hygiene» einer breiten Öffentlichkeit bekannt machte, lernten viele Menschen, vernünftiger zu essen und zu leben.

Heute gehören tausende der American Natural Hygiene Society an, und obwohl inzwischen hunderte von Büchern zum Thema geschrieben wurden, lassen sich die Prinzipien durchaus auf ein paar einfache Regeln reduzieren. Wenn Sie diesen durch und durch vernünftigen Regeln folgen, werden sich Ihre Gesundheit und Ihr Leben auf eine Weise verbessern, die Sie sich heute wahrscheinlich nicht einmal vorstellen können.

1. Essen Sie einfache, überwiegend ungekochte vegetarische Nahrungsmittel.
2. Kombinieren Sie die Nahrung richtig. (Dies wird im Folgenden näher erläutert.)
3. Gehen Sie öfter an die frische Luft.
4. Setzen Sie Ihren Körper jeden Tag so vielem Sonnenlicht wie möglich aus – aber nie so vielem, dass Sie einen Sonnenbrand bekommen.
5. Trinken Sie so viel klares Wasser, wie Ihr Körper will.
6. Schlafen und ruhen Sie mindestens acht Stunden täglich.
7. Treiben Sie drei Mal in der Woche mindestens 20 Minuten lang Sport. Manche Experten empfehlen kreislaufanregende Sportarten wie Jogging, Schwimmen oder Radfahren; andere plädieren für Krafttraining oder Schnellkraftübungen. Die meisten von ihnen sind sich jedoch darin einig, dass bereits 30-minütiges forsches Gehen jeden zweiten Tag ein ausgezeichnetes Ganzkörpertraining darstellt.
8. Halten Sie Ihren Körper sauber.
9. Bleiben Sie stets ausgeglichen, statt sofort auf alles emotional zu reagieren.

10. Vermeiden Sie extreme Temperaturen.
11. Verbringen Sie ausreichend Zeit mit Ihrer Familie und Ihren Freunden.

Natürlich möchte nicht jeder Mensch vegetarische, vorwiegend ungekochte Nahrung zu sich nehmen, wie es die Anhänger der natürlichen Gesundheitslehre raten. Deshalb hat Dr. Shelton bestimmte Regeln für das richtige Kombinieren von Nahrungsmitteln aufgestellt, damit der Körper die Nahrung optimal verdauen kann. Denn wenn die Nahrungsmittel richtig zusammengestellt werden, arbeitet die Verdauung am effizientesten, die Nährstoffe können leicht aufgenommen und verwertet werden und der allgemeine Gesundheitszustand wird sich verbessern.

Was ist unter Nahrungskombinationen (Trennkost) zu verstehen?

Nahrung wird immer dann kombiniert, wenn bei derselben Mahlzeit verschiedene Nahrungsmittel verzehrt werden: Erst nimmt man sich eine Gabel voll Salat, dann etwas gekochtes Gemüse, dann Getreide oder Brot, gefolgt von einem Stück Fleisch, danach trinkt man etwas Obstsaft oder ein anderes Getränk, dann isst man wieder Salat. Die meisten Menschen wechseln ihre Speisenfolge ab, bis sie den Teller geleert haben. Dann beenden sie das Mahl häufig mit einem Nachtisch und einem weiteren Getränk.

Die Vermischung verschiedener Lebensmittel stellt aber ein Problem dar, weil jedes Nahrungsmittel unterschiedlich lange verdaut wird (siehe «Verdauungszeiten verschiedener Nahrungsmittel» auf Seite 150). Die konzentrierteste Nahrung – meistens stark eiweißhaltig – braucht am längsten, um verdaut zu werden, und wird daher im Magen als Erstes zersetzt. Die Verdauung von Eiweiß dauert Stunden, und wenn es zudem mit Fett gemischt ist, hält der Verdauungsprozess sogar noch länger an.

Nahrungsmittel wie Obst und Gemüse, die schnell verdaut werden, verbleiben länger im Magen, weil sie warten müssen, bis die schwer verdaulichen Nahrungsmittel zersetzt sind. Das kann bis zu acht Stunden dauern. Während dieser Wartezeiten verfaulen und fermentieren die Früchte, das rohe oder gekochte Gemüse und bestimmte Kohlenhydrate. Während sich der Magen bemüht, dieses Durcheinander zu verdauen, entstehen Gase, Säuren und sogar Alkohol – mit anderen Worten: ein verdorbener Magen. Die vollständige Verdauung muss warten, bis die Nahrung den Darm erreicht, wo dem Nahrungsbrei weitere Enzyme zugesetzt werden, die nötig sind, um die unverdauten Bestandteile zu zersetzen, und Mineralstoffe, die die Säuren neutralisieren sollen.

Vereinfacht gesagt, geben uns die Prinzipien der richtigen Nahrungskombination eine Richtlinie an die Hand, welche Nahrungsmittel wir zusammen verzehren sollten und welche nicht, um die beste Verdauung zu ermöglichen und gute Gesundheit zu gewährleisten.

Durch falsche Nahrungskombination bedingte gesundheitliche Schäden

Zu welchen Problemen kann eine falsche Nahrungszusammenstellung führen? Natürlich hängt die Antwort von der jeweiligen Person ab, aber ganz allgemein lässt sich sagen, dass die Menschen, die ihre Nahrung auf nichtverträgliche Weise zusammenstellen, die Folgen der Fermentierung im Magen auf die eine oder andere Art zu spüren bekommen, zumindest als verdorbener Magen und/oder Sodbrennen nach den Mahlzeiten. Aber zum Beispiel auch in Form von Blähungen, Aufstoßen, Magenübersäuerung, Völlegefühl, Harnverhaltung oder geistiger Trägheit, die es einem noch Stunden nach dem Essen unmöglich macht, sich zu konzentrieren.

Durch eine falsche Nahrungszusammenstellung kann der Verdauungsprozess um zwei bis acht Stunden verlängert werden. Da viel zu viel Energie für die Verdauung aufgewendet werden muss, fühlt man sich ständig erschöpft und braucht mehr Schlaf und Ruhe, was zu Überempfindlichkeit, Reizbarkeit, Depressionen, Pessimismus und Zynismus führt, weil sich im Körper und besonders im Blut Giftstoffe ansammeln.

Darüber hinaus bildet die Ansammlung von Giften aufgrund einer falschen Essweise die Grundlage für viele Erkrankungen und Beschwerden, weil das Immunsystem geschwächt wird, was zu Erkältungskrankheiten und zum Verlust des Sexualtriebs, zur Schwächung der Samen- und Eizellen und zu vorzeitigem Altern führt. Kurz gesagt, die falsche Nahrungszusammenstellung kann den Verfall der körperlichen, geistigen und emotionalen Gesundheit bewirken und das Leben verkürzen.

Der Nutzen der richtigen Nahrungszusammenstellung

Wer Nahrungsmittel richtig miteinander kombiniert, wird eine sofortige Verbesserung seiner Gesundheit feststellen, weil die Belastung der Verdauungsorgane verringert wurde. Durch die richtige Nahrungszusammenstellung wird eine bessere Ernährung und Verdauung gewährleistet, was angenehmer ist und viele Probleme wie beispielsweise Blähungen eliminiert. Weil der Körper weniger fermentierte und giftige Substanzen produziert, verschwinden die Lebensmittelallergien vieler Menschen. Andere, die seit Jahren unter heftigen Blähungen gelitten haben, erfahren schon ein paar Tage, nachdem sie angefangen haben, ihre Nahrung richtig zusammenzustellen, eine komplette Besserung ihrer Beschwerden. Aber am wichtigsten ist wahrscheinlich, dass durch die richtige Nahrungskombination mehr Energie verfügbar ist und Gewichtsprobleme behoben werden.

Im Folgenden eine Zusammenstellung des gesundheitlichen Nutzens, den Sie erwarten können, wenn Sie Ihre Nahrung nach den Prinzipien der Trennkost richtig zusammenstellen.

1. *Bessere Verdauung:* Wenn Sie die Regeln auf Seite 153 befolgen, sollte Ihre Verdauung deutlich besser werden. Schon nach ein paar Tagen werden Blähungen, Sodbrennen, Aufstoßen und Verstopfung, die Sie vielleicht seit Jahren geplagt haben, besser werden oder ganz verschwunden sein.

   Viele Menschen sagen: «Ich kann diese Regeln nicht befolgen. Es ist einfach zu schwer!» Wir bitten diese Personen, es nur eine Woche lang als eine Art Experiment auszuprobieren. Wir tun dies voller Vertrauen, weil wir wissen, dass sie nicht zu ihrer bisherigen Essweise zurückkehren wollen, wenn sie erst einmal die Früchte der richtigen Nahrungszusammenstellung genossen haben.

2. *Gewichtsabnahme:* Wenn Sie Ihre Nahrungsmittel richtig miteinander kombinieren, werden Sie sich auf den morgendlichen Gang zur Waage freuen. Warum? Weil die überflüssigen Pfunde, das Fett auf den Hüften, die schlabbrigen Arme und die scheußliche Zellulitis wie verrückt abgebaut werden! Die meisten Menschen, die ihre Nahrung richtig zusammenstellen, verlieren pro Woche drei bis fünf Pfund echtes Fett und nicht nur Wasser. Ich (Chet Day) wog bei einer Größe von 1,70 Meter über 86 Kilogramm und verringerte mein Gewicht, nachdem ich meine Nahrung richtig zusammengestellt und die Prinzipien der natürlichen Lebensweise befolgte, innerhalb von vier Monaten auf angenehme 65 Kilogramm.

Weil die Verdauung besser ist, braucht der Körper auch nicht so viel Wasser, um die Zellen durchzuspülen, und wird daher nicht durch zurückgehaltene Flüssigkeiten aufgebläht. Das Ergebnis: Sie sind schlanker. Da Sie außerdem mit weniger Nahrung auskommen, wenn Sie sie richtig zusammenstellen, wird Ihre tägliche Kalorienaufnahme und damit Ihr Körpergewicht abnehmen. Ihr Appetit wird mit weniger Nahrung gestillt sein, weil Sie die in ihr vorhandenen Nährstoffe besser absorbieren und verwerten können.

Natürlich sparen Sie auch Geld, weil Sie weniger essen werden. Und je weniger Sie essen, desto länger werden Sie leben, da der Verdauungsprozess den Körper weniger belastet.

Der Schriftsteller Luigi Cornaro, ein italienischer Adeliger aus dem 14. Jahrhundert, wurde 102 Jahre alt und nahm pro Tag nur zwei Mahlzeiten zu sich, die zusammen aus nicht mehr als 350 Gramm bestanden. Dazu trank er einen halben Liter Traubensaft. Da er seine Nahrung richtig zusammenstellte, konnte er die für den Verdauungsprozess notwendige Energie anderweitig einsetzen. Er fing mit dieser Ernährungsweise an, als er 35 Jahre alt war und sich sein Gesundheitszustand aufgrund seiner ausschweifenden Lebensweise rapide verschlechtert hatte. Sein Ärzte rieten ihm, vernünftiger zu leben oder dem Tod ins Auge zu sehen. Er folgte ihrem Rat und wurde zu einem der wichtigsten Autoren aller Zeiten auf dem Gebiet der Gesundheitspflege.

3. *Mehr Energie:* Wenn Sie Ihre Nahrung richtig kombinieren, wendet der Körper weniger Energie für den Verdauungsprozess auf. Daher werden Sie höchstwahrscheinlich eine deutliche Zunahme Ihrer verfügbaren Energie feststellen.

4. *Generell gute Gesundheit:* Aufgrund der richtigen Nahrungskombination werden Sie morgens erfrischt aufwachen. Es wird Ihnen besser gehen, Sie werden geistig wacher sein und weniger Schlaf benötigen. Ihre Laune wird sich bessern, weil in Ihrem Innern der Krieg zwischen Nahrungsmitteln aufgehört hat, die sich nicht miteinander vertragen. Sie werden sich rundum wohl fühlen, glücklicher sein und Zufriedenheit ausstrahlen.

Einteilung der Nahrungsmittel
(nach den Richtlinien der Trennkost)

Die folgende Tabelle soll Ihnen als Richtlinie dienen, mit deren Hilfe Sie lernen, Ihre Nahrung richtig zusammenzustellen und gesunde Mahlzeiten zuzubereiten. (Für weitere Nahrungsmittel, die in die einzelnen Kategorien gehören, siehe auch «Verdauungszeiten verschiedener Nahrungsmittel» weiter unten in diesem Kapitel.)

Eiweiß

Nüsse und Samen	Erbsen	Eier
Bohnen	(getrocknet)	Milch*
(getrocknet)	Sonnenblumen-	Kichererbsen-
Linsen (getrocknet)	sprossen	sprossen
Linsensprossen	Rotes Fleisch,	Sojabohnen
Erdnüsse	Fisch, Geflügel	Käse*

Kohlenhydrate

Kartoffeln	Süßkartoffeln	Müsli
Esskastanien	Nudeln	Getreide
Brot	Hülsenfrüchte	Artischocken
Kokosnüsse	Dicke Bohnen	Pastinaken
Mais	Kürbis	

Fette

Avocados	Butter*	Margarine
Oliven	Sahne*	Sojabohnen
Öle	Nüsse	Schmalz
Kerne, Samen	Erdnüsse	

Saure Früchte

Orangen	Kiwi	Zitronen
Pampelmuse	Tomaten	Limonen
Ananas	Kumquats	Granatäpfel
Erdbeeren		

Säuerliche Früchte

Mangos	Pflaumen	Weintrauben
Kirschen	Aprikosen	Birnen
Äpfel	Beeren	Nektarinen
Pfirsiche		

Süße Früchte

Bananen	Thompson-	Papayas
Datteln	Weintrauben	Trockenfrüchte
Frische Feigen	Muskatellertrauben	

Melonen

Wassermelone	Honigmelone	Netzmelone

Kohlenhydratarme oder -freie Gemüsesorten

Sellerie	Zucchini	Grünkohl
Chinakohl	Paprika	Karotten
Blumenkohl	Spargel	Spinat
Kohlrabi	Rote Bete	Süßmais
Auberginen	Knoblauch	Brokkoli
Zwiebeln	Weißkohl	Rüben
Brechbohnen	Erbsen	Alfalfasprossen
Rosenkohl	(in der Schote)	Salat
Gurken	Mangold	

(* Anmerkung: Von Milchprodukten wird abgeraten)

Verdauungszeiten verschiedener Nahrungsmittel

Arbeiten Sie mit diesen Richtlinien, um anhand der Verdauungszeiten verschiedener Nahrungsmittel die beste Nahrungszusammenstellung und die Höchstmenge des jeweiligen Lebensmittels zu bestimmen.

Wasser: Ist der Magen leer, tritt *Wasser* sofort aus dem Magen in den Darm ein.

Säfte: *Frucht- und Gemüsesäfte* sowie *Gemüsebrühe* benötigen etwa 15 bis 20 Minuten, um verdaut zu werden.

Breiartige Nahrungsmittel: *Pürierte Salate* (Kopfsalat, Tomaten, Sellerie und Gurken werden im Mixer püriert und wie Suppe gegessen), *pürierte Gemüse oder Früchte* brauchen etwa 20 bis 30 Minuten, um verdaut zu werden.

Früchte: *Wassermelonen* brauchen etwa 20 Minuten und werden am besten allein verzehrt. Essen Sie höchstens eine viertel Melone. Andere Melonen wie *Netz- oder Honigmelonen* benötigen 30 Minuten, um verdaut zu werden. Man kann gelegentlich zwei Sorten miteinander kombinieren, aber man sollte pro Mahlzeit nie mehr als ein knappes Pfund Melone essen.
Apfelsinen, Pampelmusen und Weintrauben brauchen 30 Minuten. Man kann gelegentlich zwei Sorten miteinander kombinieren, sollte aber pro Mahlzeit nie mehr als ein knappes Pfund davon essen.
Äpfel, Birnen, Pfirsiche, Kirschen und andere säuerliche Obstsorten benötigen circa 40 Minuten, um verdaut zu werden. Man kann pro Mahlzeit zwei bis drei Sorten miteinander kombinieren, sollte aber nie mehr als ein knappes Pfund davon essen.

Rohes Gemüse: *Rohes Salatgemüse wie Tomaten, Salate (wie Kopf-, Eisberg-, Schnitt- oder Pflücksalat), Gurken, Sellerie, rote oder grüne Paprikaschoten* brauchen 30 bis 40 Minuten, um verdaut zu werden. Wird Öl hinzugefügt, verlängert sich die Verdauungszeit auf über eine Stunde. Da all diese Gemüsesorten in der selben Zeitspanne verdaut werden, können sie beliebig miteinander kombiniert werden. Wenn Sie mögen, können Sie sie auch im Mixer pürieren (siehe «Breiartige Nahrungsmittel»).

Gekochtes oder gedämpftes Gemüse: *Blattgemüse wie Spinat, Grünkohl oder Mangold* brauchen etwa 40 Minuten, um verdaut zu werden. *Zucchini, Brokkoli, Blumenkohl, Schnittbohnen und Mais* benötigen circa 45 Minuten. *Wurzelgemüse wie Karotten, Rote Bete, Pastinaken und weiße Rüben* brauchen um die 50 Minuten, um verdaut zu werden. Es dürfen zwei oder drei Gemüsesorten zusammen gegessen werden, aber höchstens jeweils 100 Gramm und nicht mehr als ein halbes Pfund pro Mahlzeit. Essen Sie die Blattgemüse zuerst und die Wurzelgemüse später.

Stärkehaltiges Gemüse: *Artischocken, bestimmte Kürbissorten, Kartoffeln, Süßkartoffeln und Esskastanien* benötigen 60 Minuten, um verdaut zu werden. In einer Hauptmahlzeit können Sie zwei Sorten miteinander kombinieren, aber insgesamt höchstens ein knappes Pfund davon essen.

Andere stärkehaltige Nahrungsmittel: *Naturreis, Hirse, Buchweizen* (diese drei sind besonders zu empfehlen), *Polenta, Haferflocken und Gerste* benötigen 60 bis 90 Minuten, um verdaut zu werden. Die empfohlene Höchstmenge beträgt circa 100 Gramm Trockengewicht, was in etwa 300 Gramm gekochter Nahrung entspricht.

Hülsenfrüchte (Kohlenhydrate und Eiweiß): *Linsen, Limabohnen, Kichererbsen, weiße und rote Bohnen* brauchen etwa 90 Minuten, um verdaut zu werden. Die empfohlene Höchstmenge beträgt 100 Gramm Trockengewicht, was in etwa 200 Gramm gekochter Nahrung entspricht. Bohnen mit einem Trockengewicht von circa 50 Gramm dürfen mit Reis kombiniert werden, dessen Trockengewicht 100 bis 150 Gramm beträgt, oder nach der Reismahlzeit gegessen werden. *Sojabohnen* benötigen etwa 120 Minuten, um verdaut zu werden. Sie sollten nicht mehr als 100 Gramm davon essen.

Kerne, Samen und Nüsse: *Sonnenblumenkerne, Kürbiskerne und Sesamkörner* benötigen etwa zwei Stunden, um verdaut zu werden. Sie dürfen zwei verschiedene Sorten zusammen essen, aber nicht mehr als maximal 100 Gramm.

Mandeln, Haselnüsse, rohe Erdnüsse, Cashewnüsse, Paranüsse, Walnüsse und Pekannüsse brauchen circa zwei bis drei Stunden, um verdaut zu werden. Pro Mahlzeit sollte nur eine Sorte mit einem Höchstgewicht von unter 100 Gramm gegessen werden, es sei denn, man leistet körperliche Schwerarbeit. (Wenn man die Nüsse über Nacht einweicht und sie direkt vor dem Verzehr mahlt, werden Verdauung und Verwertung beschleunigt.)

Milchprodukte (nicht empfehlenswert): *Fettarmer Hüttenkäse, fettarmer Quark und Ricottakäse* brauchen etwa 90 Minuten, um verdaut zu werden. Essen Sie nicht mehr als 200 Gramm.

Hüttenkäse aus Vollmilch benötigt circa zwei Stunden, um verdaut zu werden. Essen Sie nicht mehr als 200 Gramm.

Hartkäsesorten wie Emmentaler oder Greyerzer brauchen vier bis fünf Stunden, um verdaut zu werden. Essen Sie nicht mehr als 100 Gramm. (Hartkäse hat eine längere Verdauungszeit als die meisten anderen Nahrungsmittel, weil er Fett und Eiweiß in hoher Konzentration enthält.)

Tierisches Eiweiß: *Eigelb* benötigt 30 Minuten, um verdaut zu werden, *ganze Eier* 45 Minuten. Essen Sie nicht mehr als zwei Eier pro Tag.

Fische wie Dorsch, Kabeljau, Flunder oder Seezunge brauchen 30 Minuten, um verdaut zu werden. Essen Sie nicht mehr als 150 Gramm.

Fettere Fischsorten wie Lachs, Forelle, Thunfisch oder Hering benötigen 45 bis 60 Minuten, um verdaut zu werden. Essen Sie nicht mehr als zwei Sorten auf einmal, die zusammen höchstens 150 Gramm ausmachen dürfen.

Huhn (ohne Haut) braucht zwischen ein und zwei Stunden, um verdaut zu werden. Essen Sie nicht mehr als 100 Gramm pro Mahlzeit.

Putenfleisch (ohne Haut) braucht etwas über zwei Stunden, um verdaut zu werden. Essen Sie nicht mehr als 100 Gramm davon.

Rind- und Lammfleisch brauchen drei bis vier Stunden, um verdaut zu werden. Essen Sie nicht mehr als 100 Gramm. *Schweinefleisch* benötigt vier bis fünf Stunden, um verdaut zu werden. Essen Sie nicht mehr als 100 Gramm.

Öle, Butter, Fett: Salat, gekochtes Gemüse oder andere Nahrungsmittel können Sie mit *Olivenöl* oder einem anderen *kaltgepressten Öl* anmachen.

Das selbe gilt für *Butter* (gesalzen, besser jedoch ungesalzen), auch wenn im Allgemeinen von Milchprodukten abgeraten wird. Verwenden Sie nicht mehr als 25 Gramm Butter oder zwei Esslöffel Öl.

Die neun Regeln der Trennkost

Nach diesem Blick auf die Einteilung der verschiedenen Nahrungsmittel und ihre Verdauungszeiten wollen wir uns nun den von Dr. Herbert Shelton aufgestellten Regeln der richtigen Nahrungszusammenstellung zuwenden.

1. *Essen Sie konzentrierte Eiweiße und konzentrierte Kohlenhydrate nicht miteinander.* Colonel Bradford und die tibetischen Lamas betonten besonders die Wichtigkeit dieses Prinzips. Warum? Weil Eiweiß nur richtig verdaut werden kann, wenn der Magen große Mengen Säure absondert. Aber diese Säuren zerstören die im Speichel enthaltene Amylase, ein Enzym, das für die Verdauung von Stärke notwendig ist. Daher können Eiweiße und Kohlenhydrate nicht gleichzeitig verdaut werden. Soll das heißen, dass in Zukunft keine Fleisch- und Kartoffelgerichte mehr auf den Tisch kommen dürfen? Wenn Sie eine ungestörte Verdauung und bessere Gesundheit haben wollen, ja!

2. *Essen Sie stärke- und säurehaltige Nahrungsmittel nicht miteinander.* (Erklärung wie unter 1.)

3. *Essen Sie nicht zwei konzentrierte Eiweiße bei derselben Mahlzeit.* Verschiedene Eiweißtypen haben unterschiedlich lange Ver-

dauungszeiten und erfordern die Absonderung unterschiedlicher Magensäuren. Weil der Körper schon genug damit zu tun hat, *ein* Eiweiß zu verdauen, ist er durch die Kombination mehrerer Eiweiße überfordert und verliert zu viel Energie. Wenn Sie nur eine Form von Eiweiß pro Mahlzeit zu sich nehmen, erleichtern Sie den Verdauungsprozess und vermeiden unnötige Erschöpfungszustände.

4. *Essen Sie säurehaltige Früchte nicht mit Eiweiß.* Das Enzym Pepsin, das für die Eiweißverdauung erforderlich ist, wird von den meisten Säuren zerstört (so auch von den Fruchtsäuren). Pepsin verliert seine Wirksamkeit nur bei Salzsäure nicht.

5. *Essen Sie Fett nicht mit Eiweiß.* Fett hindert die Absonderung von Magensäure und beeinträchtigt so die Verdauung von Eiweiß.

6. *Essen Sie komplexe Kohlenhydrate nicht mit Zucker.* Wenn Sie Stärke mit Zucker kombinieren, nimmt der Körper den Zucker zuerst auf. Aber Zucker fermentiert im Magen, wodurch Säure entsteht, die das im Speichel enthaltene Enzym Amylase zerstört, das für die Verdauung von Stärke erforderlich ist. Wenn Sie unter Verdauungsstörungen leiden, weil Sie zum Frühstück Obst und Müsli essen, kennen Sie jetzt den Grund und wissen, wie Sie das Problem vermeiden können. Essen Sie das Obst gesondert, und geben Sie so dem Körper die Möglichkeit, den Fruchtzucker in Ruhe zu verdauen, ohne dass es zur Gärung kommt, weil Zucker mit Stärke kombiniert wird.

7. *Essen Sie Eiweiß und Zucker nicht miteinander.* Zucker stört auch die Verdauung von Eiweiß, weil die Absonderung von Magensäure behindert wird. So entsteht ein Gärungsprozess, da der Zucker erst nach dem Eiweiß verdaut und so lange im Magen aufbewahrt wird, bis die Verdauung des Eiweißes abgeschlossen ist.

8. *Essen Sie Melonen nicht mit anderen Nahrungsmitteln.* Der Körper verdaut Melonen sehr schnell. Essen Sie sie daher zu Beginn einer Mahlzeit oder nur für sich allein, damit sie schnell

vom Körper aufgenommen werden können. Ich musste den größten Teil meines Lebens auf Wasser- und Honigmelonen verzichten, weil ich davon furchtbare Magenkrämpfe und Blähungen bekam. Heute esse ich Melonen für sich allein und genieße den erfrischenden, süßen Geschmack ohne Verdauungsprobleme.

9. *Trinken Sie keine Milch, und essen Sie keine Milchprodukte.* Aber wenn Sie sie unbedingt haben müssen, kombinieren Sie sie wenigstens nicht mit anderen Nahrungsmitteln. Nur Babys haben genug von dem zur Milchverdauung nötigen Enzym Rennin. Die Anhänger der natürlichen Gesundheitslehre und viele Ärzte raten sehr zum Leidwesen der Milchindustrie dazu, Milch und Milchprodukte aus der Ernährung zu streichen. Das Fehlen des Enzyms Rennin macht Milch für Erwachsene unverdaulich und ruft viele allergische Reaktionen hervor. Aber Milch sollte auch wegen ihres hohen Eiweiß- und Fettgehalts nicht mit anderen Nahrungsmitteln kombiniert werden.

Da die Regeln der Trennkost auf den ersten Blick kompliziert zu sein scheinen, finden Sie nebenstehend eine Tabelle, die Ihnen dabei helfen wird, Ihre Mahlzeiten zusammenzustellen.

Eine Zusammenfassung der Ratschläge des Colonels

Anhand der Regeln der Trennkost können wir leicht erkennen, dass die Lamas Colonel Bradford wirklich gute Ratschläge gaben. Schließlich kommen diese den in der Praxis erprobten Lehren der natürlichen Gesundheitslehre sehr nahe. Hinsichtlich einiger Detailfragen müssen wir die Aussagen des Colonels allerdings etwas genauer unter die Lupe nehmen.

So traf der Colonel zum Beispiel die folgende Aussage: «Es ist in Ordnung, bei einer Mahlzeit nur Fleisch zu essen. Wenn Sie das wünschen, können Sie bei einer Mahlzeit auch verschiedene Arten von Fleisch essen. Und es ist auch in Ordnung, Butter, Eier und Käse zu einem Fleischgericht zu essen und, wenn Sie wollen,

Die richtige Zusammenstellung der Nahrungsmittel

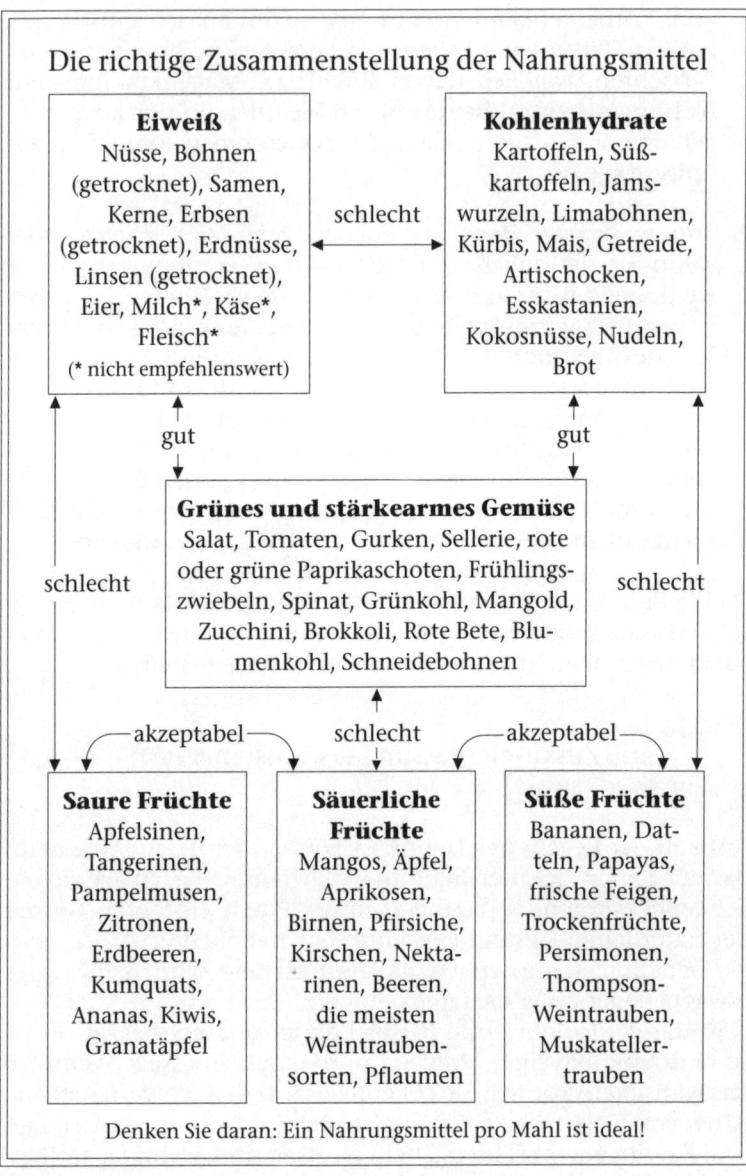

Eiweiß
Nüsse, Bohnen
(getrocknet), Samen,
Kerne, Erbsen
(getrocknet), Erdnüsse,
Linsen (getrocknet),
Eier, Milch*, Käse*,
Fleisch*
(* nicht empfehlenswert)

schlecht

Kohlenhydrate
Kartoffeln, Süß-
kartoffeln, Jams-
wurzeln, Limabohnen,
Kürbis, Mais, Getreide,
Artischocken,
Esskastanien,
Kokosnüsse, Nudeln,
Brot

gut

gut

schlecht

Grünes und stärkearmes Gemüse
Salat, Tomaten, Gurken, Sellerie, rote
oder grüne Paprikaschoten, Frühlings-
zwiebeln, Spinat, Grünkohl, Mangold,
Zucchini, Brokkoli, Rote Bete, Blumenkohl, Schneidebohnen

schlecht

akzeptabel

schlecht

akzeptabel

Saure Früchte
Apfelsinen,
Tangerinen,
Pampelmusen,
Zitronen,
Erdbeeren,
Kumquats,
Ananas, Kiwis,
Granatäpfel

**Säuerliche
Früchte**
Mangos, Äpfel,
Aprikosen,
Birnen, Pfirsiche,
Kirschen, Nekta-
rinen, Beeren,
die meisten
Weintrauben-
sorten, Pflaumen

Süße Früchte
Bananen, Dat-
teln, Papayas,
frische Feigen,
Trockenfrüchte,
Persimonen,
Thompson-
Weintrauben,
Muskateller-
trauben

Denken Sie daran: Ein Nahrungsmittel pro Mahl ist ideal!

dazu Kaffee oder Tee in Maßen zu trinken. Aber Sie dürfen die Mahlzeit nicht mit etwas Süßem oder Kohlenhydratreichem abschließen – keine Torten, Kuchen oder Puddings.»

Natürlich würde Ihnen ein Anhänger der natürlichen Gesundheitslehre niemals raten, eine Mahlzeit zu sich zu nehmen, die ausschließlich aus Fleisch besteht, da er – und darin wird er von der modernen medizinischen Forschung unterstützt – weiß, dass allein schon die gewaltige Menge Eiweiß, die im Fleisch enthalten ist, häufig zu Problemen führt. Und wird Brot zu einem eiweißhaltigen Nahrungsmittel gegessen, kann dies bei bestimmten Menschen zu Gärungsprozessen und damit zu Magenbeschwerden und Blähungen führen. Colonel Bradford scheint mit seinem früheren Rat, nur ein Nahrungsmittel pro Mahlzeit zu verzehren, der Wahrheit erheblich näher gekommen zu sein als mit dem Satz, den Sie gerade gelesen haben. Offenbar machte er dieses Zugeständnis, um seinen Schülern die Übergangsphase ein wenig zu erleichtern.

Colonel Bradford erlaubte auch Milch, Tee und Kaffee, aber dies ist ebenfalls als Zugeständnis an Anfänger zu verstehen. Die natürliche Gesundheitslehre macht klar, dass sich der Gesundheitszustand erst dann wirklich verbessern wird, wenn man diese Nahrungsmittel aus seiner Ernährung streicht. Tee und Kaffee enthalten Alkaloide, die das menschliche Gewebe angreifen, und pasteurisierte Milch enthält ein Eiweiß namens Kasein, eine Substanz, die auch benutzt wird, um einen besonders starken Leim herzustellen. Haben Sie sich jemals gefragt, warum Sie sich nach dem Verzehr von viel Käse und Eis fühlen, als ob Sie Gummi geschluckt hätten? Nun wissen Sie es!

Im Gegensatz zu dem, was Ihnen die teuren Werbekampagnen der Milchindustrie weismachen wollen, tut Milch dem Körper eben nicht gut. Und wenn Sie mir nicht glauben, dann erklären Sie mir bitte, warum die Hämorrhoiden, die mich seit langem plagten, verschwanden, nachdem ich aufgehört hatte, Milchprodukte zu verzehren (auf den Rat eines Chirurgen hin!). Aber wenn Ihnen dies nicht Beweis genug ist, sollten Sie in die nächste Bücherei gehen und dort die medizinischen Forschungsergebnisse der letzten 20 Jahre nachschlagen, die eindeutig beweisen, dass keiner von uns überhaupt Milch trinken sollte!

Der Colonel sagte zwar nicht viel zum Thema Trinken beim Essen (außer zu Kaffee und Tee), aber es ist bekannt, dass die meisten Menschen bei jeder Mahlzeit mindestens ein Getränk zu sich nehmen. Nach der natürlichen Gesundheitslehre sollten wir beim Essen aber gar nichts trinken, weil die Flüssigkeit die Enzyme und Magensäuren verdünnt, die wir zum Verdauen der Nahrung brauchen. Wenn Sie beim Essen trinken, verhindern Sie eine vollständige Verdauung. Einige Forscher bestreiten diese Schlussfolgerung, aber wer die Regel «Beim Essen nicht trinken» befolgt, wird feststellen, dass sie wirklich funktioniert. Statt sich auf die Forschung zu verlassen, sollten Sie sich lieber auf sich selbst verlassen und im Selbstversuch herausfinden, was für Sie am besten ist.

Colonel Bradford lobte rohe Eier, und auch wir halten Eigelb für die beste Form von Eiweiß, die es gibt. Aber da die Eier aus dem Supermarkt heutzutage häufig durch Salmonellen verseucht sind, raten wir davon ab, rohes Eigelb zu verzehren. Wenn Sie weich gekochte Eier mögen, bringen Sie Wasser zum Kochen und stellen Sie die Herdplatte dann ab. Lassen Sie die Eier drei Minuten lang im heißen Wasser ziehen, und essen Sie anschließend nur das Eigelb. Verzichten Sie auf das Eiweiß, es sei denn, Sie betreiben Spitzensport oder müssen körperlich schwer arbeiten.

Manche Menschen behaupten, dass der Verzehr von Eigelb nicht nur das körperliche Wohlbefinden sichert, sondern auch die Gehirnleistung optimiert. Dieser Behauptung würde Colonel Bradford ohne Zweifel zustimmen. Er sagte nämlich: «Ich hatte schon immer gewusst, dass Eigelb nahrhaft ist, aber seinen wahren Wert lernte ich erst kennen, als ich einen Mann aus dem Westen gesprochen hatte, der im Kloster lebte und Kenntnisse in Biochemie hatte. Er sagte mir, dass gewöhnliche Hühnereier tatsächlich die Hälfte all der Elemente enthalten, die für das Gehirn, die Nerven und die Organe des Körpers erforderlich sind. Es stimmt, dass diese Elemente nur in geringen Mengen benötigt werden, aber sie müssen in der Ernährung enthalten sein, wenn man außergewöhnlich kräftig und gesund sein will, sowohl geistig als auch körperlich.»

Colonel Bradford gab uns einen weiteren ausgezeichneten Rat, als er darauf hinwies, wie wichtig es ist, die Nahrung gründlich zu kauen. Nach der natürlichen Gesundheitslehre sollen wir kauen, bis sich die Nahrung beinahe verflüssigt hat. Der Abbé Spallanzani (1729–1799), einer der ersten Erforscher des Verdauungsprozesses, entdeckte, dass selbst reife Kirschen und Weintrauben ganz ausgeschieden werden, wenn man sie ganz geschluckt hat. Diese Beobachtung weist darauf hin, wie wichtig es ist, die Nahrung vor dem Schlucken gründlich zu kauen. Man kann nämlich nur die Nahrungsmittel verdauen, die vorher bereits verflüssigt worden sind.

Essen in der richtigen Reihenfolge

Sie sehen also, dass Ihre Verdauung und Ihr allgemeiner Gesundheitszustand erheblich profitieren werden, wenn Sie den althergebrachten Regeln der richtigen Nahrungszusammenstellung folgen. Wenn Sie darüber hinausgehen möchten und eine noch bessere Verdauung und Gesundheit haben wollen, sollten Sie Ihre Nahrung auch noch in der richtigen Reihenfolge zu sich nehmen. Das wäre dann das Nonplusultra der Nahrungskombination. Die Energie, die durch das Essen in der richtigen Reihenfolge gespart wird, kann zur Heilung des Körpers und zur Ausscheidung von Abfallprodukten, aber auch für geistige Arbeit und emotionalen Selbstausdruck eingesetzt werden.

Schon Colonel Bradford wies darauf hin, dass die Verdauung Schicht für Schicht vonstatten geht, wenn man ein Nahrungsmittel zur Zeit isst und das nächste erst zu sich nimmt, wenn man mit dem ersten fertig ist. Dann werden nämlich alle Nahrungsmittel in der Reihenfolge verdaut, in der sie gegessen wurden. Die speziellen Enzyme, die für die richtige Verdauung eines jeden Nahrungsmittels erforderlich sind, können abgesondert werden und ungestört ihre Arbeit tun. (Siehe auch auf Seite 145 «Der Nutzen der richtigen Nahrungszusammenstellung») Wenn Sie beim Essen die richtige Reihenfolge beachten, können Sie eine komplette Mahlzeit in wenigen Stunden verdauen, ohne irgendwelche Beschwerden zu haben.

Wenn Patienten mit Verdauungsproblemen zu mir (Stanley S. Bass) kommen, zum Beispiel mit Magenschmerzen, Blähungen,

Sodbrennen, ständigem Aufstoßen, Verstopfung oder Durchfall, rate ich ihnen meistens gleich, ihre gewohnte Ernährungsweise aufzugeben und Nahrungsmittel höherer Qualität zu essen. Ich rate ihnen, gekochte Nahrung und gekaufte Snacks zu vermeiden und sich überwiegend von Rohkost zu ernähren – also von Gemüse, Obst, Nüssen und Kernen. Aber manche Patienten weigern sich einfach, ihre gewohnte Ernährung umzustellen. Statt sie gleich als hoffnungslose Fälle abzustempeln, rate ich ihnen dann, zunächst einmal die Reihenfolge zu ändern, in der sie ihre Nahrung zu sich nehmen. Und innerhalb einer Woche verschwinden die meisten ihrer Verdauungsbeschwerden! Nachdem sie am eigenen Leib erfahren haben, wie sehr sich ihre Verdauung verbessert hat, sind viele Patienten bereit, weitere Veränderungen an ihrer Ernährungsweise vorzunehmen.

Ich verbessere die Ernährung meiner Patienten immer in dem Maß, in dem sie es zulassen und bereit sind, meinen Empfehlungen zu folgen. Aber der entscheidende Rat ist immer der, die Nahrung in der richtigen Reihenfolge zu sich zu nehmen. Sobald die Patienten als Folge dieser Umstellung die bessere Verdauung und mit ihr eine bessere Verwertung der Nährstoffe erlebt und ein neues Wohlbefinden gespürt haben, sind sie meistens bereit, ihre Ernährungsweise auch qualitativ umzustellen.

Ein weiterer Vorteil des Essens in der richtigen Reihenfolge liegt in der dadurch bedingten Gewichtsabnahme. Die Pfunde schmelzen dahin wie Butter in der Sonne! Denken Sie über das Folgende nach: Wenn jeder Bissen aus einem anderen Nahrungsmittel besteht, wird der Appetit ständig angeregt, was dazu führt, dass weit mehr Nahrung verzehrt wird als für die Bedürfnisse des Körpers erforderlich wäre. Wenn Sie Ihre Nahrung in der richtigen Reihenfolge zu sich nehmen, werden Sie schon deshalb abnehmen, weil sie weniger essen, selbst wenn Sie Ihre übliche, nährstoffarme Ernährungsweise beibehalten.

Die Prinzipien der richtigen Reihenfolge in der Zusammenfassung

Entgegen der landläufigen Meinung kommt eben nicht alles in denselben Magen, es sei denn, man verzehrt seine Nahrung auf diese Weise. Aber wenn man ein Nahrungsmittel nach dem anderen zu sich nimmt, wird die Nahrung schichtweise im Magen gelagert und Schicht um Schicht verdaut. Aus Dr. William Howells *Textbook of Physiology* erfahren wir, dass «Dr. Grützner (ein europäischer Forscher) Ratten nacheinander mit verschieden gefärbten Nahrungsbrocken fütterte. Kurz darauf wurden die Ratten getötet, die Mägen eingefroren und aufgeschnitten. Die gefärbte Nahrung war schichtweise eingelagert.»

Über einen anderen berühmten Fall, der unsere Behauptung unterstützt, wurde zur Zeit des amerikanischen Bürgerkriegs von einem Arzt namens Beaumont berichtet. Ein Soldat hatte eine Verletzung im Bauchbereich erlitten, so dass sein Magen sichtbar war. Der Verdauungsprozess konnte eine Zeitlang beobachtet werden, und es wurde festgestellt, dass die Nahrung Schicht um Schicht verdaut wurde.

Wenn Sie das im Selbstversuch erleben möchten, essen Sie zuerst eine Wassermelone, danach Salat und zum Schluss Käse. Essen Sie jedes Nahrungsmittel vollständig auf, bevor Sie zum nächsten übergehen. Wenn Sie später zur Toilette müssen, schauen Sie sich Ihren Stuhl an. Sie werden darin verschiedenfarbige Schichten entdecken. Die Wassermelone wird als rötlich gefärbte Schicht zuerst erscheinen, dann der dunkelbraune Salat und zum Schluss der hellbraune Käse. Die Abfallprodukte eines jeden Nahrungsmittels verlassen den Körper genau in der Reihenfolge, in der sie gegessen wurden. Jeder kann diese Probe machen, Sie müssen nur darauf achten, die verschiedenen Nahrungsmittel deutlich voneinander zu trennen.

Wenn Sie nur ein Nahrungsmittel zur Zeit verzehren, geht der Verdauungsprozess im Magen in jeder Schicht anders vor sich, da jedes Nahrungsmittel andere Enzyme benötigt, um verdaut zu werden. Auf diese Weise wird der gesamte Nahrungsbrei wesentlich effizienter verdaut.

Lassen Sie mich die Grundprinzipien der natürlichen Gesundheitslehre vereinfacht darstellen: Essen Sie das wässerigste Nahrungsmittel zuerst, dann das nächstwässerige, und so weiter. Beenden Sie die Mahlzeit mit der konzentriertesten Form von Nahrung. Kehren Sie diese Reihenfolge *niemals* um!

Die Idee des Essens in der richtigen Reihenfolge wird von den Aussagen Colonel Bradfords unterstützt, denn wenn Sie Ihre Nahrungsmittel nacheinander zu sich nehmen, machen Sie im Grund eine Monodiät, wie sie der Colonel vorschlug. Tiere, die sich auf diese Weise ernähren, haben eine äußerst einfache und effiziente Verdauung.

Im Folgenden möchte ich Ihnen einige Richtlinien für das Essen in der richtigen Reihenfolge geben:

1. Beginnen Sie die Mahlzeit mit dem wässerigsten Nahrungsmittel, und beenden Sie sie mit dem konzentriertesten.

2. Trinken Sie nicht während der Mahlzeit, da die meisten Getränke die Enzyme verdünnen oder fortspülen, was zu Verdauungsbeschwerden führt.

3. Früchte und Gemüse dürfen in derselben Mahlzeit enthalten sein, wenn Sie sie in der richtigen Reihenfolge zu sich nehmen. Salat (ohne Dressing) sollte vor dem Obst gegessen werden, damit die darin enthaltenen Mineralien optimal aufgenommen werden können.

4. Essen Sie kein Obst zusammen mit gekochter Nahrung, es sei denn, Sie nehmen pro Tag nur eine Mahlzeit zu sich. In diesem Fall essen Sie das Obst vor den gekochten Speisen – die meistens reich an Kohlenhydraten, Eiweiß oder Fett sind. Werden die Früchte danach gegessen, verlassen sie den Magen nicht, bevor die zuerst gegessene Nahrung, die meistens auch noch länger braucht, um verdaut zu werden, den Magen verlassen hat. Wenn Obst nach dem Verzehr von Kohlenhydraten, Eiweiß oder Fett stundenlang im Magen verbleibt, findet ein Gärungsprozess statt. Dadurch entstehen Völlegefühl, Blähungen und andere Verdauungsbeschwerden. Wenn

Sie allerdings eine säuerliche Frucht vor einem stärkehaltigen Nahrungsmittel verzehren, sollte es keine Probleme geben.

Wenn Sie nur eine Mahlzeit pro Tag zu sich nehmen, sollten Sie 20 bis 30 Minuten Pause zwischen dem rohen Obst und dem gekochten Gemüse lassen, um den Verdauungsprozess optimal zu unterstützen.

5. Säurehaltige Nahrungsmittel oder saure Früchte sollten niemals nach stärkehaltigen Nahrungsmitteln verzehrt werden.

6. Essen Sie nie Zucker, Sirup, frisches Obst oder Trockenfrüchte nach stärke-, eiweiß- oder fetthaltigen Nahrungsmitteln.

7. Wer bei seiner gewohnten Ernährungsweise bleiben möchte, kann Fisch vor oder nach Kartoffeln essen, weil diese so schnell verdaut werden. Kartoffeln weisen nur zehn Prozent der Konzentration von Getreide auf und werden schnell vom Körper aufgenommen. Dies ist einer der Ausnahmefälle, in denen Sie Eiweiß und Stärke bei derselben Mahlzeit zu sich nehmen können.

8. Sie dürfen bestimmte Nahrungsmittel bei derselben Mahlzeit verzehren, wenn sie in etwa dieselbe Verdauungszeit haben. Zum Beispiel:
   - Verschiedene Melonensorten dürfen nacheinander gegessen werden, aber höchstens zwei Sorten pro Mahlzeit.
   - Saftiges Obst darf ebenfalls nacheinander gegessen werden, aber höchstens drei Sorten pro Mahlzeit.
   - Frisches Salatgemüse kann in einem gemischten Salat miteinander kombiniert werden – also Tomaten, verschiedene Blattsalate, Sellerie, Gurken, rote und grüne Paprikaschoten. Wenn man möchte, darf man auch andere rohe Gemüse oder Sprossen hinzufügen.
   - Gedämpftes oder gekochtes Gemüse darf zusammen gegessen werden, aber zuerst immer die Blattgemüse und dann erst die härteren Sorten wie Zucchini, Blumenkohl und Brokkoli. Wurzelgemüse wie Karotten, gelbe Rüben, Rote Bete und Pastinaken sollten zum Schluss gegessen werden.

- Verschiedene Kartoffelsorten dürfen zusammen verzehrt werden und im Anschluss daran auch Süßkartoffeln oder Jamswurzeln. Mais darf vor einer Kartoffel gegessen werden. Wird Mais roh verzehrt, gilt er aber als Frucht.
- Bei einer robusten Verdauung können Getreidesorten nach Belieben kombiniert werden. Eine kleine Menge Hülsenfrüchte darf nach Getreidesorten gegessen werden – wenn sie sich mit diesen vertragen. Wenn Sie beispielsweise 100 Gramm Reis (Trockengewicht) essen, dürfen Sie 30 Gramm Linsen (Trockengewicht) dazu essen.
- Wenn man Samen und Kerne isst, dürfen zwei Sorten kombiniert werden, zum Beispiel Sonnenblumen- mit Kürbiskernen oder Sesamkörnern. Gelegentlich dürfen auch zwei Nusssorten nacheinander verzehrt werden, aber am besten ist es, bei einer Sorte zu bleiben. Wenn man die Nüsse oder Kerne über Nacht einweicht und sie vor dem Verzehr mahlt, sind sie am leichtesten zu verdauen.
- Wenn man Fisch isst, dürfen zwei bis drei Sorten zusammen verzehrt werden. Auch zwei Sorten Geflügel oder Fleisch können miteinander kombiniert werden. Denken Sie aber daran, dass eine unnötige Vielzahl von Nahrungsmitteln dazu führen wird, dass Sie zu viel essen. Nehmen Sie nur ein stärke- oder eiweißhaltiges Nahrungsmittel pro Mahlzeit zu sich.

Drei Mahlzeiten nach Dr. Bass

Essen Sie A, B, C und D (alle vier) in der angegebenen Reihenfolge. Essen Sie also zuerst A ganz auf, bevor Sie sich B zuwenden, essen Sie B auf, bevor Sie mit C anfangen, und so weiter. Jede Mahlzeit ist in sich vollkommen ausgeglichen und enthält alle Nährstoffe, die zur Aufrechterhaltung der Gesundheit nötig sind.

Die richtige Zusammenstellung der Nahrung

Ich gebe Ihnen im Folgenden ein Beispiel dafür, wie eine richtige Mahlzeit aussehen könnte, bei der zwischen den einzelnen Gängen keine Pause gemacht wird.

(A) Ein Viertel Liter gemischter Karotten-, Sellerie- und Gurkensaft. Dieser Saft benötigt etwa 15 Minuten, um verdaut zu werden.

(B) 200 bis 300 Gramm püriertes Salatgemüse (Kopfsalat, Tomaten, Sellerie, Gurken, rote oder grüne Paprikaschoten werden im Mixer gründlich püriert) brauchen etwa 20 Minuten, um verdaut zu werden.

(C) 300 bis 400 Gramm Melonen (zwei Sorten) oder frisches saftiges Obst (zum Beispiel ein Apfel und eine Birne) benötigen circa 30 Minuten, um verdaut zu werden.

(D) (Wenn erwünscht) 30 bis 60 Gramm Kerne oder Nüsse brauchen etwa zwei bis drei Stunden, um verdaut zu werden.

Im unten stehenden Diagramm können Sie sehen, dass der Gemüsesaft den Raum (A) 15 Minuten lang einnimmt und dann aus dem Magen austritt.

Der pürierte Salat nimmt den Raum (B) 20 Minuten lang ein und verlässt den Magen circa fünf Minuten nach dem Gemüsesaft.

Die Melonen- oder Obstsorten nehmen den Raum (C) 30 Minuten lang ein und verlassen den Magen etwa zehn Minuten nach dem pürierten Salat.

Wenn Sie noch Kürbis- oder Sonnenblumenkerne essen, bleiben diese etwa zwei bis drei Stunden im Raum (D) und treten zuletzt aus dem Magen aus.

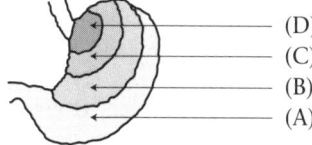

— (D)
— (C)
— (B)
— (A)

Frühstück

(A) Gemüsesaft: Ein viertel Liter, zu gleichen Teilen aus Karotten, Sellerie und Gurken bestehend.

(B) Pürierter Salat: 200 bis 300 Gramm, aus Tomaten, Kopfsalat, Gurken, Sellerie und/oder Paprikaschoten bestehend.

(C) Melonen: Bis zu einem Viertel einer Wassermelone, aber nicht mehr als 400 Gramm. Sie dürfen statt der Melone aber auch zwei Obstsorten oder bis zu vier Bananen mit einem Gesamtgewicht von 400 Gramm essen.

(D) Wählen Sie aus den folgenden Nahrungsmitteln aus (aber nicht mehr als 400 Gramm): Ein bis zwei weich gekochte Eigelb, 30 Gramm rohe Kerne oder Nüsse, 100 Gramm (Trockengewicht) eines gekochten Getreides, zum Beispiel Haferbrei, Hirse, Naturreis, Buchweizen, oder 100 Gramm Kartoffeln, Süßkartoffeln, Mais oder Kürbis. Eigelb ist Nüssen und Kernen vorzuziehen.

Anmerkung: (D) sollte hinzugefügt werden, wenn Sie körperlich schwer arbeiten oder sich in der Übergangsphase von einer normalen Ernährung zu einem Diätplan nach den Richtlinien der natürlichen Gesundheitslehre befinden. Im Sommer, wenn Ihr Körper mehr Flüssigkeit braucht, dürfen Sie größere Mengen Melone zum Frühstück essen.

Mittagessen

(A) Gemüsesaft: Ein viertel Liter, zu gleichen Teilen aus Karotten, Sellerie und Gurken bestehend.

(B) Pürierter Salat: 200 bis 300 Gramm oder ein großer gemischter Salat.

(C) Obst (200 Gramm) oder ein bis zwei rohe Maiskolben.

(D) Rohe Kerne oder Nüsse (30 bis 60 Gramm) oder Avocado (200 Gramm). Sie dürfen zwei Mal pro Woche statt der Nüsse auch 60 bis 120 Gramm Ricottakäse, fettarmen Quark, fettarmen Hüttenkäse (ungesalzen) oder ungesalzenen Hartkäse aus Rohmilch essen. Wer kein Vegetarier ist, darf zwei Mal pro Woche Fisch essen.

Abendessen

(A) Ein viertel Liter Gemüsesaft aus Tomaten, Gurken und Zucchini.

(B) Gemischter Salat (200 bis 300 Gramm) mit einem Esslöffel kaltgepresstem Öl und einem Teelöffel Zitronensaft.

(C) Ein bis zwei gedämpfte Gemüsesorten (je 100 Gramm).

(D) Wählen Sie unter den folgenden Nahrungsmitteln aus: Ein Maiskolben oder Kürbis mit Kartoffeln oder Kartoffeln mit Süßkartoffeln (maximal 500 Gramm). Ersetzen Sie dies an drei Tagen pro Woche wie folgt: An den Tagen 1, 3, 5 und 7 dürfen Sie wie oben essen, aber an den Tagen 2, 4 und 6 sollten Sie nach (A), (B) und (C) 100 Gramm (Trockengewicht) Naturreis, Hirse oder Buchweizen mit 30 Gramm (Trockengewicht) Limabohnen, Linsen oder Kichererbsen essen.

Fleischesser lassen beim Abendessen (D) aus und dürfen nach (A), (B) und (C) eine Kartoffel oder 200 bis 300 Gramm gekochtes Getreide wie Naturreis, Hirse oder Buchweizen essen und im Anschluss daran 100 Gramm Fisch, Hühnchen, Pute oder anderes Fleisch verzehren. Essen Sie tierische Nahrung anfangs nicht öfter als fünf Mal pro Woche, und reduzieren Sie diese Menge innerhalb eines Monats auf zwei bis drei Mal pro Woche.

Sie dürfen zwei bis drei Mal pro Woche Fisch essen oder den Fisch einmal in der Woche durch Hühnchen ersetzen. Gelegentlich können Sie statt des Hühnchens auch zwei Eier verzehren.

Wenn sie auswärts zum Essen eingeladen sind, dürfen Menschen, die sich normal ernähren, einen gemischten Salat essen, gefolgt von einer Kartoffel und dann von Fisch oder Hühnchen. In einem chinesischen Restaurant dürfen sie erst Gemüse, dann Fisch und zum Schluss Reis essen. Vegetarier lassen die tierische Nahrung weg und essen mehr Gemüse und im Anschluss den Reis.

Wenn Sie abnehmen möchten, nehmen Sie nur zwei Mahlzeiten pro Tag zu sich. Lassen Sie das Frühstück oder das Mittagessen ausfallen, aber essen Sie immer zu Abend. Überflüssige Pfunde werden schnell verschwinden! Wenn Sie Rohköstler sind, ersetzen Sie das eben beschriebene Abendessen durch das Mittagessen. Das heißt, Sie essen das beschriebene Mittagessen sowohl mittags als auch abends. Essen Sie aber jeden Tag etwas anderes als Hauptgericht (D).

Wenn es Ihnen nicht möglich ist, Ihre normale Ernährungsweise aufzugeben, können Sie dennoch zumindest einige der unangenehmen Begleiterscheinungen einer chaotischen Nahrungszusammenstellung vermeiden, wenn Sie die Regeln der richtigen Reihenfolge beachten. Essen Sie das wässerigste Nahrungsmittel zuerst und das konzentrierteste zuletzt.

Ein weiser Mensch wird sich allerdings bemühen, beim Essen so intelligent wie möglich auf die beste Qualität, die beste Reihenfolge und die richtige Menge Nahrung zu achten. Aber was ist die richtige Menge? Darunter versteht man das Minimum, das nötig ist, um Ihnen alle essentiellen Nährstoffe zuzuführen, die Sie brauchen, um ein langes, gesundes, glückliches Leben ohne Krankheiten und Altersbeschwerden zu führen. Viele weise Ernährungsexperten schlagen vor, ein Drittel weniger zu essen, andere raten, bereits dann vom Tisch aufzustehen, wenn man noch hungrig ist. Colonel Bradford berichtete, dass die Lamas wenig aßen und mit einem Minimum an Nahrung sehr gut lebten.

Häufig gestellte Fragen zur richtigen Nahrungszusammenstellung

Muss ich noch Nahrungsergänzungsmittel wie Vitamine nehmen, wenn ich meine Nahrung richtig zusammenstelle?
Wenn Sie den in diesem Kapitel beschriebenen Richtlinien folgen und sich ausschließlich vegetarisch ernähren, brauchen Sie keine Nahrungsergänzungsmittel mehr – höchstens ein paar Mal pro Woche Vitamin B_{12}. Manche Experten behaupten, dass Vegetarier genug von diesem Vitamin im Darm herstellen können, andere stimmen dem nicht zu und raten, B_{12} oral zuzuführen.

Wird mein Körper nicht verhungern, wenn ich kein tierisches Eiweiß esse?
Eine von medizinischen Forschern und Physiologen durchgeführte Untersuchung nach der anderen beweist ohne jeden

Zweifel, dass wir im Westen viel zu viel Eiweiß verzehren und dass darin ein Grund für viele unserer Krankheiten liegt – dazu zählen Osteoporose, Arthritis und Darmkrebs. Wenn Sie kein Fleisch mehr essen, hören Sie auf, Ihren Körper durch all die vielen Antibiotika und Wachstumshormone (und wer weiß, was sonst noch) zu vergiften, mit denen die Fleischproduzenten die armen Tiere voll stopfen, damit sie schneller zunehmen und so schnell wie möglich geschlachtet werden können.

Sie bekommen so viel Eiweiß, wie Sie brauchen, wenn Sie pro Tag etwa 100 Gramm rohe, ungesalzene Nüsse essen. Oder wenn Sie den Ratschlägen des Colonels folgen wollen, indem Sie pro Tag zwei weich gekochte Eigelb essen.

Sie sagen, man solle keine Milch trinken und keine Milchprodukte essen. Woher bekomme ich dann mein Kalzium?
Untersuchungen haben gezeigt, dass man das benötigte Kalzium auch aus pflanzlicher Nahrung erhalten kann. Essen Sie einfach viel dunkelgrünes Blattgemüse, rohe Nüsse und Kerne, Getreide, Bohnen, frisches Obst, Trockenfrüchte, Gemüsesorten wie Brokkoli oder Schneidebohnen und Fisch wie Sardinen oder Lachs.

Wie wird sich diese Ernährungsweise auf meinen Cholesterinspiegel auswirken?
Ihr Cholesterinspiegel wird dramatisch sinken, wenn Sie aufhören, Fleisch und Milchprodukte zu essen, und sich überwiegend vegetarisch ernähren. Viele Ärzte empfehlen, ein Leben lang Medikamente zu schlucken, um den Cholesterinspiegel oder den Blutdruck zu senken, ich hingegen schlage vor, Sie ernähren sich einige Wochen lang auf rein pflanzlicher Basis, machen die fünf Riten und gehen jeden Tag spazieren. So sparen Sie nicht nur das Geld für die Medikamente, Sie ersparen sich auch die schrecklichen Nebenwirkungen.

Sie haben gelesen, dass im Rahmen dieser Diät auch Eigelb empfohlen wird. Darin ist Lezithin enthalten, das verhindert, dass Cholesterin in Ihren Arterien abgelagert wird.

Sollte ich meine Nahrung nicht besser nach den traditionell empfohlenen vier Nahrungsmittelgruppen zusammenstellen? Ihre Vorschläge beachten diese Einteilung ja überhaupt nicht!

Das ist richtig! Und auch die Ernährungsvorschläge, die von einer Gruppe namens «Physicians for responsible Medicine» («Ärzte für eine verantwortungsbewusste Medizin») gemacht werden, zu der weltweit tausende von Ärzten gehören, halten nichts von dieser Einteilung, mit der das amerikanische Landwirtschaftsministerium dem Druck der mächtigen Fleisch- und Milchlobby in Washington nachgegeben hat.

Schon ein kurzer Besuch der nächstgelegenen öffentlichen Bücherei und die Lektüre der Bücher von so respektierten medizinischen Autoritäten wie John McDougall, Dean Ornish und Michael Klaper wird jeden denkenden Menschen ein für alle Mal davon überzeugen, dass Fleisch und Milchprodukte zu vielen Krankheiten und einer Verschlechterung des Gesundheitszustands beitragen.

Lesen Sie das Buch *Food for Life* von Dr. Neal Bernard, dann werden Sie erfahren, dass die «wirklichen» vier Nahrungsmittelgruppen Obst, Gemüse, Getreide und Hülsenfrüchte sind und dass es wissenschaftlich erwiesen ist, dass eine vegetarische Lebensweise die gesündeste Form der Ernährung darstellt. Oder lesen Sie Dr. Dean Ornishs Buch *Die Ornish Herz-Diät*. Oder arbeiten Sie sich durch das von vielen als das ultimative Buch über vegetarische Ernährung betrachtete Werk *The McDougall Plan for Superhealth and Life-Long Weight Loss* von John McDougall hindurch.

Ich bin über 60. Kann die Trennkost die schädlichen Folgen meiner lebenslangen schlechten Essgewohnheiten rückgängig machen?

Wahrscheinlich nicht, aber Sie werden dennoch bestimmt einige Verbesserungen feststellen können. Die natürliche Gesundheitslehre behauptet nicht, dass man über Nacht Erfolge sehen wird. Im Gegensatz zu vielen Ärzten halten wir nämlich nichts von Schnellschüssen. Der natürlichen Gesundheitslehre zufolge wird sich der Körper im Lauf der Zeit selbst heilen, wenn er dabei optimal unterstützt wird. Dazu gehören richtige Ernährung, ausreichende Bewegung, genug Schlaf- und Ruhephasen und die Befolgung der anderen Prinzipien, die bereits beschrieben wurden. Sobald Sie Ihre Ernährung auf eine pflanzliche Basis gestellt und

170

mit diesen wichtigen Elementen kombiniert haben, werden Sie Verbesserungen in Ihrer Verdauung feststellen. Blähungen, Magenverstimmungen, Verstopfung, Sodbrennen und andere unangenehme Verdauungsprobleme werden drastisch nachlassen oder vollständig verschwinden. Einige Menschen erleben sogar deutliche Verbesserungen im Bereich chronischer Erkrankungen, aber natürlich gibt es dafür keine Garantie. Eine lebenslange falsche Ernährung kann nicht immer durch ein paar Jahre richtiger Ernährung wettgemacht werden, aber Verbesserungen sind auf jeden Fall möglich.

Sollten sich auch Kinder nach diesen Richtlinien ernähren? Gibt es Menschen, die keinen Nutzen aus der richtigen Nahrungszusammenstellung ziehen können?
Wenn Kinder unter Blähungen, Sodbrennen, Magenverstimmung oder Verstopfung leiden, können die richtige Nahrungszusammenstellung und das Essen in der richtigen Reihenfolge diese Probleme mindern oder beheben. Aber wenn Sie Ihre Familie überwiegend auf pflanzlicher Grundlage ernähren, brauchen Sie Ihre Kinder wahrscheinlich nicht mit den Regeln der richtigen Nahrungszusammenstellung zu plagen, weil der Verzehr von natürlichen Nahrungsmitteln sowieso zu einer guten Verdauung führt. Im Gegensatz zu Erwachsenen mit schlechter Verdauung, die seit Jahren zuckerhaltige Limonaden geschlürft und Fastfood in sich hineingeschaufelt haben, hat ein Kind seinen Verdauungstrakt noch nicht ruiniert. Die Mahlzeiten der Kinder sollten in einer fröhlichen Atmosphäre stattfinden (die der Erwachsenen übrigens auch!) und nicht durch Regeln und Ermahnungen gestört werden. Wenn Sie das Essen in der richtigen Reihenfolge servieren, werden sich die Kinder schnell und ohne große Diskussionen daran gewöhnen.

Kann Trennkost auch Menschen mit bestimmten gesundheitlichen Problemen wie hohem Blutdruck, Diabetes, Magengeschwüren und so weiter helfen?
Ich wiederhole: Die meisten Menschen profitieren von der richtigen Nahrungszusammenstellung und werden weniger unter Magenverstimmungen, Blähungen und Sodbrennen zu leiden haben.

Aber wenn Sie sich wegen gesundheitlicher Probleme Sorgen machen, sollten Sie mit einer medizinischen Fachperson Ihres Vertrauens sprechen, bevor Sie Ihre Ernährung oder Ihre Lebensweise umstellen. Wenn Sie das Konzept der Nahrungskombination nicht völlig verstehen, sollten Sie einen alternativen Ernährungsberater aufsuchen, da die meisten Ärzte und schulmedizinisch ausgebildeten Ernährungsberater wenig über richtige Nahrungszusammenstellung, vegetarische Ernährung oder optimale Gesundheit wissen. Die meisten amerikanischen Medizinstudenten widmen der Ernährung weniger als drei Stunden. Sie lernen alles über Krankheiten und wie man deren Symptome durch Medikamente lindert, aber sie erfahren so gut wie nichts über natürliche Heilweisen und die Fähigkeit des Körpers, sich selbst zu heilen. Ist es nicht eine Ironie des Schicksals, dass Ärzte im Durchschnitt früher sterben als Angehörige anderer Berufsgruppen?

Wenn Sie professionellen Rat hinsichtlich Ihrer Ernährung oder der richtigen Nahrungszusammenstellung brauchen, sollten Sie also einen Gesundheitsberater aufsuchen, der sich mit «wahrer» Gesundheit auskennt.

Ich esse oft zu viel. Können Sie mir einen Rat geben, wie ich mich ernähren sollte, um so gesund wie möglich zu sein?

Wenn Sie die kleinstmögliche Menge der bestmöglichen Nahrung essen, nehmen Sie alle essentiellen Nährstoffe zu sich, die Sie für ein langes, gesundes, glückliches Leben ohne Krankheiten oder Altersbeschwerden brauchen. Stehen Sie vom Tisch auf, wenn Sie noch hungrig sind. Reduzieren Sie die Nahrungsmenge, die Sie normalerweise pro Mahlzeit zu sich nehmen, um mindestens ein Drittel. Lassen Sie mehrmals pro Woche eine Mahlzeit ausfallen. Naschen Sie nicht. Essen Sie nicht nach 7 Uhr abends.

Denken Sie daran, dass Luigi Cornaro, der italienische Renaissanceautor, pro Tag nur 350 Gramm feste Nahrung und einen halben Liter Traubensaft zu sich nahm! Wahrscheinlich sollten Sie nicht versuchen, so wenig zu essen, aber sicher ist, dass Sie weitaus weniger essen könnten, als Sie es jetzt gewöhnt sind. (Die empfohlene maximale Nahrungsmenge finden Sie unter «Drei Mahlzeiten nach Dr. Bass» auf Seite 164.)

*Muss ich mit Problemen oder Nebenwirkungen rechnen, wenn ich
meine Ernährung auf Trennkost umstelle?*
Die meisten Menschen stellen eine deutliche Verbesserung ihrer
Verdauung fest, wenn sie die Bestandteile ihrer Nahrung richtig
miteinander kombinieren. Nach einer Weile werden Sie aber
möglicherweise – besonders wenn Sie sich rein vegetarisch ernähren – eine Phase durchmachen, in der Sie sich erkälten oder
Kopfschmerzen, Magenbeschwerden oder grippeähnliche Symptome bekommen. Statt sofort zum Arzt zu laufen, um sich von
ihm Medikamente verschreiben zu lassen, sollten Sie diese
Symptome einfach ein paar Tage zulassen.

Wenn Ihr Körper auf diese Weise reagiert, zeigt das nur, dass er
sich von Giftstoffen reinigt, die sich durch die jahrelange falsche
Ernährungs- und Lebensweise angesammelt haben. Während dieser Entgiftungsphase sollten Sie im Bett bleiben. Trinken Sie destil-
liertes Wasser, wenn Sie durstig sind, und essen Sie so wenig wie
möglich. Wenn Sie Hunger haben, halten Sie sich an Zitrusfrüchte
oder an Gemüsesäfte. Schlafen Sie so viel wie möglich in einem
gut durchlüfteten, hellen Zimmer, und genießen Sie ein paar Tage
lang den «erzwungenen» Abstand von der Hetze des Alltags.

Sobald Ihr Körper diesen Reinigungsprozess abgeschlossen hat,
werden Sie sich wahrscheinlich besser fühlen, als Sie es seit Jahren getan haben.

*Können Sie mir die Prinzipien der richtigen Nahrungszusammenstel-
lung noch einmal zusammenfassend erklären?*
1. Je kleiner die aufgenommene Nahrungsmenge, desto kürzer
   die Verdauungszeit. Je größer die Menge, desto länger die Zeit
   und desto größer die für den Verdauungsprozess erforderliche
   Energie.
2. Je gründlicher Sie Ihre Nahrung kauen, desto schneller wird
   sie verdaut werden.
3. Je weniger Nahrungsmittel Sie vermischen und je weniger Sie
   pro Mahlzeit zu sich nehmen, desto leichter sind sie zu verdauen und desto weniger werden Sie versucht sein, zu viel zu
   essen.
4. Zum Schluss noch dies: Hören Sie auf den ausgezeichneten
   Rat des Colonels, und folgen Sie Ihrem eigenen Rhythmus.

Rom wurde nicht an einem Tag erbaut, und Sie können nicht erwarten, in einer Woche vollkommen gesund zu sein. Stellen Sie Ihre Ernährung langsam, aber sicher um. Wenn Sie die fünf Riten üben und gleichzeitig Ihre Nahrung richtig zusammenstellen, wird es Ihnen so gut gehen wie seit langem nicht mehr!

Colonel Bradford gab nicht nur Ratschläge hinsichtlich der richtigen Ernährungsweise, er erläuterte auch, wie wichtig Klänge und die Stimme für Gesundheit und Langlebigkeit sind. Im nächsten Kapitel werden wir uns diesem Teil seiner Lehre zuwenden.

RICHARD LEVITON

5 Die Energetik von Stimme, Klang und Meditation

Als er aus Indien zurückkehrte, beeindruckte Colonel Bradford seine Bekannten dadurch, dass er «die Vollkommenheit in Person» zu sein schien. Nachdem er aber die fünf Riten noch ein paar Monate länger geübt und die Lehren, die ihm in Tibet zuteil geworden waren, in seinem täglichen Leben angewendet hatte, wurde er noch stärker, vitaler und jugendlicher. Das Geheimnis lag in einer neuen Lehre, in der es um die Stimme ging – in diesem Fall hauptsächlich um die Stimme des Mannes.

Wer ein geübtes Ohr hat, kann aus dem Klang der Stimme eines Mannes – also aus Stimmlage, Klangfarbe und Schwingung – etwas über seine sexuelle Potenz erfahren. Gleichzeitig offenbart sich in der Stimme aber auch die Qualität und Quantität der vitalen Lebensenergie, die Colonel Bradford als «Prana» bezeichnete und die Chinesen als «Qi». Laut Colonel Bradford ist die Stimme eines Mannes dann voller Prana, wenn sie wohltönend, tief und voll ist. Die schrille, piepsende Stimme eines alten Mannes hingegen ist ein untrügliches Zeichen für seinen körperlichen Verfall.

Um den Zusammenhang zwischen Stimme, vitaler Lebensenergie und körperlichem Verfall zu verstehen, müssen wir das Modell der Chakra genannten Energiezentren heranziehen (siehe Kapitel 2). Es besteht nämlich eine starke Verbindung zwischen dem fünften Zentrum, dem Hals-Chakra, in dessen Nähe sich der Kehlkopf und die Stimmbänder befinden, und dem

Wurzel-Chakra, dem ersten Zentrum, das für die Sexualität zuständig ist. Nach der Aussage des Colonels stehen diese beiden Zentren, die Ausdruck und Fortpflanzung regeln, in enger Beziehung zueinander. Was sich auf das eine Chakra auswirkt, beeinflusst auch das andere, so dass die sexuelle Potenz und die Qualität der Stimme eng «miteinander verzahnt» sind. Wenn Sie einem Mann begegnen, der mit einer Fistelstimme spricht, können Sie ziemlich sicher sein, dass es mit seiner sexuellen Vitalität nicht weit her sein kann, da die Energie in seinem ersten Chakra zu gering ist. Es ist sogar wahrscheinlich, dass auch die Energie in den anderen Zentren gleichermaßen niedrig ist.

Was also ist zu tun? Colonel Bradford riet seinen Schülern, die Stimmlage absichtlich tief zu halten und die Klangqualität der Stimme zu erhöhen. «Es wird nicht lange dauern, bis die tiefere Schwingung Ihrer Stimme den Energiewirbel an der Halsbasis beschleunigen wird», sagte Bradford. Dadurch wird aber auch die Drehgeschwindigkeit des Sexualzentrums erhöht, «das das Tor des Körpers zur vitalen Lebensenergie ist». Auf diese Weise wird das Qi oder Prana durch die anderen Zentren nach oben steigen und das Hals-Chakra anregen können. Bei jüngeren Männern wird diese Übung die Manneskraft erhalten, bei älteren wird sie dadurch wiederhergestellt werden.

Auch die Stimme einer Frau wird als Begleiterscheinung des körperlichen Verfalls zu hoch und schrill werden. Nun sollte eine Frau aber nicht anstreben, eine so tiefe Stimme wie ein Mann zu bekommen. Wie Colonel Bradford sagte: «Frauen sollten nicht versuchen, ihre Stimmlage so weit zu senken, dass sie männlich klingt.» Die Stimmlage einer Frau ist von Natur aus höher als die eines Mannes und sollte so bleiben. Colonel Bradford meinte sogar: «In der Tat wäre es für eine Frau, deren Stimme ungewöhnlich männlich klingt, sogar vorteilhaft, wenn sie versuchen würde, ihre Stimmlage mit der beschriebenen Methode anzuheben.»

Die tibetischen Mönche, denen der Colonel auf seinen Reisen begegnet war, senkten ihre Stimmlage durch ihre Sprechgesänge. «Die Lamas singen, manchmal stundenlang, unisono in einer tiefen Tonlage. Die Bedeutung liegt dabei nicht im Singen selbst oder in den Worten, sondern in der Schwingung ihrer Stimmen und deren Wirkung auf die sieben Chakren.» In den letzten Jahren haben die tibetischen Mönche wegen ihrer Fähigkeit in den tiefsten Stimmlagen zu singen, sowohl bei westlichen Buddhisten als auch bei Musikwissenschaftlern Berühmtheit erlangt. Sie singen so tief, dass es scheint, als würden ihre Stimmen direkt aus den Tiefen der Erde dringen.

Der Colonel wies darauf hin, dass einer der Klänge aus den Mündern der Lamas besonders wirksam ist. «Wenn er korrekt intoniert wird, hat seine Schwingung eine außerordentlich stimulierende Wirkung auf die Zirbeldrüse, die mit dem siebten und höchsten Energiewirbel in Verbindung steht.» Aber Bradford fügte warnend hinzu, dass die Zirbeldrüse nicht überstimuliert werden sollte, es sei denn, die betreffende Person hat sich bereits auf die Entwicklung höheren Bewusstseins konzentriert.

Der Klang, um den es hier geht, lautet «OM» (Oh-h-h-M-m-m) und weil er so machtvoll ist, warnte der Colonel davor, zu viel des Guten zu tun. Es reicht nach seiner Aussage aus, den Klang drei oder vier Mal zu wiederholen. Und noch einmal wies er darauf hin, dass es nicht um die Bedeutung des Wortes gehe oder um das Singen selbst, sondern um die Schwingung des Klangs, also um die Energetik der Stimme.

In diesem Kapitel werde ich mich näher mit dieser Energetik der Stimme befassen. Wie wir schon in den vorangegangenen Abschnitten immer wieder gesehen haben, gibt es eine Fülle von Material sowohl aus der tibetischen Tradition als auch aus dem Westen, die die Behauptungen des Colonels nicht nur unterstützen, sondern sie sogar noch erweitern und in ihren Tiefen ausloten. So werde ich zeigen, dass die Stimme – und nicht nur die männliche, sondern auch die weibliche – ein äußerst machtvolles Instrument ist. Ich werde versuchen, das Wesen von Klang, Schwingung und Gesang zu ergründen, und aufzeigen, in welchem Zusammenhang diese Elemente mit dem östlichen Konzept der Chakren stehen. Ich werde sowohl die Heilkraft der Stimme untersuchen als auch bestimmte Stimm- und Harmonisierungsübungen beschreiben. Dabei werde ich auch auf einige überraschende Zusammenhänge zwischen dem Hals- und dem Wurzel-Chakra aufmerksam machen.

Beginnen aber möchte ich mit einer ganz praktischen Übung, die Ihnen dabei helfen wird, Klänge mit den Energiezentren zu verbinden. Später werde ich diese Übung noch um Farben erweitern. Im Verlauf des Kapitels werde ich all die Dinge, die ich hier nur kurz angesprochen habe, näher erläutern.

Wie Sie die Energiezentren zum Klingen bringen

Schon immer haben buddhistische und hinduistische Lehrer den Energiezentren Klänge zugeordnet, aber erst in den letzten Jahren haben auch Menschen aus dem Westen, die sich mit den heilenden Kräften der Klänge befassen, diese Lehren aufgegriffen und sie auf praktische Weise umgesetzt. Einer dieser Musikwissenschaftler und -therapeuten ist Jonathan Goldman, der Autor des Buches *Healing Sounds. The Power of Harmonics*. Goldman ist fest von der heilenden Kraft der menschlichen Stimme überzeugt. In seinen Seminaren lehrt er, «Stimmharmonien» zu üben, Vokale erklingen zu lassen und die Klänge in die verschiedenen Energiezentren zu senden. Auf diese Weise sollen die Teilnehmer befähigt werden, durch ihre Stimme jeden Teil ihres Körpers und jedes Energiezentrum zum Klingen zu bringen. Außerdem, so behauptet Goldman, werde sich der Klang der Stimme durch diese Übungen verändern, was auch zu einem veränderten Bewusstsein führe. Dem würde Colonel Bradford sicher zustimmen.

Im Folgenden möchte ich eine Übung vorstellen, die von Jonathan Goldman entwickelt wurde und die durch den Klang der Stimme und das Intonieren bestimmter Vokale die Energiezentren anregt. Sie können diese Übung täglich nach den fünf Riten ausführen, um die Chakren «einzustimmen». Sie werden dazu etwa 15 Minuten benötigen und sich hinterher erstaunlich entspannt und energetisiert fühlen. Befolgen Sie einfach diese Anweisungen:

• Suchen Sie einen ruhigen, hellen Raum auf.
• Setzen Sie sich bequem auf einen Stuhl mit gerader Rückenlehne. Die Füße befinden sich flach auf dem Boden und sind etwa zehn bis 15 Zentimeter weit auseinander. Am besten ziehen Sie Schuhe und Strümpfe aus und nehmen gegebenenfalls auch Ihre Brille ab.

- Legen Sie die Hände in den Schoß. Schließen Sie die Augen, wenn Sie möchten.
- Atmen Sie ganz natürlich durch die Nase ein und aus, bis Sie sich entspannt haben.
- Folgen Sie den Anweisungen für jedes Energiezentrum ganz genau. (Siehe Kapitel 2, um den Sitz der einzelnen Zentren kennen zu lernen.)

Der Klang des Wurzel-Chakras

- Erzeugen Sie nun den ersten Ton, indem Sie Ihre Stimme so tief wie möglich senken und mit der Ausatmung «Uh» sagen. Der Klang sollte in normaler Lautstärke, oder wenn gewünscht, etwas leiser sein.
- Während Sie «Uh» sagen, richten Sie Ihre Aufmerksamkeit auf das Wurzel-Chakra, das sich in der Dammgegend befindet. Stellen Sie sich vor, dass Sie sich in diesem Zentrum befinden. Sie werden die Vibration des Klanges «Uh» zwar in Ihrer Kehle spüren, aber visualisieren Sie, dass er Ihr Wurzel-Chakra in der Dammgegend zum Vibrieren bringt.
- Erzeugen Sie diesen Klang mit der Ausatmung eine Minute lang, hören Sie dann auf, und entspannen Sie sich.

Der Klang des Sakral-Chakras

- Richten Sie Ihre Aufmerksamkeit jetzt etwas höher, auf das zweite Zentrum, das Sakral-Chakra, das sich etwa drei Fingerbreit unter dem Bauchnabel im Unterleib befindet.
- Machen Sie nun beim Ausatmen den Ton «Uu», der etwas höher sein sollte als das «Uh». Versuchen Sie, die Vibration dieses Klangs im zweiten Energiezentrum im Unterleib zu spüren. Führen Sie die Übung eine Minute lang aus, hören Sie dann auf, und entspannen Sie sich.

Der Klang des Solarplexus-Chakras

- Lokalisieren Sie nun das dritte Energiezentrum, das Solarplexus-Chakra, oberhalb des Bauchnabels. Es erstreckt sich von der unteren Spitze des Brustbeins bis zum Bauchnabel.
- Richten Sie Ihre Aufmerksamkeit auf diesen Bereich, und erzeugen Sie beim Ausatmen den Ton «Oh». Dieser Klang sollte etwas höher sein als das «Uu» und sich folglich etwa im mittleren Bereich Ihrer Stimmlage befinden. Führen Sie die Übung eine Minute lang aus, hören Sie dann auf, und entspannen Sie sich.

Der Klang des Herz-Chakras

- Richten Sie Ihre Aufmerksamkeit nun auf das vierte Energiezentrum, das Herz-Chakra, das sich im Brustbereich zwischen Schlüsselbein und dem Rippenbogen befindet.
- Konzentrieren Sie sich auf diesen Bereich, wenn Sie beim Ausatmen den Ton «Ah» machen, der wiederum etwas höher als das «Oh» sein sollte. Spüren Sie, wie dieser Klang in Ihrer Brust vibriert. Führen Sie die Übung eine Minute lang aus, hören Sie dann auf, und entspannen Sie sich.

Der Klang des Hals-Chakras

- Das fünfte Energiezentrum, das Hals-Chakra, befindet sich eigentlich in der Mitte des Halses, aber Sie können den ganzen Hals als fünftes Zentrum betrachten.
- Richten Sie Ihre Aufmerksamkeit auf diesen Bereich, und erzeugen Sie beim Ausatmen den Ton «Ei», der etwas höher als das «Ah» sein sollte. Spüren Sie, wie das «Ei» in Ihrem Hals vibriert, wodurch die Blütenblätter dieses Chakras hin und her geweht werden, als würde ein leichter Sommerwind gehen. Führen Sie die Übung eine Minute lang aus, hören Sie dann auf, und entspannen Sie sich.

Der Klang des Stirn-Chakras

- Das nächste Energiezentrum, das Stirn-Chakra, befindet sich zwischen den Augenbrauen und wird auch als «drittes Auge» bezeichnet.
- Richten Sie Ihre Aufmerksamkeit auf diesen Bereich, und erzeugen Sie beim Ausatmen den Ton «Ee». Stellen Sie sich vor, dass dieser Klang in Ihrem Stirn-Chakra vibriert. Führen Sie die Übung eine Minute lang aus, hören Sie dann auf, und entspannen Sie sich.

Der Klang des Scheitel-Chakras

- Richten Sie nun Ihre Aufmerksamkeit auf das Scheitel-Chakra oben auf dem Schädel, und erzeugen Sie zum Schluss beim Ausatmen den Ton «Ie». Experten berichten, dass dieses Zentrum einer tausendblättrigen Lotosblüte ähnelt. Stellen Sie sich vor, während Sie den Klang «Ie» hervorbringen, dass er diese Blüte in Schwingung versetzt und sich die vielen Blütenblätter hin und her bewegen. Führen Sie die Übung eine Minute lang aus, hören Sie dann auf, und entspannen Sie sich.

Damit ist diese Übung, die Energiezentren zum Klingen zu bringen, abgeschlossen. Wahrscheinlich werden Sie sich etwas benommen fühlen, aber das ist ganz natürlich und geht nach ein paar Minuten vorbei. Atmen Sie einfach ruhig durch die Nase ein und aus. Wenn Sie möchten, können Sie die Reihenfolge dieser Übung auch umkehren und die Chakren von oben nach unten, vom Scheitel- über das Stirn-, Hals-, Herz-, Solarplexus-, Sakralbis zum Wurzel-Chakra, zum Klingen bringen. Wenn Sie das nicht wollen, können Sie jetzt die Augen öffnen, sich umschauen, die Hände aneinander reiben und aufstehen.

Es ist wichtig, diese Klänge mit der richtigen Intention hervorzubringen. Ihre Absicht – eine positive, liebevolle Affirmation Ihrer Fähigkeit zu heilen – ist der entscheidende Faktor, wenn Sie positive Ergebnisse erzielen wollen, betont Goldman. Das Erste, was er seinen Schülern beibringt, ist diese einfache, doch wirksame Formel: Frequenz plus Absicht ergibt Heilung. Versuchen Sie sich der Auswirkungen der Schwingungen sowohl auf der physiologischen als auch auf der psychischen Ebene bewusst zu sein, um den höchsten Nutzen aus diesen Klängen zu ziehen.

Tönen: Wie man den Körper durch die Stimme energetisiert

«Tönen», eine freie Form des Ausdrucks, ist eine noch einfachere, aber gleichermaßen wirksame Methode, um die Energiezentren durch die Stimme anzuregen. Tönen als therapeutische Methode ist in den letzten Jahrzehnten immer beliebter geworden, seit Laurel Elizabeth Keyes, eine Seelsorgerin aus Denver in Colorado, in den sechziger Jahren nach einem Seminar «die natürliche Stimme ihres Körpers» entdeckte.

Als sie allein im Seminarraum stand, nahm Keyes eine merkwürdige Empfindung in Hals und Brust wahr, die sich anfühlte, «als steige in mir eine Kraft auf, die sich als Klang ausdrücken wollte». Diese Kraft hatte anscheinend einen eigenen Willen, denn als sie in einer Vielzahl von Klängen hervorbrach, stieg sie empor wie ein Vogel, der ein Leben lang eingesperrt gewesen war, und flog «mühelos, in glückseliger Hingabe, auf dieselbe Weise, wie Grundwasser aus dem Boden sprudelt». Es war nicht die Stimme ihrer Persönlichkeit, sondern die Stimme ihres Körpers, die sich – befreit von geistiger Zensur und emotionaler Unterdrückung – nun zum ersten Mal Gehör verschaffte.

«Immer wenn ich tönte», schrieb Keyes, «fühlte sich mein Körper überschwänglich lebendig an, wie er es noch nie getan hatte. Der ganze Körper schien geläutert zu werden, Spannungen lösten sich in stagnierenden Bereichen.» Ein Medium erzählte Keyes, dass die Töne, die wie Wirbelbewegungen um ihre Gebärmutter herum aussahen, durch ihre Füße und Beine magnetische Ströme aus der Erde zogen, die in Lichtspiralen aufstiegen, bevor sie aus der Kehle austraten.

Tönen unterstützt den Heilungsprozess von innen, sagte Keyes, die bis zu ihrem Tod im Jahre 1983 den Rest ihres Lebens damit zubrachte, Menschen beizubringen, das Tönen im Rahmen des Selbstheilungsprozesses einzusetzen. Um gesund zu sein, sollten wir jeden Tag in «Tönen baden» und dafür sorgen, dass sich unsere Stimme frei entfalten kann.

Tönen im Selbstheilungsprozess

«Tönen» ist eine Übung, die Sie immer im Anschluss an die fünf Riten ausführen können. Sie wollen sie vielleicht nach der vorhin beschriebenen Übung («Wie Sie die Chakren zum Klingen bringen») machen oder jeden zweiten Tag an deren Stelle. Das Tönen sollte am besten im Stehen geübt werden. Da Sie spontan Töne von sich geben, die wahrscheinlich ziemlich ungewöhnlich sind, sollten Sie am besten an einem Ort üben, an dem Sie allein sind und sich sicher fühlen.

Befolgen Sie die folgenden Anweisungen:
• Stehen Sie aufrecht, die Füße etwa schulterbreit auseinander. Schließen Sie die Augen, aber hüten Sie sich davor, schläfrig zu werden.
• Werden Sie sich Ihres Atems bewusst, der in den Körper ein- und wieder ausströmt.
• Glauben Sie daran, dass sich in Ihrem Körper Töne befinden, die zum Ausdruck gebracht werden wollen, und dass sich ihr Körper durch diese Klänge mitteilen möchte. Sie dürfen diese Idee nicht für dumm, albern oder peinlich halten. Betrachten Sie die Übung einfach als Experiment.
• Vielleicht möchte Ihr Körper stöhnen. Versuchen Sie ein Stöhnen hervorzubringen, das in den Füßen beginnt und sich aufwärts durch den Oberkörper hindurch fortpflanzt. Lassen Sie diesen Klang schwächer und stärker werden, lassen Sie ihn ab- und zunehmen – ganz, wie er will. Beim Tönen gibt es keine festen Regeln.
• Erlauben Sie dem Klang hinzugehen, wohin er möchte, lassen Sie ihn so laut, leise, scharf, weich, musikalisch oder disharmonisch sein, wie er will. Diese freie Form des Ausdrucks wird Ihre Chakren energetisch «durchfegen» und sie durch Schall-

wellen reinigen. Wahrscheinlich werden Sie nach einigen Minuten des Tönens aufseufzen.

Hier ist noch eine weitere Übung im Tönen. Dabei verwandeln Sie Ihre Stimme in eine Sirene und benutzen diese, um den Körper zu durchforsten. Sie sollten wirklich den Klang einer Sirene nachahmen.

- Stehen Sie aufrecht, die Füße schulterbreit auseinander. Schließen Sie die Augen.
- Fangen Sie in einer tiefen Tonlage an, und steigern Sie dann die Höhe, bis die Sirene so schrill wie möglich ertönt.
- Senken Sie die Stimme langsam wieder, bis Sie Ihre tiefste Tonlage erreicht haben. Stellen Sie sich dabei vor, dass der Klang Ihren Körper und Ihre Energiezentren von oben nach unten durchdringt. Der tiefste Klang vibriert im Unterleib, und damit im Wurzel-Chakra.
- Erhöhen Sie die Tonfrequenz wieder, während Sie den Klang von unten nach oben durch die Energiezentren schicken, bis er im Scheitel-Chakra angekommen ist. Dort sollte Ihre Stimmsirene die höchste Frequenz erreicht haben.
- Senken Sie die Frequenz wieder, und stellen Sie sich vor, dass der Klang Ihren Körper von oben nach unten, aber dieses Mal bis in die Füße durchdringt.
- Nachdem Sie fertig sind, setzen Sie sich, und ruhen Sie sich ein paar Minuten aus.

Keyes benutzte das Tönen nicht nur als Mittel zur Selbstheilung, sie entwickelte auch den «Körperstimmen Sirenenscan», eine Methode, die heutzutage von Musiktherapeuten eingesetzt wird, die ihre eigene Stimme als diagnostisches Instrument benutzen. Die Therapeutin beginnt mit den Tönen in den Füßen und benutzt die Modulationen ihrer Stimme, um den energetischen Zustand des Körpers ihres Klienten zu bestimmen. Keyes wusste, dass jeder Schmerz einen bestimmten Ton hat. Sie schrieb: «Wenn der Klang von einer befallenen Gegend zurückgeworfen wird, erkenne ich das.» Sie beschrieb die Empfindung als üblicherweise «klebrig und dick».

Dann konzentriert sich der Klient selbst auf den betreffenden Körperteil, den die Therapeutin identifiziert hat, während diese den Klang, den sie dort spürt, auf rhythmische Weise pulsieren lässt, bis «der Körper seufzt», wie Keyes es nannte. Die Therapeutin erkennt auf diese Weise, dass sich die «Verstopfung» gelöst hat, und beendet den Klangscan mit einer hohen Frequenz, die auf den Kopf des Klienten gerichtet ist.

Colonel Bradford würde Keyes Ansicht sicherlich zustimmen, «dass der Klang einer Stimme viel über den Zustand des Körpers verrät, nicht nur in gesundheitlicher Hinsicht, sondern in jeder. Durch die Art und Weise, wie wir sprechen, kreieren wir das Muster unseres Lebens.»

Die Macht der Mantren

Colonel Bradford, der übrigens den Begriff «Mantram» verwendete, um ein laut gesprochenes Mantra zu bezeichnen, betrachtete die Klänge als persönliche Affirmationen. Im Gegensatz dazu gelten Mantren in der buddhistischen und in der hinduistischen Tradition als sorgfältig ausgewählte Klänge, die einem Schüler von seinem Meditationsmeister gegeben werden und die er so oft wie möglich wiederholen soll. Das im Westen wahrscheinlich bekannteste Mantra ist das berühmte, aus dem tibetischen Buddhismus stammende «OM mani padme hum!» Auch Bradford hatte ja tibetische Mönche beobachtet, die OM in sehr tiefen Tonlagen sangen.

In der hinduistischen Tradition wird dem Aum – dem geschriebenen Gegenstück zum tibetischen OM – eine gewaltige kosmische Resonanz zugeschrieben. Es gilt als überaus heiliger Klang und sogar als die Samensilbe (Bija) des Universums selbst. Und da der Buddhismus aus Indien nach Tibet kam, ist Aum für das Verständnis der tibetischen Mystik von immenser Bedeutung. Die drei Elemente des Klanges (A–u–m) repräsentieren die drei grundlegenden Zustände des Bewusstseins: Wachheit, Traum und Tiefschlaf. Aum als Ganzes repräsentiert das kosmische Bewusstsein, das die gesamte Schöpfung umfasst. Der indische Dichter Rabindranath Tagore formulierte es so: «Aum ist das symbolische Wort für das Unendliche, Vollkommene, Ewige.» Nun wird auch ersichtlich, warum Colonel Bradford den Mitgliedern des Himalaja-Klubs empfahl, OM zu singen, wenn sie höhere Bewusstseinszustände erreichen wollten.

Wie die Energiezentren durch Mantren stimuliert werden

Im Folgenden stelle ich Ihnen eine einfache Übung vor, die die Prinzipien, auf denen Mantren und Mantrams beruhen, praktisch umsetzt. Sie können sie im Rahmen einer festgelegten Routine von Klangübungen jeden Tag im Anschluss an die fünf Riten ausführen.

- Setzen Sie sich bequem auf einen Stuhl mit gerader Rückenlehne. Die Füße befinden sich flach auf dem Boden und sind ein paar Zentimeter weit auseinander. Am besten ziehen Sie Schuhe und Strümpfe aus und nehmen gegebenenfalls Ihre Brille ab.
- Legen Sie die Hände in den Schoß. Wenn Sie wollen, können Sie die Augen schließen.
- Atmen Sie einige Male ganz natürlich durch die Nase ein und aus, bis Sie sich entspannt genug fühlen.
- Konzentrieren Sie sich auf das Wurzel-Chakra, und erzeugen Sie beim Ausatmen den Laut Lam. Lassen Sie ihn einfach mit dem Atem aus dem Mund strömen. Wiederholen Sie diesen Laut zwölf Mal.
- Richten Sie Ihre Aufmerksamkeit nun auf das zweite Energiezentrum im Unterleib. Erzeugen Sie beim Ausatmen den Laut Vam. Wiederholen Sie auch diesen Laut zwölf Mal.
- Richten Sie Ihre Aufmerksamkeit nun auf den Solarplexus, und erzeugen Sie zwölf Mal den Laut Ram, dann den Laut Yam mit Konzentration auf das Herz und zwölf Mal den Laut Ham mit Konzentration auf den Hals. Wenn Sie Ihre Aufmerksamkeit auf das Stirn-Chakra richten, wiederholen Sie zwölf Mal den Laut OM (Oh-h-h-M-m-m).

Das Scheitel-Chakra hat keinen eigenen Klang, da hier alle Klänge der unteren sechs Chakren zusammenströmen. Wenn Sie diesen Durchgang abgeschlossen haben, singen Sie das Mantra «OM mani padme hum» Singen Sie es in einer möglichst tiefen Stimmlage und in einer einzigen Ausatmung. Wiederholen Sie das Mantra fünf Mal, und entspannen Sie sich anschließend.

Die Klänge der Chakren bilden das Sanskrit-Alphabet

Sie werden sich jetzt vielleicht fragen, wieso Klänge die Energiezentren beeinflussen können. Es gibt eine sehr profunde Erklärung dafür, dass die Stimme eine heilende, ja sogar transformierende Wirkung auf die Chakren und durch sie auf Körper und Geist hat. Das Geheimnis ist das Sanskrit-Alphabet.

Wir wissen bereits, dass die sieben Chakren jeweils unterschiedlich viele Blütenblätter aufweisen. Das Wurzel-Chakra hat vier, das Sakral-Chakra sechs, das Solarplexus-Chakra zehn, das Herz-Chakra zwölf, das Hals-Chakra 16, das Stirn-Chakra zwei (obwohl es heißt, jedes habe 48 kleinere Blütenblätter, so dass dieses Zentrum eigentlich auf 96 kommen würde) und das Scheitel-Chakra 1000 (siehe dazu auch Kapitel 2). Wer schon Bilder der Chakren gesehen hat, weiß auch, dass auf jedes dieser Blütenblätter ein Buchstabe aus dem Sanskrit geschrieben ist. Was bedeutet das?

Das Alphabet des Sanskrit, das gemeinhin als eine der ältesten und heiligsten Sprachen der Menschheit betrachtet wird und den Ursprung vieler Mantren darstellt, besteht aus 50 Buchstaben, die in Wirklichkeit Töne sind. Die Gesamtzahl der Blütenblätter der ersten sechs Chakren beträgt 50, und auf jedem steht ein anderer Sanskrit-Buchstabe (Klang). Nach Angaben des Sanskrit-Experten Vyaas Houston, des Leiters des American Sanskrit Institute in Warwick im amerikanischen Bundesstaat New York, der seit über 20 Jahren Sanskrit lehrt, bedeutet dies, dass die 50 Buchstaben/Klänge des Sanskrit-Alphabets im Grunde die 50 Blütenblätter der ersten sechs Chakren (Wurzel- bis Stirn-Chakra) erschaffen, formen und aktivieren. Aus diesem Grund werden die Vokale und Konsonanten des Sanskrit auf die einzelnen Blütenblätter der Chakren geschrieben. Man könnte sagen, die Chakren bestehen aus Klängen. Das Sanskrit hat also eigentlich ein Schwingungsalphabet, dessen Töne die Blütenblätter und damit die Chakren bilden. So lauten zum Beispiel die Klänge der Blütenblätter des Wurzel-Chakras Vang, Shang, Kshang, Sang und die des Sakral-Chakras Bang, Bhang, Mang, Yang, Rang und Lang. Das heißt, wenn man diese Laute ausspricht – genauer gesagt, wenn man sie technisch korrekt intoniert –, erzeugt man den Klang, der die Blütenblätter eines bestimmten Chakras tatsächlich erschafft. Wenn Sie also Vang, Shang, Kshang und Sang singen, erschaffen Sie auf der energetischen Ebene die vierblättrige Struktur des Wurzel-Chakras aufs Neue. Für denjenigen, der seine Chakren anregen möchte, macht es somit durchaus Sinn, die Klänge des Sanskrit-Alphabets zu singen.

Diese erstaunlichen Erkenntnisse helfen uns, zu verstehen, warum Colonel Bradford seinen Schülern gegenüber betonte, wie wichtig die Entwicklung einer kräftigen, tiefen Stimme sei. Jetzt wird auch klar, wieso das Hals-Chakra einen so mächtigen Einfluss auf die Drehgeschwindigkeit und die energetische Qualität der unteren vier Zentren hat.

Regenbogen-Chakren: Die Farben der Energiezentren

Jedem Chakra ist nicht nur ein bestimmter Klang, sondern auch eine besondere Farbe zugeordnet. Das Wurzel-Chakra hat die Farbe Rot (auch Scharlachrot), das Sakral-Chakra Orange, das Solarplexus-Chakra Gelb, das Herz-Chakra Grün, das Hals-Chakra Blau, das Stirn-Chakra Indigoblau und das Scheitel-Chakra Violett. Indem Sie diese Farben im betreffenden Zentrum visualisieren, können Sie die Energie der Chakren auf neuartige Weise wahrnehmen.

Es folgt eine Meditationsübung für die Chakren, bei der Sie sich auf diese Farben konzentrieren werden. Sie sollte etwa zehn Minuten dauern und kann täglich im Anschluss an die fünf

Riten ausgeführt werden. Hinterher sollten Sie sich sowohl entspannt fühlen als auch angeregt sein. Die Übung folgt derselben Routine wie die Übung «Wie Sie die Energiezentren zum Klingen bringen». Halten Sie sich einfach an diese Anweisungen.

- Suchen Sie sich ein ruhiges, helles Zimmer.
- Setzen Sie sich bequem auf einen Stuhl mit gerader Rückenlehne. Die Füße befinden sich flach auf dem Boden und sind ein paar Zentimeter weit auseinander. Am besten ziehen Sie Schuhe und Strümpfe aus und nehmen gegebenenfalls Ihre Brille ab.
- Legen Sie die Hände in den Schoß. Wenn Sie wollen, können Sie die Augen schließen.
- Atmen Sie einige Male ganz natürlich durch die Nase ein und aus, bis Sie sich entspannt genug fühlen.
- Führen Sie die einzelnen Schritte dieser Übung genau aus.

Färben Sie das Wurzel-Chakra

- Visualisieren Sie die erste Farbe. Stellen Sie sich vor, dass Sie die Farbe Rot ausatmen. Richten Sie Ihre Aufmerksamkeit dabei auf das Wurzel-Chakra in der Dammgegend. Baden Sie den unteren Teil des Körpers, von den Leisten bis zu den Füßen in dieser Farbe.
- Stellen Sie sich bei jeder Ausatmung vor, dass Sie Ihr Wurzel-Chakra rot färben. Spüren Sie die Wärme dieser leuchtenden Farbe.
- Atmen Sie auf diese Weise eine Minute in das Wurzel-Chakra hinein. Entspannen Sie sich anschließend.

Färben Sie das Sakral-Chakra

- Richten Sie Ihre Aufmerksamkeit nun auf das zweite Energiezentrum, das sich im Unterleib etwa drei Fingerbreit unter dem Bauchnabel befindet.

- Visualisieren Sie die Farbe Orange im Unterleib. Tun Sie dies sowohl auf der Vorder- als auch auf der Rückseite des Körpers, so, als ob Sie ein orangefarbenes Farbband um den Unterleib schlingen würden.
- Atmen Sie mit jeder Ausatmung die Farbe Orange in das Sakral-Chakra. Spüren Sie die Wärme dieser leuchtenden Farbe.
- Atmen Sie auf diese Weise eine Minute in das Sakral-Chakra hinein. Entspannen Sie sich anschließend.

Färben Sie das Solarplexus-Chakra

- Lokalisieren Sie das dritte Energiezentrum oberhalb des Bauchnabels. Das Solarplexus-Chakra nimmt den Raum zwischen dem unteren Ende des Brustbeins und dem Bauchnabel ein. Richten Sie Ihre Aufmerksamkeit auf diesen Bereich, und visualisieren Sie die Farbe Gelb. Stellen Sie sich vor, die Sonne befände sich in Ihrem Bauch und würde von innen heraus strahlen. Ihr Licht erhellt den gesamten Bauchraum, sowohl vorne als auch hinten. Spüren Sie die anregende Wirkung dieser strahlenden Farbe.
- Atmen Sie auf diese Weise eine Minute in das Solarplexus-Chakra hinein. Entspannen Sie sich anschließend.

Färben Sie das Herz-Chakra

- Richten Sie Ihre Aufmerksamkeit nun auf das Herz-Chakra, das sich im Brustbereich zwischen Schlüsselbein und Rippenbogen befindet. Visualisieren Sie dabei die Farbe Grün. Immer wenn Sie ausatmen, stellen Sie sich vor, dass sich der gesamte Brustkorb mit Grün füllt. Spüren Sie die beruhigende, ausgleichende Wirkung dieser Farbe.
- Atmen Sie auf diese Weise eine Minute in das Herz-Chakra hinein. Entspannen Sie sich anschließend.

Färben Sie das Hals-Chakra

- Das Hals-Chakra befindet sich in der Mitte des Halses, aber Sie können eigentlich den gesamten Halsbereich als Hals-Chakra betrachten. Richten Sie Ihre Aufmerksamkeit auf den Hals, und stellen Sie sich ein sattes Marineblau vor, das sich wie ein Farbband um Ihren Hals legt.
- Immer wenn Sie ausatmen, stellen Sie sich vor, dass sich das Hals-Chakra mit der beruhigenden, friedvollen Farbe Blau füllt.
- Atmen Sie auf diese Weise eine Minute in das Hals-Chakra hinein. Entspannen Sie sich anschließend.

Färben Sie das Stirn-Chakra

- Das nächste Energiezentrum befindet sich zwischen den Augenbrauen, weshalb es allgemein als «drittes Auge» bekannt ist. Immer wenn Sie ausatmen, stellen Sie sich vor, dass sich der Raum zwischen den Augen mit der Farbe Indigoblau füllt.
- Atmen Sie auf diese Weise eine Minute in das Stirn-Chakra hinein. Entspannen Sie sich anschließend.

Färben Sie das Scheitel-Chakra

- Stellen Sie sich zum Schluss vor, dass sich das Scheitel-Chakra auf dem Schädeldach mit einem satten Violett füllt. Immer wenn Sie ausatmen, atmen Sie die Farbe Violett in die 1000 Blütenblätter des Scheitel-Chakras hinein.
- Atmen Sie auf diese Weise eine Minute in das Scheitel-Chakra hinein. Entspannen Sie sich anschließend.

Damit ist diese Übung beendet, mit der Sie Ihre Energiezentren gefärbt haben. Sie werden möglicherweise etwas benommen sein und sich wie ein Regenbogen vorkommen. Wahrscheinlich werden Sie nun eine direktere, auf Erfahrung beruhende Verbindung zu den sieben Chakren haben.

Atmen Sie weiterhin ruhig durch die Nase ein und aus. Wenn Sie möchten, können Sie nun die Reihenfolge umkehren und in die Chakren von oben nach unten hineinatmen und sich noch einmal die Farben für das Scheitel-, Stirn-, Hals-, Herz-, Solarplexus-, Sakral- und Wurzel-Chakra vorstellen. Sie können aber auch die Augen öffnen, sich umschauen, die Hände aneinander reiben und aufstehen.

Wenn Sie diese Übung ausführen, ergänzen Sie die Wirkung der fünf Riten und ziehen einen noch größeren Nutzen daraus.

Die Energieformen eines langen Lebens

Viele Chakra-Lehrer, die heute im Westen arbeiten, ermutigen ihre Schüler, einen Dialog mit ihren Energiezentren mittels Klängen, Farben und Bildern zu beginnen (siehe dazu die Tabelle auf Seite 193). Ich habe bereits über einige Erfahrungen gesprochen, mit denen Sie rechnen können, wenn Sie sich auf die Farb- oder Klangaspekte der Chakren konzentrieren. Nun möchte ich noch andere Faktoren anführen.

Der üblichen Auffassung zufolge besitzt das Wurzel-Chakra vier Blütenblätter. Ihm werden die Farbe Rot, der Geruchssinn und die in seiner Mitte befindliche Sanskrit-Silbe Lam zugeordnet. Als Form wird ihm ein gelbes Quadrat oder ein gelber Würfel zugewiesen, als Tier ein Elefant mit sieben Rüsseln. Mehrere niedere Gottheiten haben hier ihren Sitz, darunter Bala Brahma und Dakini Shakti, die auf dieser Ebene Ausdruck von Gottheiten wie Brahma, des Herrn der Schöpfung, und Shakti, der Mutter der kosmischen Energie, sind. Das ganze Bild verdichtet sich zu einem Chakra-Mandala, das die Energie dieses Körperbereichs und dieses Bewusstseinszustands ausdrückt.

Jedes dieser Elemente (oder alle) lässt sich in der Meditation als Fokuspunkt benutzen. So können Sie sich zum Beispiel vorstellen, dass sich ein Würfel im Bereich des Wurzel-Chakras befindet, und ihn durch gezielte Atmung und Aufmerksamkeit energetisieren. Dabei sollten Sie durchaus für die Möglichkeit offen sein, dass dieses Bild tatsächlich ein Eintrittspunkt in die energe-

Klänge, Farben und Bilder der Chakren

Chakra	Klang	Farbe	Form	Element	Tier
1. Wurzel	Lam	Rot	Würfel	Erde	Elefant
2. Sakral	Vam	Orange	Halbmond	Wasser	Krokodil
3. Solarplexus	Ram	Gelb	Dreieck	Feuer	Widder
4. Herz	Yam	Grün	Pentagramm	Luft	Hirsch
5. Hals	Ham	Blau	Tropfen	Äther	–
6. Stirn	OM	Indigoblau	–	–	–
7. Scheitel	–	Violett	–	–	–

tische Wirklichkeit dieses Zentrums sein könnte. Obwohl die folgende Aussage schwer zu verstehen ist, lehren uns die alten Schriften, dass wir diese Räder des Lebens auf neuartige Weise wahrnehmen werden, wenn wir die grundlegende Energie und die psychischen Dimensionen der einzelnen Chakren meistern. Dann werden Sie sie als Sitz göttlicher Wesen erkennen, also als Zustände eines erweiterten Bewusstseins, das sowohl Männern als auch Frauen zugänglich ist.

«Der Körper wird während der Meditation selbst zum Mandala, in dem sich deshalb noch zahlreiche kleinere Mandalas befinden, weil jedes Zentrum ein solches ist», lehrte Lama Anagarika Govinda, der große Gelehrte des tibetischen Buddhismus. Govinda riet denjenigen, die dieses Chakra-Mandala als Objekt der Meditation benutzen, sich vorzustellen, dass sie sich selbst im Zentrum des Bildes befinden und die Verkörperung der göttlichen Gestalt sind. Diese Gestalten symbolisieren erreichbare Zustände eines höheren Bewusstseins oder «vollkommene Buddhaschaft».

Auf diese Weise betrachtet, stellen die Chakren und die Mandala-Bilder eine Art spirituellen Tempel innerhalb des Körpers und des Bewusstseins dar. Und da es hier um die Schöpfungskräfte des Kosmos selbst und um unsterbliche spirituelle Wesen geht, ist klar, dass man umso mehr von dieser kostbaren Energie in den Körper und damit in jede Zelle bringt, je mehr man sich mit

Ein Mandala, das das Lebensrad darstellt, und der Mönch, der es gemalt hat. Mandalas – die häufig als Objekt der Meditation gewählt werden – sind kreisförmige Bilder, die das Universum, Ganzheit und Vollkommenheit symbolisieren. (Foto von Thomas L. Kelly aus *Tibet. Reflections from the Wheel of Life*, Abbeville Press, New York 1993)

diesen Kräften und Wesen identifiziert. Wenn man weiß, dass man sich auf dem besten Weg befindet, ein längeres, erfüllteres Leben zu führen, wie es der Colonel versprochen hatte, kann man gar nicht anders, als sich verjüngt und energetisiert zu fühlen.

Chakra-Mandala-Meditation

Das eben Gesagte wollen wir nun praktisch umsetzen. Die folgende Übung solite etwa zehn Minuten dauern und kann täglich im Anschluss an die fünf Riten ausgeführt werden. Hinterher sollten Sie sich sowohl entspannt fühlen als auch angeregt sein. Befolgen Sie die Anweisungen für jeden Schritt genau.

• Suchen Sie sich ein ruhiges, helles Zimmer.
• Setzen Sie sich bequem auf einen Stuhl mit gerader Rückenlehne. Die Füße befinden sich flach auf dem Boden und sind ein paar Zentimeter weit auseinander. Am besten ziehen Sie Schuhe und Strümpfe aus und nehmen gegebenenfalls Ihre Brille ab.
• Legen Sie die Hände in den Schoß. Wenn Sie wollen, können Sie die Augen schließen.
• Atmen Sie einige Male ganz natürlich durch die Nase ein und aus, bis Sie sich entspannt genug fühlen.

Meditation auf das Wurzel-Chakra

• Beginnen Sie mit dem Wurzel-Chakra, und stellen Sie sich während der Ausatmung einen roten Würfel vor. Der Würfel hat sechs quadratische Seiten, die allesamt rot sind. Versuchen Sie sich vorzustellen, dass Sie sich im Innern dieses Würfels befinden. Atmen Sie die Farbe Rot in den Würfel, der das Element Erde symbolisiert.
• Visualisieren Sie nun einen Elefanten, und stellen Sie sich vor, dass sich der Würfel auf dessen Rücken befindet. Spüren Sie, wie stark und fest der Würfel und der Elefant sind.

- Führen Sie diese Visualisierungsübung eine Minute lang aus, und machen Sie sie mit jeder Ausatmung stärker. Dann lassen Sie das Bild los, entspannen sich und atmen einfach ruhig weiter.

Meditation auf das Sakral-Chakra

- Nun wollen wir eine weitere Stufe auf dem Totempfahl der Chakren erklimmen und uns dem Sakral-Chakra im Unterleib zuwenden. Stellen Sie sich während des Ausatmens vor, dass Sie auf einem liegenden orangefarbenen Halbmond sitzen (was in etwa der Form einer Hängematte entspricht). Diese Farbe und diese Form sind Symbole des Elements Wasser, das alles repräsentiert, was mit Gefühlen, Beziehungen, Fließen und Veränderung zu tun hat.
- Stellen Sie sich nun vor, dass unter dem Halbmond ein Krokodil schwimmt. Dieses Krokodil ist nicht gefährlich, es symbolisiert einfach das Fließen des Wassers. Traditionellerweise visualisieren die Hindus ein mystisches Wasserwesen namens «Makara», das ein Vorfahre des Krokodils sein soll. Spüren Sie das Fließen des Wasserelements, während Sie auf dem orangefarbenen Halbmond sitzen.
- Führen Sie diese Visualisierungsübung eine Minute lang aus, und machen Sie sie mit jeder Ausatmung stärker. Dann lassen Sie das Bild los, entspannen sich und atmen einfach ruhig weiter.

Meditation auf das Solarplexus-Chakra

- Richten Sie Ihre Aufmerksamkeit nun auf das Solarplexus-Chakra, und stellen Sie sich ein nach oben zeigendes gelbes Dreieck vor. Verstärken Sie mit jeder Ausatmung dieses Bild einer gelben Pyramide, die das Element Feuer symbolisiert.
- Visualisieren Sie nun das Bild eines Widders oder Schafbocks, das traditionellerweise mit diesem Chakra assoziiert wird. Der kämpferische, starke, ja sogar streitlustige Schafbock repräsen-

tiert die Sonnenenergie dieses Chakras und das sich selbst verzehrende Feuerelement.

- Führen Sie diese Visualisierungsübung eine Minute lang aus, und machen Sie sie mit jeder Ausatmung stärker. Dann lassen Sie das Bild los, entspannen sich und atmen einfach ruhig weiter.

Meditation auf das Herz-Chakra

- Wenden Sie sich nun dem Herzen zu. Visualisieren Sie beim Ausatmen ein grünes Pentagramm, auch Davidstern genannt. Dieser besteht aus zwei Dreiecken, von denen eines nach unten zeigt und das andere nach oben, so dass ein sechszackiger Stern entsteht. Der Davidstern ist nicht nur das bekannteste Symbol des jüdischen Volkes, sondern vor allem auch ein uraltes Symbol für die ausgleichende Funktion des Herzens. Stellen Sie sich vor, dass Sie sich im Innern dieses grünen Pentagramms befinden. Über Ihnen ist eine nach oben strebende Pyramide, unter sich haben Sie eine nach unten zeigende Pyramide.
- Visualisieren Sie nun einen Hirsch. Der leichtfüßige Hirsch ist das Symboltier des Elements Luft. Gedanken kommen und gehen so schnell wie ein Hirsch, der durch den Wald läuft.
- Führen Sie diese Visualisierungsübung eine Minute lang aus, und machen Sie sie mit jeder Ausatmung stärker. Dann lassen Sie das Bild los, entspannen sich und atmen einfach ruhig weiter.

Meditation auf das Hals-Chakra

- Wenn wir beim Hals-Chakra angekommen sind, betreten wir das Reich des Äthers oder des leeren Raums. Visualisieren Sie beim Ausatmen eine blassblaue Tropfenform. Stellen Sie sich vor, dass Sie sich im Innern dieses blauen Tropfens befinden, der unglaublich geräumig und vollkommen leer ist.
- Führen Sie diese Visualisierungsübung eine Minute lang aus, und machen Sie sie mit jeder Ausatmung stärker. Dann lassen

Sie das Bild los, entspannen sich und atmen einfach ruhig weiter.

Damit ist diese Übung, die mit den fünf Elementen arbeitete, beendet. Dem Stirn- und dem Scheitel-Chakra sind keine Elemente zugeordnet, da sie Energiezustände repräsentieren, die jenseits der Materie liegen, die ja aus den fünf Elementen besteht. Man könnte sagen, dass sich der Ort der Beobachtung und der Erkenntnis, von dem aus Sie diese Visualisierungsübung ausgeführt haben, im Stirn-Chakra befindet.

Die Zuordnung der Formen und Elemente unterscheidet sich von einer philosophischen Richtung zur anderen. Die Tibeter sprechen eigentlich nur von fünf Chakren, da sie sowohl das zweite und dritte als auch das Stirn- und Scheitel-Chakra miteinander verbinden. Die indischen Hindus jedoch arbeiten, wie auch die in diesem Kapitel beschriebenen Übungen, mit allen sieben. Ich habe mich zum einen deshalb für diese Variante entschieden, weil der tibetische Buddhismus seinen Ursprung in der Zivilisation Indiens hat, zum anderen deshalb, weil die meisten im Westen tätigen Lehrer von sieben Zentren ausgehen.

Der kreative Klang als Ursprung aller Dinge

Ich möchte dieses Kapitel mit einigen allgemeinen Betrachtungen über das Wesen von Klang und Schwingung beschließen. Alles ist Schwingung oder, wie die alten Hindus sagten: Nada Brahma, die Welt ist Klang. Die gesamte Schöpfung, selbst die Leere, ist vibrierender Klang. Gott oder Brahma, der ursprüngliche Schöpfer und die höchste Macht des Universums, ist ein Klangstrom und «das innere Bewusstsein des Menschen und aller lebenden Dinge», wie es der Musikwissenschaftler Joachim-Ernst Behrendt formulierte. «Eine Singularität, der primäre Klang des Seins, das Sein selbst – das ist Nada Brahma.»

Ein großer Teil der Realität kann gehört werden – zumindest theoretisch. Wenn eine Rose erblüht, erzeugt sie einen Ton, der sich, wenn er von einem foto-akustischen Spektroskopen aufgezeichnet wird, anhört wie das Dröhnen einer Orgel. Selbst ein

Maiskolben gibt einen hörbaren Laut von sich. Atome weisen individuell verschiedene Widerhalle auf, die zusammen einen Ton oder ein Molekül ergeben. So ist das Atom eigentlich eine winzige Note, und selbst ein Stein ist gefrorene Musik. Die gesamte Natur existiert innerhalb eines gewaltigen Schwingungsspektrums. «Das ist das Lied des Lebens par excellence, ein gewaltiger Chor, Millionen und Milliarden Töne, die zu einer grandiosen Polyphonie verschmelzen, zu einer Harmonie jenseits des menschlichen Vorstellungsvermögens», schrieb Behrendt.

Klänge beleben tote Materie aber nicht nur, sondern formen diese wahrscheinlich auch. Der Schweizer Wissenschaftler Hans Jenny bewies in den sechziger Jahren unzweifelhaft, dass Klänge tatsächlich Materie formen und ihr eine Struktur verleihen können. Mit Hilfe von elektronischen Oszillatoren und einer komplizierten Fotoausrüstung zeigte Jenny, dass der Materie Schallwellen zugrunde liegen, womit er eine neue Wissenschaft namens Cymatic begründete. Er filmte die gestaltenden Effekte von Tönen, Musik und Stimmen auf verschiedenen Substanzen (zum Beispiel auf Sand, Eisenspänen, Wasser und Quecksilber), die sich auf einer metallenen Platte befanden. Jenny katalogisierte sorgfältig die symmetrischen, geometrisch perfekten Strukturen und die eleganten Klang-Mandalas, die entstanden, wenn hunderte von verschiedenen Frequenzen und Rhythmen – von einzelnen Tönen und Intervallen bis zu komplexen musikalischen Harmonien – durch die Platte projiziert wurden.

Je höher die Frequenzen wurden, desto komplizierter wurden die erzeugten Formen. Jennys erstaunliche Bilder erinnerten an Yantren – Diagramme aus geometrischen Formen –, die in der Meditation häufig als Fokuspunkte verwendet werden und deren Strukturen sich nicht nur auf den Bildern der Chakren befinden, sondern auch in der Gestalt von Kontinenten oder im Gewebe einer Leberzelle sichtbar werden. Bei seinen Experimenten stellte Jenny aber auch fest, dass die Materialien auf der Metallplatte ihre Struktur nur so lange aufrechterhalten konnten, wie der spezielle Klang, der für ihre Entstehung verantwortlich war, gespielt wurde. Jenny schloss daraus, dass alle organischen Strukturen, also auch die Gewebe, Zellen und Organe des menschlichen Körpers, auf tief greifende Weise von Schallwellen beeinflusst werden. Er entwickelte Cymatic zu einer Methode, mit der Krankheiten durch Klangtherapie behandelt werden können.

Dieser Gedanke wurde in den siebziger Jahren von dem englischen Osteopathen Dr. Peter Guy Manners aufgegriffen, der ein tragbares Instrument entwickelte, mit dem er therapeutische Klänge im Frequenzbereich zwischen 60 und 30000 Hertz auf den Körper seiner Patienten übertrug. Dr. Manners' cymatischem Modell zufolge wird Krankheit durch eine Unausgewogenheit der Grundschwingung des Körpers ausgelöst. Diese Grundschwingung ist die Summe der Schwingungen aller Organe, Gewebe und Moleküle. Man könnte also sagen, dass der Körper des Menschen ein großer, sehr komplexer Resonanzkörper ist, in dem die Schwingungen aller biologischen Systeme widerhallen, die sich idealerweise in einer harmonischen Beziehung zueinander befinden. Das wäre dann optimale Gesundheit.

Die Gesundheit wird laut Dr. Manners durch das Abstimmen der Harmonien des Körpers aufrechterhalten. Wenn die individuellen Harmonien von Herz, Leber, Milz, Knochen und Muskeln im selben Rhythmus miteinander erklingen, befindet sich der ganze Körper in Harmonie und ist gesund. «Wenn aber ein Teil seinen Rhythmus verliert und aus dem Takt kommt, haben wir ein Problem, das erst dann behoben wird, wenn wir die erforderlichen harmonischen Signale mit dem cymatischen Instrument übertragen, wodurch der innere Klang des betreffenden Organs wiederhergestellt wird», erklärte Manners. Auch wenn er und eine Handvoll anderer Klangtherapeuten bereits gesundheitliche Probleme wie Knochenbrüche, Arthritis, Muskelzerrungen, Schleudertraumata, Bandscheibenvorfälle, Bindegewebsentzündungen, Lähmungen und Rheuma erfolgreich behandelt haben, weiß er doch, dass die Forschung auf diesem Gebiet auch nach 20 Jahren noch in den Kinderschuhen steckt.

Im Bereich von Klang, Schwingung und Stimme stoßen wir auf einige der größten Geheimnisse der Welt. Nun können wir vielleicht besser verstehen, wie wichtig Colonel Bradfords Lehre in Bezug auf die Energetik der Stimme wirklich ist, wie die Chakren in dieser Hinsicht stimuliert werden können und wie wir mit Stimme, Farbe und anderen Elementen die positive Wirkung der fünf Riten noch zu verstärken imstande ist.

LAURA FAYE TAXEL

6   Ein Gespräch mit Dr. Robert Thurman

Dr. Robert Thurman ist Jey-Tsong-Khapa-Professor für das Studium des indotibetischen Buddhismus, Vorsitzender der religionswissenschaftlichen Fakultät der Columbia University und Präsident von Tibet House, einer Organisation, die sich die Bewahrung der tibetischen Kultur zur Aufgabe gemacht hat. Er wird als einer der führenden Gelehrten Amerikas auf dem Gebiet des tibetischen Buddhismus angesehen. Außerdem ist Thurman buddhistischer Laienmönch, und seine Heiligkeit, der 14. Dalai Lama, der Führer der tibetischen Exilgemeinschaft, bezeichnet ihn als alten Freund und Vertrauten.

Dr. Thurman war so freundlich, die amerikanische Ausgabe der *Fünf »Tibeter«*® von Peter Kelder zu lesen und das Buch sowohl von einer historischen als auch einer spirituellen Warte aus zu begutachten. Er brachte über 30 Jahre praktische und theoretische Erfahrung in die Diskussion ein. Da er das Gefühl hatte, das Thema erfordere weitaus mehr Hintergrundinformationen, als er während der Unterhaltung geben könnte, wies er im Verlauf des Gesprächs häufig auf seine eigenen umfangreichen Veröffentlichungen zu Tibet und dem tibetischen Buddhismus hin. Ich habe daher mit Dr. Thurmans Erlaubnis in den Text des Interviews ergänzende Erläuterungen aus seinen Schriften eingefügt.

Frage: «Was war Ihre erste Reaktion, als Sie das Buch von Peter Kelder lasen?»

Robert Thurman: «Ich fand es ganz bezaubernd. Es hat die Unschuld von James Hiltons Buch *Der verlorene Horizont* und wurde offenkundig zu einer Zeit geschrieben, in der die Menschen des Westens Tibet für eine Art Shangri-La hielten, für ein abgeschiedenes, magisches Paradies, in dem alles möglich ist. Diese Sicht mag aufgrund der Tatsache entstanden sein, dass Tibet tatsächlich ein einzigartiger Ort war – das einzige Land auf der Erde, das die Religion und die spirituelle Entwicklung des Einzelnen über geopolitische und materielle Interessen stellte.»

In Dr. Thurmans Schriften ist nachzulesen, dass sich Tibet bis zur Besetzung durch die Chinesen im Jahre 1950, als die systematische Zerstörung des Landes und seiner Kultur begann, zu einer Nation entwickelt hatte, die ihren Fokus nicht auf militärische Siege, sondern auf Selbstmeisterung und spirituelle Vervollkommnung gerichtet hatte. Im 17. Jahrhundert wurde der 5. Dalai Lama zum König von Tibet gekrönt, wodurch das politische Schicksal des Landes untrennbar mit seinem spirituellen verwoben wurde. Da die Regierung so gut wie kein Interesse daran hatte, ihr Territorium oder ihre Machtsphäre auszudehnen, setzte man den Reichtum und die ganze Energie der kleinen Nation ein, um Klöster zu bauen und religiöse Kunstwerke zu schaffen. Die Prinzipien des tibetischen Buddhismus wurden nicht nur im Munde geführt, sondern bildeten tatsächlich die Grundlage der Politik. Meditation lag im nationalen Interesse, und spirituelle Adepten – heilige Männer – waren die am höchsten geschätzten Mitglieder der Gesellschaft.

Ein besonders lebhafter Ausdruck der Verpflichtung den spirituellen Prinzipien gegenüber war das große Gebetsfest von Lhasa, das 551 Jahre lang stattfand. Während zweier Wochen wurden jedes Jahr alle normalen Tätigkeiten eingestellt. Den Mönchen wurden in einer symbolischen Geste die Schlüssel der Stadt übergeben, nachdem sich die Tibeter versammelt hatten, um gemeinsam zu beten und zu feiern.

«Dieses Fest war von 1409 bis 1960, als die chinesischen Besatzer seine Durchführung gewaltsam unterbanden, das Hauptereignis in Tibets», schrieb Thurman.

Frage: «Drückte sich die Spiritualität in den normalen Beziehungen der tibetischen Menschen, in ihrem Alltag aus?»
Robert Thurman: «Tibet besaß eine Kultur der Gewaltlosigkeit, die in Selbstlosigkeit, Liebe und Mitgefühl begründet war. Der tibetische Buddhismus propagiert diese Ideen nicht nur als religiöses Ideal, sondern als Lebensweise, als psychische Grundhaltung. Außerdem bietet die Lehre praktische Methoden, um diese Prinzipien umzusetzen. Stellen Sie sich vor, wie es für einen Mann aus dem egoistischen Westen gewesen sein muss, einer dermaßen friedlichen Kultur zu begegnen, die das Glück aller betont und dieses Prinzip im täglichen Leben verwirklicht. Das muss ihm tatsächlich wie ein Shangri-La vorgekommen sein.»

Frage: «Würden Sie bitte etwas über die Bedeutung des Begriffs ‹Mitgefühl› im Buddhismus sagen?»
Robert Thurman: «Sie können dieses Mitgefühl in der Person Seiner Heiligkeit, des Dalai Lama, sehen und fühlen. Es ist tatsächlich spürbar; es ist eine Art Aufmerksamkeit, eine Energie, die von ihm auf andere Menschen übergeht. Sie können fühlen, dass er nicht egozentrisch ist, dass er sich mehr um Sie sorgt als um sich selbst. Und das ist doch außergewöhnlich, wenn man bedenkt, was er erlitten hat und was sein Land und sein Volk durchgemacht haben.»

Ich habe entdeckt, dass der größte innere Frieden entsteht, wenn man Liebe und Mitgefühl entwickelt. Je mehr wir uns um das Glück anderer kümmern, desto größer wird unser eigenes Wohlbefinden. Dadurch können wir uns wiederum bemühen, mitfühlender zu werden, das heißt, wir können echtes Mitgefühl für das Leiden anderer Menschen entwickeln und die Bereitschaft, ihr Leiden zu lindern. Dadurch werden unser innerer Friede und unsere innere Kraft gestärkt. (Tenzin Gyatso, der 14. Dalai Lama, in *Mitgefühl und Weisheit*)

Der traditionellen buddhistischen Denkweise zufolge führt tätiges Mitgefühl – besonders in Zeiten großer Schwierigkeiten – zu einem Zustand inneren Friedens und Wohlbefindens. Dieser Zustand hat sowohl positive körperliche als auch positive geistige Auswirkungen.

Der Dalai Lama im Alter von 14 Jahren während seiner Flucht aus Tibet nach Indien (1951), fotografiert von Heinrich Harrer. Harrer erinnert sich: «Bei dieser Gelegenheit machte ich das letzte und beste Foto des 14. Dalai Lama. Es war überhaupt das letzte Foto Seiner Heiligkeit im freien Tibet. Ich hatte große Angst um den jungen Gottkönig, da ich wusste, dass sich sein Land bald unter der eisernen Faust Mao Zedongs befinden würde.» (Foto von Heinrich Harrer)

Nach meiner persönlichen Erfahrung stehen geistige Ausgeglichenheit und körperliches Wohlbefinden in einem direkten Zusammenhang. Wut und Aufregung machen uns zweifellos viel anfälliger für Krankheiten. Wenn der Geist aber still und von positiven Gedanken erfüllt ist, wird der Körper den Krankheiten nicht so leicht anheimfallen. (Tenzin Gyatso, der 14. Dalai Lama, in *Mitgefühl und Weisheit*)

Die Beziehung zwischen körperlicher Gesundheit und geistiger Ausgeglichenheit, die der Dalai Lama hier beschreibt, wird auch von den Menschen, die die Fünf »Tibeter« praktizieren, bestätigt. Sie berichten von einer Verbesserung ihrer Gesundheit, die von einer Abnahme von Verspannungen und negativen Gefühlen begleitet wird, sowie von einer neuen Harmonie von Körper und Geist. Da dies den vom Dalai Lama geäußerten Gedanken sehr ähnelt, fragte ich Dr. Thurman, wie sich die Fünf »Tibeter« in das traditionelle Glaubenssystem des tibetischen Buddhismus einfügen.

Frage: «Ist es denkbar, dass die Geschichte von Colonel Bradford wahr ist? Glauben Sie, dass die fünf Riten, wie sie in dem Buch *Die »Fünf Tibeter«*® beschrieben werden, tatsächlich auf Übungen des tibetischen Buddhismus beruhen?»
Robert Thurman: «Die Riten ähneln dem Hatha-Yoga und scheinen mir eigentlich eher aus Indien als aus Tibet zu stammen. Aber man muss natürlich im Auge behalten, dass der Buddhismus im 7. Jahrhundert unserer Zeitrechnung aus Indien nach Tibet kam. Es gibt zahlreiche Hinweise darauf, dass zwischen beiden Ländern ein starker kultureller Austausch stattfand. Unter der Herrschaft des Königs Trisong Detsen wurde im 8. Jahrhundert das erste tibetische Klosters bei Samye von einem aus Indien stammenden buddhistischen Adepten gebaut, und die größten Gelehrten Indiens wurden eingeladen, dort zu lehren. Der tibetische Buddhismus absorbierte vieles von dem großartigen, uralten Wissen Indiens.

Das würde erklären, warum die in den Fünf »Tibetern«® beschriebenen Riten den yogischen Tantren (buddhistische und hinduistische Schriften, die praktische religiöse Unterweisungen mit Körperübungen verbinden) ähneln.»

Frage: «Können Sie die Beziehung zwischen den fünf Riten und den Prinzipien des Yoga näher erläutern?»
Robert Thurman: «Shakyamuni, der historische Buddha, war selbst ein Schüler des Yoga. Als sich der Buddhismus in Tibet entwickelte, reisten viele Tibeter nach Indien, um zu lernen, und brachten sowohl yogische Methoden als auch heilige Texte mit, die sie übersetzten und in ihre eigenen spirituellen Erfahrungen einbanden.

Ich sehe keinen Grund, warum die Riten, die höchstwahrscheinlich ihre Grundlage in dieser Tradition haben, nicht ähnliche Auswirkungen haben sollten wie Yoga-Übungen, die ein uraltes System von Körperübungen darstellen, das erwiesenermaßen positive Wirkungen auf Geist und Körper hat.

Es scheint einen Zusammenhang zwischen dem hinduistischen Konzept der Chakren, dem buddhistischen Gedanken eines feinstofflichen Körpers, den wir als Energiefeld bezeichnen können, und den Wirbeln, die in den *Fünf»Tibetern«*® beschrieben werden, zu geben.» (Siehe auch Kapitel 2, in dem diese Zusammenhänge ausführlich erörtert werden.)

Dr. Thurman zufolge sind die tantrischen Yoga-Übungen im buchstäblichen Sinn «Technologien» – präzise Methoden, mit denen die Lebensenergie des Körpers nutzbar gemacht und diese dem Bestreben nach spiritueller Erleuchtung durch außergewöhnliche körperliche Anstrengungen «angejocht» werden kann. Thurman erklärte, dass im Buddhismus das feinstoffliche Nervensystem als eine fein abgestimmte kreiselähnliche Struktur betrachtet werde, in deren fünf oder mehr «Rädern» Energie und Bewusstsein auf dynamische Weise zirkulierten. Diese Sicht hat eine verblüffende Ähnlichkeit mit den sich drehenden Wirbeln, die Peter Kelder beschrieb.

FRAGE: «Überrascht es Sie, dass die Riten, die ja aus einer sehr alten Kultur stammen sollen, von einem äußerst präzisen und hoch entwickelten Verständnis des menschlichen Körpers und seiner Funktionen zeugen?»
ROBERT THURMAN: «Das Verständnis von Geist und Körper sowie von dem komplizierten Verhältnis der beiden zueinander, das die tibetischen Buddhisten erlangt haben, findet auf der ganzen

Welt nicht seinesgleichen. Im 9. Jahrhundert kamen hunderte von Gelehrten aus der ganzen Welt nach Tibet und brachten ein volles Jahrzehnt damit zu, das medizinische Wissen aus Indien, China, Persien, der Mongolei und dem Reich der Uiguren zu vergleichen. Sie schufen ein einzigartiges medizinisches System, das das Beste der damaligen Psychologie, Anatomie, Neurologie, Chirurgie, Pflanzenheilkunde, Chemie und Ernährungskunde mit den spirituellen Methoden des Buddhismus verband. So entstanden sehr komplexe Heilkünste, unter anderem auch Methoden, die dazu dienten, wie ich in meinem Kommentar zum *Tibetischen Totenbuch* schrieb, einen frühzeitigen Tod vorherzusehen und abzuwenden und das menschliche Leben zu verlängern.»

«Ich bin davon überzeugt, dass der Westen allmählich die wissenschaftlichen und psychologischen Prinzipien des Buddhismus anerkennen und schätzen lernen wird», sagte Dr. Thurman in einem anderen Gespräch.

Frage: «Ist für Sie ein Buch wie *Die Fünf* »*Tibeter*«®, das einige dieser Prinzipien in stark vereinfachter Form darstellt, eine Brücke zwischen Ost und West? Haben die Riten Ihrer Meinung nach die Reise von einer Kultur zur anderen unbeschadet überstanden? Ich meine damit, ob sie noch etwas von dem Wissen enthalten, das ursprünglich die Grundlage des gewaltigen und komplexen Lehrgebäudes des tibetischen Buddhismus bildete, aus dem sie ja angeblich stammen?»
Robert Thurman: «Diese Riten sind wahrscheinlich eine der Formen, in denen die Weisheit des Ostens in den Westen gelangt ist. Die Geschichte und die Übungen sind durchaus glaubwürdig und scheinen einigermaßen authentisch zu sein. Der sechste, zölibatäre Ritus und die dabei angewandte Atemtechnik zum Beispiel entsprechen sehr alten bekannten Konzepten. Diese Übungen sind schon seit langem mit dem jugendlichen Aussehen buddhistischer Mönche in Verbindung gebracht worden. Ich würde sagen, dass von einem wissenschaftlichen Standpunkt aus feststeht, dass es tatsächlich einen Lehrer gegeben haben muss, der ein authentisches Wissen übermittelt hat, das auch heute noch von Nutzen sein kann.»

Frage: «Hätte ein Suchender heutzutage noch die Chance, ein Kloster, wie es Peter Kelder beschrieben hat, zu finden? Existiert dieses Tibet überhaupt noch?»

Robert Thurman: «Seit der chinesischen Invasion Tibets im Jahre 1949 sind 6250 Klöster zerstört worden, das heißt fast alle. Die Tibeter sind zu einer verfolgten Minderheit im eigenen Land geworden und müssen machtlos zusehen, wie ihre Siedlungen und heiligen Stätten verwüstet werden. Ich übertreibe nicht, wenn ich sage, dass die Invasoren einen Holocaust am tibetischen Volk verübt haben. Mehr als eine Million Menschen sind ermordet worden. Andere, die nach Indien geflohen sind, leben unter äußerst schwierigen Bedingungen. Obwohl seit dem Tode Maos einige Klöster wieder aufgebaut worden sind, ist die Verbreitung des tibetischen Buddhismus weiterhin verboten, und die religiöse Exilgemeinde bemüht sich, ihre Traditionen und ihre Kultur angesichts der fortdauernden Unterdrückung und Zerstörung zu bewahren.»

Frage: «Was ist aus dem Wissen und den Traditionen des tibetischen Buddhismus geworden, nachdem Seine Heiligkeit, der 14. Dalai Lama, 1959 gezwungen wurde, aus seinem eigenen Land zu fliehen und sich in Indien niederzulassen?»

Robert Thurman: «Die Einstellung der tibetischen Buddhisten gegenüber dem ungeheuren Leiden, dem sie seit dem Verlassen ihres Landes ausgesetzt sind, ist die, dass diese Schwierigkeiten ihnen geholfen und ihren Glauben und ihre Praxis ungeheuer belebt haben. Heute reisen Lehrer sowohl durch den Osten als auch durch den Westen und verbreiten überall das umfangreiche tibetische Wissen, um es so zu erhalten.»

Ich muss betonen, dass es nicht ausreicht, einfach zu glauben, dass Mitgefühl, Vernunft und Geduld gut sind, um diese Tugenden auch zu entwickeln. Wir müssen darauf warten, dass Schwierigkeiten entstehen, um diese Tugenden praktizieren zu können. Und wer schenkt uns die Gelegenheit dazu? Natürlich nicht unsere Freunde, sondern unsere Feinde, denn sie sind es, die uns die meisten Probleme bereiten. Wenn wir also lernen wollen, sollten wir unsere Feinde als unsere besten Lehrer betrachten. Für einen Menschen, dem Mitgefühl und Liebe etwas bedeuten, ist es unerlässlich, Toleranz zu üben, und dafür braucht man einen Feind. (Tenzin Gyatso, der 14. Dalai Lama, in *Mitgefühl und Weisheit*)

Frage: «Sie haben gesagt, dass das buddhistische Ideal darin bestehe, sich selbst zum Nutzen anderer weiterzuentwickeln, und dass spiritueller Fortschritt eine Mischung aus Fähigkeit und Möglichkeit darstelle. Wie passt die Beschreibung des Klosters, in dem die Mönche die fünf Riten ausführten, um lange und gesund zu leben, in diesen Zusammenhang?»

Robert Thurman: «Der Grundgedanke des tibetischen Buddhismus ist der, dass sich jeder Mensch wünscht, glücklich zu sein, dass aber dieses Glück nur durch tätiges Mitgefühl gegenüber anderen erreicht werden kann. Man könnte also vereinfachend sagen, dass es im Buddhismus darum geht, wie man lebt und ob man sich dabei des Leidens anderer bewusst ist. Die klösterliche Tradition des Buddhismus betont den Rückzug aus der Welt und ihren negativen Verstrickungen, um sich zu läutern und dadurch Mitgefühl zu entwickeln. Gesundheit und ein langes Leben helfen einem sicherlich dabei. Ich glaube schon, dass die Riten Teil eines authentischen Systems tibetischer Mönche waren, die es den Ausübenden ermöglichten, ein langes, erfülltes Leben zu führen, das dem tätigen Mitgefühl gewidmet war.

Aber es ist wichtig zu begreifen, dass keine authentische tibetische Klostergemeinschaft diese Riten als ihre Hauptbeschäftigung angesehen haben kann. Die Riten wären nur Teil eines viel umfassenderen Systems des Studiums und der Praxis gewesen. Mönche, deren Hauptziel es wäre, ewig jung zu bleiben, stünden im Gegensatz zu den tatsächlichen Absichten und Idealen des tibetischen Buddhismus. Aber wenn man die fünf Riten im Kontext des buddhistischen Ideals sieht, dem zufolge sich jeder Mensch bemühen sollte, sein höchstes Potenzial zum Nutzen anderer zu verwirklichen, dann gibt es eine philosophische Rechtfertigung für die Aufrechterhaltung von Vitalität, Jugendlichkeit und Gesundheit. Vereinfacht gesagt: Wir müssen uns wohl fühlen, um anderen helfen zu können. Erleuchtung ist nicht nur eine Angelegenheit des Geistes, sie schließt auch den Körper mit ein.»

Organisieren Sie
Ihren eigenen Himalaja-Klub

Der erste Himalaja-Klub war die von Colonel Bradford geleitete Gruppe, die sich regelmäßig traf, um die fünf Riten zu üben und über verwandte Themen wie Ernährung zu diskutieren (siehe dazu Kapitel 4).
Für diejenigen, die ihren eigenen Himalaja-Klub gründen möchten, hier ein paar Ratschläge.

1. Geben Sie in Ihrem Lokalblatt oder einer Zeitschrift eine Kleinanzeige auf, die folgendermaßen lauten könnte.
«Wollen Sie herausfinden, wie viel Energie wirklich in Ihnen steckt? Möchten Sie sich jünger und gesünder fühlen und auch so aussehen? Ich suche Menschen, die sich regelmäßig treffen wollen, um gemeinsam die Fünf ›Tibeter‹ zu üben. Schreiben Sie an ...»
2. Erzählen Sie Ihren Freunden, Verwandten oder Kollegen von den *Fünf»Tibetern«*®, leihen Sie ihnen Ihr Buch, oder schenken Sie ihnen ein Exemplar. Wenn andere sehen, wie sehr Sie davon profitiert haben, werden sie wahrscheinlich in Ihrer Gruppe mitmachen wollen.
3. Nehmen Sie mit Yoga-Gruppen Kontakt auf, um herauszufinden, ob Menschen, die Yoga machen, möglicherweise auch an den Fünf»Tibetern« interessiert sind.
4. Gründen Sie eine Lesegruppe, in der *über Die Fünf»Tibeter«*®

diskutiert wird. Denken Sie daran, sich alle Adressen geben zu lassen, damit Sie die anderen Teilnehmer erreichen können.

5. Machen Sie Aushänge in Supermärkten, Naturkostläden, Reformhäusern, Sportvereinen oder alternativen Zentren, auf denen Sie – ähnlich wie unter Punkt 1 beschrieben – Interessierte für eine Übungsgruppe suchen.

Jeder kann einen Himalaja-Klub gründen. Sie brauchen dazu nur ein paar Leute, die mitmachen.

LAURA FAYE TAXEL

Heilungsberichte von Menschen, die die Fünf »Tibeter« praktizieren

In diesem Teil des Anhangs möchte ich Ihnen Leute vorstellen, die ich ausführlich über ihre Erfahrungen mit den Fünf »Tibetern« befragt habe. Zwar erzählt jeder von ihnen eine andere Geschichte, aber die Ergebnisse ähneln sich sehr. Die Menschen, die die Fünf »Tibeter« regelmäßig praktizieren, haben ihre Gesundheit wiedererlangt, sind vitaler geworden, haben mehr Energie und fühlen sich wohler als je zuvor.

Über 70, aber zu jung, um sich schon zur Ruhe zu setzen

Die Krankengymnastin Suzanne Barnes schenkte ihrer 72-jährigen Mutter Henrietta Slater zu Weihnachten eine Reise nach Toronto. Dort angekommen, trainierten die beiden im Fitnessraum des Hotels und unternahmen auch zehn bis zwölf Kilometer lange Besichtigungstouren durch die Stadt. Mrs. Slater übt die fünf Riten seit zweieinhalb Jahren, als sie von ihrer Tochter ein Exemplar der Fünf »Tibeter«® geschenkt bekam. Sie ist ein gutes Beispiel dafür, wie die fünf Riten die Lebensqualität derjenigen, die sie regelmäßig praktizieren, in vielerlei Hinsicht verbessern können.

«Die positiven Auswirkungen der fünf Riten haben einen solchen Eindruck auf mich gemacht», sagte Mrs. Slater, die in Dubuque in Iowa lebt, «dass ich meinen anderen acht Kindern und einigen Freunden das Buch geschenkt habe. Ich arbeite als Koordinatorin für Gesundheitsfragen in einem ländlichen Gesundheitszentrum und führe die fünf Riten dort im Rahmen eines Schlankheitsprogramms als gesundheitsfördernde Trainingsmethode vor.»

In Henrietta Slaters Alter spüren die meisten Menschen, dass sie – ob sie wollen oder nicht – kürzer treten müssen. Aber nicht Netta, wie sie von ihren Freunden genannt wird. Sie arbeitet nicht nur sehr aktiv in der ländlichen Klinik mit, sondern auch in ihrem Zehnzimmerhaus, in der Kirche und in der Gemeinde. «Seit ich diese Riten mache, scheine ich geradezu mit Energie geladen zu sein», sagte sie. «Vor 15 Jahren hatte ich eine Rückenverletzung, für die meine Tochter Suzanne mir einige Übungen zeigte, aber die schafften nicht, was die fünf Riten für mich tun. Ich habe das Gefühl, ich werde immer jünger. Ich bin mit meinem Aussehen mehr als glücklich, aber noch wichtiger ist, dass ich vor allem damit zufrieden bin, wie es mir geht. An vier Tagen pro Woche halte ich eine Ernährungsberatung ab und gebe Kurse in Wellness und für einen gesunden Lebensstil für Senioren, und obwohl ich genauso alt bin wie mein Publikum, fühle ich mich nicht so.»

Mrs. Slater, die 1,68 Meter groß ist und 110 Pfund wiegt, wacht jeden Morgen um 5.00 Uhr auf. Sie beginnt den Tag mit einer Meditation und führt dann die fünf Riten aus. Danach hat sie so viel Energie, dass sie eine halbe Stunde lang mit dem Hund durch den Wald hinter dem Haus spaziert – und das bei jedem Wetter. Am Abend gehen die beiden noch einmal eine halbe Stunde lang spazieren.

Im Gesundheitszentrum ist sie natürlich häufig von Menschen umgeben, die krank sind, aber sie selbst ist in den letzten Jahren nicht ein einziges Mal krank gewesen. Dabei hat sie sogar auf ihre jährliche Grippeschutzimpfung verzichtet. Mit dem Rücken hat sie keine Probleme mehr, aber am besten findet sie, dass es bei ihr keinerlei Anzeichen für Arthritis gibt, die in ihrer Familie verbreitet ist. «Ich bin davon überzeugt, dass mir die fünf Riten helfen», meinte Frau Slater. «Indem ich sie täglich praktiziere, scheine ich alle altersbedingten Probleme zu vermeiden. Es ist natürlich Disziplin nötig, um sie täglich zu machen, aber weil ich die aufbringe, kann ich auch von ihnen profitieren.»

Der 76-jährige Dan Hanville weiß, dass es seiner Frau Helen, die ihn drängte, die fünf Riten mit ihr zu machen, zu verdanken ist, dass ihrer beider Leben leichter und besser geworden ist. «Zuerst war ich skeptisch und machte nur mit, weil es Helen so viel bedeutete», erzählte mir Dan. «Sie bedrängte mich geradezu, die Übungen zu machen – und sie richtig zu machen. Nach sechs Monaten sagte ich ihr dann, dass ich es jetzt für mich selbst tun wolle, weil ich den Unterschied sehen könne. Ich hatte keine Arthritis mehr, dafür aber mehr Energie. Am wichtigsten war aber wohl, dass unsere Freunde sagten, dass ich so viel jünger wirken würde. Einer meinte, ich sähe keinen Tag älter aus als vor fünf Jahren, als er mich das letzte Mal zu Gesicht bekommen hatte.»

«Ich weiß gar nicht, wie ich anfangen soll, Ihnen zu erzählen, wie die Fünf »Tibeter« unser Leben verändert haben», sagte Helen, die 68 Jahre alt ist. «Keiner von uns hat noch die Schmerzen oder die Steifheit, an die wir uns schon gewöhnt hatten. Ich habe wieder die Figur, die ich mit 18 hatte. Ich war schon immer ein Energiebündel, daher bin ich so froh, dass ich jetzt nicht kürzer treten muss. Ich habe sogar mehr Energie als früher, und mir ist völlig klar, dass es uns beiden viel besser geht – und zwar körperlich und emotional. Dan ist immer so glücklich, wenn die Leute sagen, wie gut er aussieht. Mir ist aufgefallen, dass er anders geht – irgendwie beschwingter. Ich glaube, wir kommen den Leuten jünger vor, weil wir uns jünger benehmen. Und das tun wir, weil es uns so viel besser geht. Ich weiß, dass wir die Fünf »Tibeter« bis zu unserem Tod machen werden. Uns ist es nicht so wichtig, besonders alt zu werden, wohl aber, immer gesund zu bleiben.»

Und Dan fügte hinzu: «Die Riten haben unser Leben verändert – und zwar dramatisch.»

George und Lynell Roberts sind beide 60 Jahre alt und leben in ihrem Häuschen in den Hügeln des westlichen Oregon. George arbeitet 40 Stunden die Woche als Manager in einer großen Fabrik, und Lynell war für den Tierschutzverein tätig, wurde aber vor kurzem pensioniert. Doch noch immer liest sie überall herrenlose Hunde, Katzen und Vögel auf. Ihr Tag ist stets ausgefüllt, weil sie sich um die Tiere kümmern, den großen Rasen mähen und in dem kleinen Gemüsegarten arbeiten muss.

Bevor sie die fünf Riten entdeckten, konnten weder Lynell noch ihr Mann das Leben genießen. Lynell hatte 1988 einen schweren Schlaganfall, nach dem sie nicht mehr ohne Stock gehen konnte. Außerdem hatte sie Arthritis in den Kniegelenken und fiel häufig hin. Nachts wurden die Schmerzen manchmal so stark, dass sie nicht schlafen konnte. Zudem litt sie unter chronischen Nebenhöhlenbeschwerden, aus denen regelmäßig Nebenhöhlenentzündungen wurden, hatte Raucherhusten und war übergewichtig. Obwohl George 1984 einen vierfachen Bypass bekam, hatte er weiterhin Herzprobleme und war zudem zuckerkrank.

Ihre Tochter, die sich um die beiden sorgte, überzeugte Lynell, *Die Fünf»Tibeter«*® zu kaufen, nachdem sie eine Anzeige für das Buch gesehen hatte. «Schließlich kann man es bei dem Preis ja zumindest einmal versuchen», erklärte sie ihrer Mutter. Das Buch kam an dem Tag an, als George von seinem letzten Krankenhausaufenthalt zurückkam. Er las es in einem Zug durch, und beide fingen sofort damit an, die Übungen zu machen, auch wenn sie anfangs jeden Ritus nur drei oder vier Mal wiederholen konnten. Ein paar Tage später war George beim Arzt, der wegen eines Geräusches in seinem Herzen besorgt war.

Das Paar fügte die fünf Riten in seinen Tagesablauf ein. Dies waren die einzigen Übungen, die die beiden machten. Als George wieder zum Arzt musste, war das Geräusch verschwunden, und nach der letzten Untersuchung meinte der Arzt sogar, dass sich Georges Herz gut anhöre und dass seine Arterien für jemanden mit seiner Krankengeschichte in ausgezeichneter Verfassung seien. Er sagte außerdem, dass die meisten Menschen nach zehn Jahren erneut operiert werden müssten, George aber wohl nicht.

Auch Lynells Gesundheitszustand hatte sich verbessert. Sie konnte sich ohne Hilfe hinlegen und wieder aufstehen. Ihre Nebenhöhlenbeschwerden ließen nach, und sie hatte seitdem keine einzige der üblichen Nebenhöhlenentzündungen mehr. Ihre Atmung wurde leichter, und sie musste nur noch selten husten. Außerdem nahm sie innerhalb der ersten zwei Monate neun Pfund ab und weitere vier Pfund in den folgenden Monaten. Sie kann heute normal gehen – wenn auch langsam – und fällt nicht mehr hin. Wenn sie nachts doch einmal Arthritisschmerzen hat, kann sie diese lindern, indem sie jeden Ritus einige Male ausführt.

Die fünf Riten sind zu einem festen Bestandteil ihrer beider Leben geworden, und Lynell bezeichnete sie als Geschenk des Himmels. «Wir haben alle anderen Übungen nie lange durchgehalten», erzählte sie, «obwohl wir es wirklich versucht haben. Wir hatten eine Rudermaschine und ein Laufband. Ich glaube, dass die fünf Riten eben nicht nur auf den Körper wirken, sondern auch den Geist beeinflussen. Bei mir wirkten sie sich auf meine geistige Verfassung und meine Stimmung aus. Das wurde besonders deutlich, als unser Sohn im April 1994 starb. Ich wurde sehr depressiv und hörte auf, irgend etwas zu tun. Ich machte nicht einmal die fünf Riten. Aber dann fing ich doch damit an, und etwas veränderte sich. Ich hatte wieder mehr Energie, mein Denken wurde klarer, und plötzlich fasste ich neuen Lebensmut. Mein körperliches und emotionales Gleichgewicht stellte sich wieder ein, und immer wenn ich mit den Übungen fertig war, fühlte ich mich stark genug, um mich den Herausforderungen des Lebens zu stellen.»

Sie fuhr fort: «Ich glaube, dass diese tibetischen Mönche etwas entdeckt haben, was wir alle brauchen. Sie lernten, sich um sich selbst zu kümmern, und ich bin froh, dass ihr Geheimnis enthüllt wurde. Mir wurde klar, dass George und ich nicht zwangsläufig krank und schwach werden müssen, nur weil wir älter werden.»

Körperliches und emotionales Gleichgewicht

Für Nancy Brown waren die positiven Veränderungen, die sich durch das Üben der fünf Riten einstellten, gleichermaßen körperlich und emotional, und ihrer eigenen Aussage zufolge konnte sie in beiden Bereichen dringend Hilfe gebrauchen. Nachdem sie 20 Jahre lang für eine Firma gearbeitet hatte, wurde sie 1991 im Alter von 62 Jahren entlassen. Das war nicht nur für ihren gewohnten Lebensstandard ein schwerer Schlag, sondern auch für ihr Selbstwertgefühl, denn als geschiedene Frau mit bereits erwachsenen Kindern drehte sich bei ihr alles um den Beruf.

«Nachdem ich entlassen worden war, wurde ich sehr depressiv, und das Asthma, das ich hatte, seit ich drei war, wurde durch den Stress und die Anspannung extrem verstärkt», erzählt Nancy. «Ich konnte kaum noch gehen, ohne außer Atem zu geraten.»

Nancys Asthma und ihre Depressionen schienen sich gegenseitig zu verstärken. Sie zog sich immer mehr zurück und hatte schließlich Mühe, ihre Wohnung überhaupt noch zu verlassen oder ans Telefon zu gehen. Man gab ihr starke Medikamente, darunter ein Nasenspray, drei Inhalierungsmittel, die sie vier Mal täglich anwenden musste, und ein Kortisonpräparat, durch das sie innerhalb kurzer Zeit über 30 Pfund zunahm. Da eine weitere Nebenwirkung von Kortison darin besteht, die Knorpel in den Gelenken aufzuweichen, führte die Einnahme zu Hüft- und Knieproblemen.

Dann hörte Nancy von den *Fünf »Tibetern«*®. Da sie sich natürlich für alles interessierte, was mit Gesundheit zu tun hatte, kaufte sie das Buch, las es und fing an, die fünf Riten zu üben – wohl wissend, dass sie sich in einer schweren gesundheitlichen Krise befand.

«Ich konnte zuerst kaum drei Wiederholungen schaffen, aber ich gab nicht auf. Und da ich sofort anfing, mich besser zu fühlen, fügte ich nach und nach weitere Wiederholungen hinzu», erzählte Nancy. «Und es funktionierte tatsächlich! Als es meinem Körper besser ging, versöhnte ich mich mit mir selbst. Ich ging wieder aus und stellte fest, dass sich viele Leute freuten, mich wieder zu sehen. Je stärker ich mich fühlte, desto mehr schwanden meine Depressionen.»

Nancy hat in den zwei Jahren, in denen sie die fünf Riten praktiziert, keinen größeren Asthmaanfall gehabt und musste auch nicht in die Notaufnahme, obwohl beides vorher üblich gewesen war. Außerdem benötigt sie fast keine Medikamente mehr. Sie nimmt kein Kortison mehr und braucht das Inhaliergerät nur noch, wenn die Luftfeuchtigkeit und der Pollenflug in Mount Kisco im Staat New York, wo sie lebt, besonders hoch beziehungsweise stark sind. Nun hat sie auch eine neue befriedigende Tätigkeit gefunden. Sie arbeitet ehrenamtlich als Pflegegroßmutter für behinderte Kinder.

Bevor sie anfing, die fünf Riten zu üben, hatte Nancy aber noch ein weiteres chronisches Problem. Sie hatte nämlich Rückenbeschwerden, seit sich der Schulterbereich bei einem Asthmaanfall verkrampft hatte und ihr Lendenwirbelbereich bei einem Sturz auf einer Treppe verletzt worden war. Durch wöchentliche Besuche bei einem Chiropraktiker konnten die Schmerzen zwar in erträglichen Grenzen gehalten werden, aber sie erzählte mir, dass sie morgens oft so steif und verkrampft war, dass sie nur noch aus dem Bett auf den Boden rollen konnte. «Heute gehe ich nicht mehr zum Chiropraktiker», sagte Nancy. «Wenn ich nach dem Aufwachen steif bin, mache ich sofort die fünf Riten. Dann geht es mir für den Rest des Tages gut. Ich kann mich ohne Schwierigkeiten bewegen und mit den Drei- bis Vierjährigen, mit denen ich arbeite, mithalten.» Nancy, eine 1,57 Meter große Blondine, hat übrigens wieder ihr normales Gewicht von 108 Pfund erreicht.

Ein paar Wochen nach dem Interview erhielt ich den folgenden Brief von ihr.

Liebe Laura,
seit ich mich mit Ihnen unterhalten habe, gehen mir die fünf Riten nicht mehr aus dem Sinn, und ich wollte Ihnen mitteilen, dass ich nun sicher bin, dass sie wirklich funktionieren.
Vor einiger Zeit dachte ich, ich würde mir das alles nur einbilden, weil ich einfach wollte, dass es funktioniert. Als ich bei dem Pflegeprogramm anfing, machte mir die Arbeit zwar viel Spaß, aber sie erschöpfte mich auch. Statt morgens die fünf Riten zu machen, beschloss ich also, eine halbe Stunde länger zu schlafen.
Innerhalb einer Woche waren meine Rückenschmerzen zurückgekehrt, und ich wurde wieder deprimiert. Mein Asthma machte wieder Ärger, so dass ich die Medikamentendosis erhöhen musste. Ich war wütend auf alles und alle – außer auf die Kinder, mit denen ich arbeitete, und meine Familie. Ich konnte es zwar gut überspielen, so dass es niemand merkte, aber ich konnte es in mir brodeln fühlen.

Eines Morgens stand ich eine halbe Stunde früher auf und machte die fünf Riten. Da es meinem Rücken daraufhin besser ging, übte ich weiter. Eine Woche später hatte ich das Asthma wieder unter Kontrolle, und zwei Wochen später konnte ich die Medikamentendosis verringern. Statt deprimiert zu sein, war ich nun mit mir, dem Leben und überhaupt allem zufrieden. Ich fühlte mich beschwingt und friedlich.

Ich werde die fünf Riten nie wieder auslassen, denn ich habe mir selbst bewiesen, dass sie wirklich funktionieren.

Mit freundlichen Grüßen
Nancy

Heilung der Arthritis und neues Lebensglück

Und ganz sicher funktionieren die fünf Riten bei Gladys Rogan. Sie war 62, todmüde und wollte sich pensionieren lassen. Die Arthritis in den Kniegelenken verursachte ihr furchtbare Schmerzen, besonders nachts, und sie hinkte beim Gehen. Blutdruck, Cholesterinspiegel und Blutzucker waren knapp an der Grenze des Tolerierbaren. Als dann ihre kränkelnde Mutter Pflege brauchte, wusste Gladys nicht, woher sie die Energie nehmen sollte, um sich um sie zu kümmern.

Eine Freundin schenkte ihr *Die Fünf »Tibeter«*®, aber Nancy legte das Buch ungelesen beiseite. Als sie ein paar Monate später wieder darauf stieß, las sie es in der U-Bahn auf dem Weg zur Arbeit in einem Warenhaus in Manhattan. Sie dachte, dass ihr Zustand ja kaum schlimmer werden könnte, als er ohnehin schon war, und beschloss, es einmal mit diesen merkwürdigen tibetischen Übungen zu versuchen. Sieben Wochen später fühlte sie sich wie neugeboren.

«Als ich mich mit der Freundin, die mir das Buch geschenkt hatte, zum Mittagessen traf, meinte sie, dass ich geradezu strahlen würde», erzählte Gladys stolz. «Sie sagte, ich sähe aus, als ob ich seit unserem letzten Treffen 20 Jahre jünger geworden wäre. Ich mache die Übungen nun seit zwei Jahren, und meine Arthritis ist fast ganz verschwunden. Früher musste ich Schmerzmittel nehmen, um die Nacht überhaupt zu überstehen, und ich brauchte Kissen unter meinen Knien. Aber das ist vorbei. Ich schlafe gut, ich gehe ohne Probleme und muss meine Knie nicht mehr wie früher mit elastischen Binden umwickeln. Ich brauche auch keine Medikamente mehr. Mein Cholesterinspiegel, mein Blutzucker und mein Blutdruck sind normal. Ich kann es kaum glauben. Es klingt zu schön, um wahr zu sein, aber es ist wahr.»

Obwohl sie wieder gesund war, beschloss Gladys, sich pensionieren zu lassen. Aber statt sich nun zur Ruhe zu setzen, hat sie noch mehr um die Ohren als früher. Sie fährt mit der U-Bahn durch die ganze Stadt, um ihre Mutter zu besuchen, und gibt zwei Mal in der Woche Nachhilfeunterricht an einer Schule. «Ich habe das Gefühl, dass seit meiner Pensionierung ein völlig neues Leben begonnen hat», meinte Gladys. «Ich tue, was ich will, und habe keine gesundheitlichen Probleme mehr. Ich weiß, dass man nicht alt werden muss, solange man sich jung fühlt. Ich habe meiner Freundin Mabel, von der ich das Buch bekommen habe, gesagt, dass ich davon ausgehe, dass ich mit 90, wenn ich so alt bin wie meine Mutter jetzt, großartig in Form sein werde. Übrigens sollten Sie Mabel sehen. Sie ist 62, und seit sie die fünf Riten macht, sprudelt sie nur so vor Lebensfreude. Neuerdings nimmt sie Gesangsunterricht. Das Buch ist unsere Bibel.»

Die Macht der Ausdauer

Der 61-jährige Jerry Henderson aus Oakbrook in Illinois machte die fünf Riten zwei Jahre lang. Da er sich gut fühlte, wurde er nachlässiger und führte die Übungen nur noch gelegentlich aus. Obwohl alte Probleme wieder auftauchten, erkannte er den Zusammenhang erst, als ihn ein alter Freund fragte, wie er in Form kommen könne. Jerry erinnerte sich daran, wie sehr ihm die fünf Riten geholfen hatten, schenkte seinem Freund das Buch und las es selbst noch einmal. Das war vor ungefähr zwei Jahren. Seit jenem Tag, so sagt er heute, macht er die Übungen mit beinahe religiöser Inbrunst.

Während seiner Jugend war Jerry ein ausgezeichneter Sportler, spielte Football und Tennis und war Universitätsmeister im Diskuswerfen. Aber der Leistungssport forderte seinen Tribut. Im

Laufe der Jahre hatte er zwei Schulteroperationen und litt unter chronischen Schmerzen in der Lendenwirbelgegend, im linken Knie, der rechten Achillessehne und dem rechten Handgelenk. Als er nach Kalifornien zog, ins Land der Fitten und ewig Jungen, schien es ihm noch wichtiger zu sein, körperlich aktiv zu bleiben. Da er heute versteht, wie sehr die fünf Riten dazu beitragen, wird er niemals wieder damit aufhören. Er ist überzeugt, dass die Übungen ihm nicht nur helfen, fit zu bleiben, sondern ihm auch immer wieder aufs Neue demonstrieren, was im Leben wirklich wichtig ist. Sie sind eine Art täglicher Gesundheitstest.

«Was sie mir geben, wirkt sich auf mein ganzes Leben aus. Ich fühle mich wohl und bin felsenfest von den Fünf»Tibetern« überzeugt», sagte er. «Vielleicht ist die positive Wirkung nur schwer zu messen, aber in meinem Fall ist die Beweislast erdrückend. Seit ich die fünf Riten wieder täglich übe, sind die Schmerzen im Rücken, in den Schultern, im Handgelenk, im Knie und in der Achillessehne verschwunden. Die Riten eignen sich auch ausgezeichnet zum Aufwärmen vor dem Krafttraining. Ich kann 110 Pfund 20 Mal stemmen. Dann spiele ich vier oder fünf Mal in der Woche Tennis. Und obwohl ich gegen Spieler antrete, die landesweit zu den Besten gehören, kann ich durchaus mithalten. Ich werde sogar noch besser, da ich ziemlich leichtfüßig bin. Wenn ich mich mit den anderen vergleiche, sehe ich, in welch guter Verfassung ich mich befinde. Früher hatte ich hohen Blutdruck, heute ist er normal. Ich musste mich gerade untersuchen lassen und wurde von der Krankenkasse in die beste Kategorie eingestuft. Der Arzt meinte, ich hätte das Herz eines Sportlers.»

Jerry hat auch herausgefunden, dass die Riten Stress abbauen und Verspannungen lösen. Wenn er einmal nicht einschlafen kann, steht er wieder auf, macht zehn Minuten lang die Fünf»Tibeter« und ist dann so entspannt, dass er sofort einschläft.

Weil Jerry weiß, wie es ist, mit den Riten aufzuhören und dann wieder anzufangen, kann er mit völliger Überzeugung sagen: «Der Schlüssel zum Erfolg besteht darin, sie regelmäßig zu üben und Geduld zu haben. Dann können Wunder geschehen. Aber es braucht seine Zeit. Wenn man einmal beschlossen hat zu üben, sollte man dabei bleiben und daran glauben, dass die Übungen helfen können. Dann werden sie das tatsächlich tun.»

LINDA JOHNSEN

ANHANG C
Hatha-Yoga: Wie Sie die richtige Klasse finden*

Angenommen, Sie möchten Yoga-Unterricht nehmen. Sie haben gehört, dass Hatha-Yoga den Körper stärkt, entspannt und beweglicher macht und gleichzeitig die inneren Organe kräftigt sowie das endokrine System stimuliert. Und nun wollen Sie Yoga einmal ausprobieren. Vielleicht haben Sie schon vor Jahren ein paar Unterrichtsstunden gehabt und vermissen jetzt die Motivierung und Unterstützung im Rahmen eines regelmäßig stattfindenden Kurses. Also schauen Sie sich Anschläge, Kleinanzeigen und Veranstaltungskalender an, um herauszufinden, wo in Ihrer Nähe Yoga-Klassen angeboten werden.

Wenn es Ihnen ähnlich geht wie mir, werden Sie wahrscheinlich verblüfft auf die verschiedenen Angebote starren. Ich hatte eine umfangreiche Liste vor mir liegen und entdeckte Lehrer, die von Integral Yoga International ausgebildet waren, andere, die zur Iyengar-Schule gehörten, und wieder andere, die auf ihr Training in Kundalini-Yoga hinwiesen. Was bedeutete das alles? Sind all diese Kurse mehr oder weniger gleich, oder gibt es wesentliche Unterschiede, über die man Bescheid wissen sollte, bevor man eine Entscheidung trifft?

* Aus: YOGA INTERNATIONAL, PR 1, Box 407, Honesdale, PA 18431, USA; Telefon: (001) 717 253-4929. YOGA INTERNATIONAL veröffentlicht jedes Jahr eine Übersicht über Yoga-Lehrer und -klassen.

222

Ich war ziemlich verwirrt, als ich mir die Referenzen der einzelnen Lehrer durchlas. Ich hatte gerüchteweise von Kurslehrern gehört, die auf den Rücken ihrer Schüler herumsprangen, während diese die Krokodilstellung einnahmen. Nun mag es ja Menschen geben, die von einer solchen Unterrichtsmethode profitieren, aber ich gehöre wahrscheinlich nicht dazu. Ich wollte sichergehen, dass ich mich in der Yoga-Klasse, für die ich mich entscheiden würde, auch wohl fühlen würde. Das heißt, ich wollte, dass der Lehrer in Bezug auf Yoga so ziemlich dieselben Vorstellungen hatte wie ich.

Dann fiel mir auf, dass es zwar viele Lehrer gibt, aber eigentlich nur wenige Methoden angeboten werden. Wenn man herausfindet, wer der Begründer einer dieser Methoden ist, bekommt man schon einen wichtigen Hinweis auf die Art von Yoga, die unterrichtet wird. Der verstorbene Swami Sivananda, der berühmte Weise aus Rishikesh, hat Dutzende von Büchern über verschiedene Aspekte des Yoga geschrieben und mindestens vier Hauptzweige des amerikanischen Hatha-Yoga betreut. Sivananda war auch der Guru von Swami Satchidananda und Swami Vishnu-devananda, und letzterer war wiederum der Lehrer von Yogi Hari und der durch das Fernsehen bekannten Lehrerin Lilias Folan.

Krishnamacharya, der Leiter des Yoga-Instituts am Königspalast von Mysore, hatte großen Einfluss auf die Entwicklung des zeitgenössischen Hatha-Yoga. Er war nämlich Lehrer von B. K. S. Iyengar und K. Pattabhi Jois, der wiederum Lehrer von Richard Freeman war, der Yoga im amerikanischen Fernsehen bekannt machte. Meister Desikachar, der besonders in Europa sehr berühmt ist, stammt ebenfalls aus dieser Tradition.

Zu den anderen indischen Lehrern, die großen Einfluss auf die Verbreitung des Yoga im Westen hatten, gehören Paramahansa Yogananda, Swami Rama, Swami Kripalvananda und Yogi Bhajan. Ich beschloss, Vertreter der verschiedenen Schulen aufzusuchen, um herauszufinden, was man erwarten kann, wenn man sich bei einem ihrer ausgebildeten Lehrer für einen Kurs einschreibt.

Iyengar

Über der Entwicklung des Hatha-Yoga im 20. Jahrhundert thront die Löwengestalt von B. K. S. Iyengar. Seit er 1974 in die USA kam, wurde er aufgrund seines präzisen Arbeitsstils und seiner Betonung der korrekten Haltung zu einer der weltweit respektiertesten Yoga-Autoritäten.

Ich fragte Janet MacLeod, die nach seiner Methode seit 15 Jahren unterrichtet, ob es wahr sei, dass der Iyengar-Stil die anstrengendste Form ist, in der Yoga heute unterrichtet wird. «Es gibt eine große Bandbreite unterschiedlicher Klassen, von leichten Einführungsklassen bis hin zu Gruppen, in denen der Gruß an die Sonne auf fast sportliche Art betrieben wird», antwortete sie. «Insgesamt ist der Stil dynamischer als andere. Ich kann aber nicht sagen, ob er körperlich wirklich so anstrengend ist oder nur eine geistige Herausforderung darstellt, weil wir so sehr auf Einzelheiten achten. Wir halten die einzelnen Stellungen nicht unbedingt länger. Mr. Iyengar rät Anfängern sogar, sie überhaupt nicht lange zu halten. Es ist besser, eine Stellung anfangs mehrmals für kürzere Zeit einzunehmen, damit sich der Schüler bei dem Versuch, die Stellung zu halten, nicht unnötig verspannt. Man muss kein Sportler sein, um Iyengar-Yoga zu machen. Mr. Iyengar besitzt die Fähigkeit, eine Yoga-Haltung vielen verschiedenen Menschentypen anzupassen – von einem, der gerade noch gehen kann, bis zu einem fortgeschrittenen Schüler.

Anfangs betonen wir die Stellungen im Stand. So lernen die Schüler, ihren Körper richtig auszurichten und ihr Gleichgewicht zu finden. Wenn sie dann schwierigere Haltungen einnehmen, besitzen sie bereits ein fein ausgebildetes Körpergefühl.

Für Menschen, die nicht flach auf dem Boden liegen oder eine Haltung nicht korrekt ausführen können, setzen wir Blöcke, Gurte, Kissen und Decken als Hilfsmittel ein. Da die korrekte Ausrichtung der Wirbelsäule schwierig ist, wenn Schultern oder Hüften verspannt sind, machen wir Kompromisse, indem wir diese Hilfsmittel verwenden. So können Leute, die zu schwach sind, um eine Stellung zu halten, sie dennoch ohne jegliche körperliche Anstrengung einnehmen.

Die größte Stärke des Iyengar-Yoga liegt darin, dass die Qualität der Lehrerausbildung sehr gut ist. Unsere Ausbildung dauert mindestens zwei Jahre. Die meisten Lehrer schaffen es aber nicht in dieser Zeit, sondern brauchen vier bis fünf Jahre. Zur Ausbildung gehören Anatomie, Physiologie, Kinesiologie, Yoga-Philosophie sowie eher zeitgenössische pädagogische Methoden in Bezug auf den Unterricht und das Lehrer-Schüler-Verhältnis. Die Ausbildung ist sehr professionell und ähnelt einem Universitätsstudium.»

Kripalvananda

Anschließend sprach ich mit Devakanya G. Parnell, der Leiterin des Yoga-Programms am Kripalu Center in Lenox in Massachusetts. Obwohl Kripalu von Amrit Desai gegründet wurde, war das Yoga-Programm ursprünglich von Kripalvananda inspiriert worden, einem indischen Meister des Kundalini-Yoga, der hauptsächlich Pranayama (Atemübungen) lehrte. Devakanya überraschte mich völlig, als sie sagte: «Viele der in Indien gezeigten Yoga-Haltungen sind für westliche Körper völlig ungeeignet. Die Körpertypen, die die Kundalini-Haltungen ausführen können, sind normalerweise dünn und haben lange Extremitäten. Wenn Sie nicht zu diesem Körpertypus gehören, werden die Haltungen sehr, sehr schwierig für Sie sein. Was wir hier in Kripalu entwickelt haben, ist mehr auf die Körpertypen und das Temperament des Westens abgestimmt und befindet sich wohl eher im Einklang mit der westlichen Psychologie.» Da ich mich daran erinnerte, wie ich mich mit Stellungen abgemüht hatte, für die ich wesentlich längere und stärkere Arme gebraucht hätte, hörte ich ihr aufmerksam und interessiert zu.

«Im Kripalu-Yoga gibt es drei Stufen», erklärte sie weiter. «Auf Stufe 1, dem bewussten Üben, lernen Sie, Ihre Aufmerksamkeit gezielt auf die korrekte Ausrichtung des Körpers und die Details der Haltung zu richten, die Atmung zu vertiefen und zu verstehen, wie diese mit der Bewegung koordiniert wird.» Die einzelnen Stellungen werden zehn bis 20 Sekunden lang gehalten. «Sie profitieren auf dieser Stufe nicht von besonderer Kraft oder Beweglichkeit, sondern von der korrekten Ausführung der Haltun-

225

gen. Hier geht es darum, die Grenzen des Körpers zu respektieren, statt sie zu bekämpfen.

Auf Stufe 2, Wille und Hingabe, werden die Stellungen länger gehalten. Sie lernen, ihre nach außen gerichtete, zerstreute Aufmerksamkeit (Pratyahara, Kontrolle der Sinne) nach innen, auf die körperlichen Empfindungen zu richten (Dharana, Konzentration). Wenn Sie die Stellungen lange halten, betreten Sie das Reich der unbewussten Ängste und Widerstände. Man sollte auf dieser Stufe einen ununterbrochenen Fluss der Aufmerksamkeit aufrechterhalten und den ständigen Wandel der auftauchenden Emotionen beobachten. Wenn Sie während des langen Haltens an Ihre Toleranzgrenze kommen, begegnen Sie Ihren selbst gemachten Begrenzungen und lernen, wie Sie diese bewusst überwinden können.» Devakanya meinte, dass dies eine wertvolle Lektion sei, die sich auch auf emotionale Reaktionen im Alltag anwenden lasse.

Auf Stufe 3 geht es um die Hingabe an die Weisheit des Körpers. Hier wird zugelassen, dass die Haltungen, von der inneren Weisheit des Körpers geleitet, spontan entstehen. Es können traditionelle Stellungen ausgeführt werden, aber auch völlig neue Möglichkeiten der Haltung und Bewegung. «Wenn man sie auf diese Art und Weise macht, werden die Yoga-Haltungen zu einer Meditation in der Bewegung, zu einem wortlosen Gebet. Der ungehinderte Fluss der Lebensenergie Prana lenkt dann den Körper.»

Kripalu bietet innerhalb jeder Stufe Kurse mit verschiedenen Schwierigkeitsgraden an – sanft, mittel und anstrengend. Durch Devakanyas Ausführungen wurde die Kombination von Kripalvanandas ursprünglicher Betonung der Arbeit mit dem Prana und den Einsichten der modernen Psychologie des Westens deutlich. «Innerhalb des Körpers existiert ein subtiler Strom rhythmischer Energieschwingungen. Selbst der scheinbar unbedeutendste Gedanke kann diesen Strom stören oder blockieren. Indem Sie durch stetiges Üben geistige und emotionale Blockaden auflösen, werden ungeheure Mengen Prana freigesetzt. Diese Lebensenergie zögert den Alterungsprozess hinaus und stärkt und verjüngt alle Körpersysteme. Auf diese Weise beschleunigen Sie den inneren Heilungsprozess, der es Ihnen möglich macht, die höheren Bewusstseinszentren zu aktivieren.»

Das Kripalu Center hat seinen Sitz zwar in Lenox im amerikanischen Bundesstaat Massachusetts, aber die Kripalu Yoga Teachers' Association ist ein weltumspannendes Netzwerk ausgebildeter Lehrer, die diese Methode praktizieren.

Paramahansa Yogananda

Yogananda? Die meisten von uns bringen den beliebten Lehrer aus Nordindien, dessen Klassiker *Autobiographie eines Yogi* seit einem halben Jahrhundert bei vielen Menschen das Interesse an Meditation geweckt hat, nicht mit Hatha-Yoga in Verbindung. Und doch ist das Programm «Yoga Postures for Higher Awareness», das in der Ananda Gemeinschaft im kalifornischen Nevada City gelehrt wird, eine direkte Konsequenz aus Yoganandas Werk.

Ich sprach mit Savitri, die seit 18 Jahren in Ananda lebt und dort das Ausbildungsprogramm für Lehrer leitet. Sie erklärte mir, dass Yogananda keine besondere Betonung auf Hatha-Yoga legte. «Als er in den zwanziger und dreißiger Jahren Vorträge hielt, ließ er von seinen Schülern manchmal Yoga-Stellungen vorführen, aber das stand nicht im Mittelpunkt seiner Lehre.»

Einer von Yoganandas direkten Schülern war aber so fasziniert von dem Hatha-Yoga, den der Meister lehrte, dass er beschloss, diesen zu einem Programm mit 14 Stufen auszubauen. Dieser Schüler – J. Donald Walters oder Kriyananda, der Gründer von Ananda – behielt dabei aber immer im Auge, dass laut Yogananda der wahre Zweck von Yoga darin besteht, den Schüler auf die Selbsterkenntnis vorzubereiten.

Walters' Yoga-Methode «lehrt alle körperlichen Aspekte der Haltungen, bezieht aber auch ihre spirituellen Aspekte mit ein und fügt bestimmte Dinge hinzu, zum Beispiel Affirmationen, die mit den Körperbewegungen koordiniert werden», erklärte Savitri. Auf diese Weise entwickelt man eine neue, erleuchtete Beziehung zu seinem Körper.

Zu dieser Methode gehören auch Yoganandas einzigartige Energetisierungsübungen. «Darunter versteht man eine Reihe von Übungen, die Yogananda 1917 entwickelte, als er in Indien die Ranchi-Knabenschule gründete. Er hieß die Jungen, eine kurze

Abfolge von gymnastischen Übungen zu praktizieren, aber statt einfach nur herumzuspringen, lehrte er sie, während der Bewegung die Energie in verschiedene Körperteile zu lenken. Diese Übungen dauern etwa 15 Minuten, wenn man sie einmal gelernt hat. Sie sind ziemlich subtil und verlangen, dass man verschiedene Teile des Körpers anspannt und wieder entspannt, die Energie bewusst in diese Bereiche sendet und dabei bestimmte Atemtechniken ausführt. Manche dieser Übungen erhöhen die Herzfrequenz, andere arbeiten an der Polarität des Gehirns. Sie waren ihrer Zeit weit voraus.»

Wie schwierig ist es, die Haltungen auszuführen? «Unser Programm ist ganz gewiss als eher sanft zu bezeichnen, da wir die Yoga-Stellungen auf meditative Weise üben, um uns auf die Meditation selbst vorzubereiten.

Eine Stärke unseres Programms besteht darin, dass es auf das Spirituelle ausgerichtet ist, und das ist natürlich für Menschen, die die spirituelle Dimension ihres Lebens entwickeln wollen, besonders nützlich. Ein weiterer Vorteil liegt darin, dass wir hier eine richtige Yoga-Gemeinschaft haben und dass Ananda nicht einfach nur ein Ort ist, an dem man Yoga-Unterricht erhalten kann. Zur Zeit leben hier 300 Menschen, die alle meditieren und so eine wahrhaft spirituelle Umgebung kreieren. Man lernt fast wie durch Osmose.»

Yoga-Klassen und das einen Monat dauernde Ausbildungsprogramm für Lehrer gibt es im Rahmen von «Expanding Light» in Nevada City und in den Ananda Zentren im kalifornischen Sacramento, in Portland in Oregon sowie im italienischen Assisi. Das Programm «Yoga Postures for Higher Awareness» wird zudem in den Ananda-Gemeinschaften im kalifornischen Palo Alto, in Seattle in Oregon und im texanischen Dallas angeboten.

Swami Rama

Swami Rama brachte einige Mythen der westlichen Wissenschaft in Bezug auf die Grenzen der menschlichen Physiologie ins Wanken, als Forscher der Menninger Foundation in Topeka in Kansas 1970 entdeckten, dass der Yogi sein autonomes Nervensystem kontrollieren konnte, was jeder ausgebildete Arzt für unmöglich gehalten hätte. Swami Rama hielt sein Herz für längere Zeit an, blieb völlig wach, während sein Gehirn im Deltawellenrhythmus arbeitete, was normalerweise nur im Tiefschlaf geschieht, und verblüffte die überraschten Wissenschaftler auf mancherlei andere Weise. Wer Yogis bisher lediglich als einen Haufen Exzentriker angesehen hatte, die auf dem Kopf stehen, wurde regelrecht hochgeschreckt. Offensichtlich war am Yoga mehr dran, als die meisten Menschen im Westen bisher angenommen hatten.

Ich unterhielt mich mit Shirley Walter, der Leiterin der Lehrervereinigung des Himalayan Institute, darüber, auf welche Weise ihre Erlebnisse mit Swami Rama in den siebziger Jahren das heute am Himalayan Institute stattfindende Training beeinflusst haben.

Swami lehrte Hatha-Yoga als Teil eines vollständigen, systematischen Weges, der die Schüler ihrem inneren Selbst näher bringen sollte. Für uns ist Yoga nicht einfach eine Reihe von schwierigen Körperübungen für sportlich Gesinnte. Es geht hier darum, den Geist durch den Körper zu schulen.

Körperbewusstsein führt zu einer höheren Wahrnehmung der subtilen Energie (Prana) und geistiger Prozesse, so dass wir uns schließlich des Funktionierens des Nervensystems bewusst werden und gegenüber dem schlafenden Teil des Gehirns, dem Unbewussten, sensibler werden. Yoga ist für uns also Vorbereitung auf Kontrolle und Lenkung der meditativen Erfahrung.

Wir fangen mit den Menschen dort an, wo sie sind. Für diejenigen, die sehr steif und nicht in guter Form, krank oder schwach sind, haben wir eine ganze Reihe von Übungen, die die Gelenke lockern, den Kreislauf anregen und die Drüsen stimulieren, die für unsere Gesundheit und das richtige Funktionieren des Körpers verantwortlich sind. Wenn man nur diese einfachen Übungen praktiziert, wirkt sich das schon enorm auf die Gesundheit und das Wohlbefinden des Betreffenden aus.

«Andere Schüler können sofort mit den Asanas beginnen. Wir lehren Hatha-Yoga in verschiedenen Schwierigkeitsgraden, gehen aber auch innerhalb jeder Klasse auf die unterschiedlichen Fähigkeiten ein, indem wir entsprechend den individuellen Bedürfnissen Modifizierungen und vorbereitende Übungen anbieten. Jede Klasse ist aber ähnlich aufgebaut, damit man den optimalen Nutzen aus jeder Stellung ziehen kann. In jeder Klasse werden die wichtigsten Stellungen geübt. Wir betonen aber immer auch die innere Bewusstheit und die Koordination von Körper und Geist. Die Atmung ist nicht nur das Medium, um diese Bewusstheit zu erreichen, sie führt auch zum Geist und zu den feineren Aspekten unseres Wesens. Da wir mehr Wert auf Atmung legen als die meisten anderen Yoga-Schulen, lernen unsere Schüler eine sehr systematische Methode der Atemarbeit, durch die sie die Dynamik des Atemvorgangs verstehen können. Zudem legen wir großen Wert auf Entspannungstechniken.

In unserem Programm arbeiten wir zunächst mit den Asanas, um den Körper auszurichten, ihn zu reinigen und zu stärken. Dann lehren wir eine systematische Tiefenentspannung, um jegliche Anspannung loszulassen. Später wird mit der Atmung gearbeitet, um die Sinne und den Geist nach innen zu richten und die nächste Sprosse auf der achtstufigen Leiter des Raja-Yoga zu erklimmen. Dies sind die Schlüssel für den geheimen Reichtum des Körpers. Unser Hatha-Yoga ist wohl darauf ausgerichtet, den Körper gut in Form zu halten, aber auf den fortgeschrittenen Stufen stellt unser System die Pforte zum feinstofflichen Körper dar. Es ist der sicherste und leichteste Weg, um die Geheimnisse von Körper, Geist und Seele zu ergründen.

Überall in den USA werden Yoga- und Meditationskurse des Himalayan Institute angeboten.

Swami Satchidananda

Swami Sivananda, der große Meister aus Rishikesh, lehrte eine Mischung verschiedener Yoga-Formen. Seine Schüler, darunter so bekannte Swamis wie Satchidananda, Chidananda (der verstorbene Präsident der Divine Life Society, Jyortirmayananda und der verstorbene Vishnu-devananda, trugen diese Synthese in alle Welt.

Swami Satchidananda eroberte sich einen Platz in den Herzen der Achtundsechziger, als er 1969 als spiritueller Mentor am Woodstock Festival teilnahm und einer ganzen Generation beibrachte, «OM» zu singen. Sein reich bebildertes Buch *Integral*

Hatha Yoga war Anfang der siebziger Jahre die Bibel für tausende zukünftiger westlicher Yogis. Swami Karunananda, der Präsident des Yogaville Aschram in Buckingham in Virginia, unterhielt sich mit mir darüber, wie die Praxis von Satchidanandas integralem Yoga heute aussieht. «Hatha-Yoga ist die Pforte, durch die die meisten Menschen eintreten. Viele haben stressbedingte Probleme oder sind chronisch erschöpft und kommen zu uns, weil sie lernen möchten, sich zu entspannen und vitaler zu werden. Damit fangen sie an. Später beginnen sie sich mehr für die dem Yoga zugrunde liegenden Prinzipien zu interessieren. Hatha-Yoga ist für uns eine Methode, mit der der Körper fit wird, während Meditation der Weg ist, den Geist zu konzentrieren, ihn zu still zu machen und zu klären. Beide Methoden dienen dazu, Körper und Geist auf ein nützliches Leben der Hingabe vorzubereiten. Satchidananda hat die Worte ‹entspannt›, ‹friedlich› und ‹nützlich› verwendet: Der Körper soll entspannt sein, der Geist friedlich und das Leben nützlich.»

Manche Schulen raten dazu, mehrere Stunden täglich Yoga zu praktizieren. Wir meinen, dass 30 Minuten Yoga am Tag, gefolgt von einer halben Stunde Pranayama und Meditation ausreichen, um den Körper in einem Zustand zu erhalten, in dem er den Herausforderungen des Lebens gerecht werden kann. Hatha-Yoga ist ein Mittel zum Zweck, nicht der Zweck selbst.

Unser Ansatz ist sanft und meditativ. Hatha-Yoga ist Körpermeditation und beeinflusst sowohl das Nerven- als auch das endokrine System. Unsere Klassen sind nach wissenschaftlichen Prinzipien ausgerichtet, um die Aufmerksamkeit der Schüler durch Beobachtung der Bewegungen des Körpers sanft nach innen zu richten. Nach 40 Minuten Asanas findet eine Tiefenentspannung statt, damit die Energie frei fließen kann, dann üben wir Pranayama und arbeiten mit dem pranischen Körper. Wir führen zunächst eine schnelle Atemtechnik aus, um das ganze System zu wecken und zu energetisieren, und dann atmen wir abwechselnd durch die beiden Nasenlöcher, um das System zu beruhigen und ins Gleichgewicht zu bringen. Zum Schluss folgt eine kurze Meditation, in der wir mit dem mentalen Körper arbeiten. Letztendlich wird sowohl die körperliche als auch die geistige Erfahrung transzendiert. Dann erleben wir die dahinter liegende Wahrheit.

Der integrale Yoga basiert auf der ganz natürlich stattfindenden spirituellen Erweckung der Kundalini. Dazu müssen aber die körperlichen und geistigen Ebenen nach und nach geläutert werden. Die anstrengenderen Methoden wenden wir nicht an, wir beschreiten lieber den langsamen, aber sicheren Weg. Das Ziel des integralen Yoga ist ein vollkommen gesunder und starker Körper, ein klarer friedlicher Geist, ein rasiermesserscharfer Verstand, ein stahlharter Wille, ein liebevolles, mitfühlendes Herz und ein Leben voller Hingabe in der Erkenntnis des wahren Selbst», schrieb Swami Satchidananda vor 25 Jahren, als er seine Yoga-Methode in den USA einführte. An diesem Ziel hat sich bis heute nichts geändert.

Swami Vishnu-devananda

Vishnu-devananda wurde im Westen quasi über Nacht berühmt, als 1960 *Das Große illustrierte Yoga-Buch* veröffentlicht wurde, ein Werk, das tausende westliche Yogis dazu inspiriert hat, die unglaublichen Stellungen zu meistern, die Vishnu-devananda vorführte.

Srinivasan, der Leiter der Sivananda Ashram Yoga Ranch in Woodbourne im amerikanischen Bundesstaat New York, klärte mich darüber auf, auf welche Weise Hatha-Yoga heute in den zahlreichen Zentren gelehrt wird, die Swami Vishnu-devananda gründete. «Swami betonte fünf Punkte, als er seinen Yoga in den Westen brachte: richtige Übung (Asanas), um die Muskeln zu dehnen und zu kräftigen und den Kreislauf anzuregen; richtige Atmung (Pranayama), um das Nervensystem und das feinstoffliche pranische System aufzuladen und auszugleichen; richtige Entspannung (Shavasana), um Muskeln, Atmung und den Geist zu beruhigen; richtige Ernährung (vegetarisch), um Selbstdisziplin in Bezug auf die Nahrungsaufnahme zu lernen; positives Denken (die Philosophie des Vedanta) und Meditation (Dhyana), durch welche die Identifikation mit der unsterblichen Seele erlangt wird. Hatha-Yoga stellt für den Anfänger eine praktische Methode dar, mit der er das eigene Leben in den Griff bekommen kann, damit Gesundheit, innerer Friede und Glück kultiviert werden können. Für die ernsthaft Interessierten bieten die Asanas und das Pranayama mit dem ethischen System aus Yama und Niyama die Grundlage des Raja-Yoga, des Yoga der Selbstverwirklichung durch Meditation und Meisterung des Geistes.

Die Yoga-Klassen nach Sivananda sind präzise aufgebaut und beinhalten Atemübungen, den Sonnengruß, eine aus zwölf klassischen Yoga-Stellungen bestehende Serie und Entspannungsübungen. Jede Klasse beginnt und endet mit einem kurzen Mantra und Gebeten. Wir ermutigen die Schüler, ihre Yoga-Praxis durch Meditation, Andachtsübungen und Vedanta zu vertiefen, aber diese Methoden werden in unseren Ashrams in getrennten Kursen vermittelt, in denen die Teilnehmer einen durchstrukturierten Tagesablauf haben, in dem alle wichtigen Yoga-Disziplinen integriert sind.

Was kann eine Schülerin erwarten, wenn sie das erste Mal in eine Sivananda-Yoga-Klasse kommt?» fragte ich. «Eine neue Schülerin kann von den Sivananda-Lehrern einen hervorragenden, ausgewogenen und authentischen Unterricht erwarten, der entweder zur Grundlage einer neuen gesünderen Lebensweise wird oder zur Basis für eine umfassende spirituelle Praxis», antwortete Srinivasan. «Wir raten den Schülern, sich Zeit zu lassen, sich aber an eine festgelegte Routine zu gewöhnen. In unseren Anfängerklassen bieten wir dafür eine solide Grundlage und weil Yoga für unsere Lehrer eine vollkommene Lebensweise ist, können ernsthafte Schüler erwarten, dass sie auf dem Weg des Hatha- und des Raja-Yoga in dem Maß geleitet werden, wie sie sich einer disziplinierten Praxis hingeben wollen.»

Die Sivananda-Yoga-Zentren bieten in ihren Ashrams überall auf der Welt außerdem vierwöchige Ausbildungskurse für Yoga-Lehrer an. Über 6000 Lehrer sind bisher von Swami Vishnu-devananda und seinen Schülern ausgebildet worden.

Yogi Bhajan

Ravi Singh, der Leiter des Kundalini Yoga Center in New York City, erklärte mir, dass Kundalini-Yoga ursprünglich als Laientradition in Nordindien entstand und speziell für berufstätige Menschen gedacht war, die zwar nicht in der Lage waren, jeden Tag stundenlang Yoga zu üben, aber dennoch eine konzentrierte und gleichzeitig effektive Form der Praxis wollten. Ursprünglich war Kundalini-Yoga eine geheime Wissenschaft für fortgeschrittene Laienschüler. Das Geheimnis wurde enthüllt, als Yogi Bhajan 1969 die Übungen zum ersten Mal in den Vereinigten Staaten vorstellte und anfing, Lehrer auszubilden. Er war der Meinung, dass es zu Beginn des Wassermannzeitalters keine geheimen Praktiken mehr geben sollte, also ließ er die Katze aus dem Sack.

Kundalini ist die grundlegende Bioenergie des Lebens, die höchste Frequenz des Prana. Die meisten Menschen bekommen davon nur so viel, dass sie gerade überleben können. Kundalini-Yoga ist eine systematisch strukturierte, anmutige Methode, um mehr von dieser Energie aufzunehmen, eine Art langsame Katharsis. Im System sind einige Kontrollen eingebaut, die sich auf das Nerven- und Drüsensystem auswirken, damit der Schüler lernt, mit diesem Plus an Energie umzugehen. Wenn man die Methode so anwendet, wie sie gelehrt wird, hat man nie mehr Energie, als man bequem vertragen kann. Wir halten nichts davon, jemanden durch plötzliche Energieschübe zu überfordern. Die meisten negativen Erfahrungen, von denen berichtet wird, sind eher ein Hinweis auf die Widerstände der Schüler als auf ihre Offenheit. Kundalini ist das Erblühen des eigenen Potenzials, und ihre Erweckung sollte ein positives Erlebnis sein. Darauf zielt unser Yoga ab.

In meinen Klassen beginnen wir immer damit, die Wirbelsäule durch eine Serie von Dreh- und Streckübungen zu lockern. Da wir großen Wert auf die Streckung des Ischiasnervs legen, führen wir eine Reihe von bestimmten Stellungen und Gegenstellungen aus. Nach dem Strecken folgt jeweils eine bestimmte Yoga-Sequenz. An einem Tag üben wir eine Abfolge für die Leber, an einem anderen öffnen wir das Herz. Dann üben wir eine Abfolge für die Lungen und an einem anderen Tag eine, um Angst oder Wut zu überwinden. Im Verlauf eines Monats werden so alle Aspekte des Menschen behandelt.

Wir legen besonderen Wert auf die Atmung, setzen aber auch viel Bewegung ein. Manchen Menschen bringt es nichts, die Stellungen zu halten, aber wenn sie sich bewegen und dabei richtig atmen, wird der Nutzen sofort sichtbar. Da wir beim Atmen ein bestimmtes Mantra denken, ist jede Klasse wie eine Meditation in der Bewegung. Außerdem legen wir großen Wert auf die Wissenschaft der richtigen Abfolge, damit die Schüler verstehen, wie die Übungen zusammenwirken, so dass am Ende etwas Größeres als die Summe der einzelnen Übungen entsteht.

Yogi Bhajans weltweit operierende Organisation heißt 3HO (Healthy, Happy, Holy – Gesund, Glücklich, Heilig). Sie können die 3HO Organisation Deutschland unter folgender Adresse erreichen:

3HO
Breitenfelder Straße 8
D-20251 Hamburg
Telefon und Telefax: (0049) 40 47 90 99
E-Mail 3ho@iname.com

Die Wahl des richtigen Lehrers

Nach zahlreichen Telefongesprächen hatte ich das Gefühl, dass ich nur wenige der vielen Yoga-Schulen kennen gelernt hatte. Dennoch mag meine Zusammenfassung Ihnen helfen, sich einen allgemeinen Überblick über das Angebot zu verschaffen und zu erkennen, auf welche Weise sich Theorie und Praxis der bekanntesten Schulen unterscheiden.

Wenn Sie nicht wissen, zu welcher Yoga-Klasse Sie gehen sollen, rate ich Ihnen, den Lehrer anzurufen und ihm Fragen zu stellen, die Ihnen die Entscheidung erleichtern werden. Die meisten Yoga-Lehrer sind gerne bereit, Ihre Fragen zu beantworten oder Ihnen eine andere Schule zu empfehlen, wenn sie Ihnen nicht das bieten können, was Sie sich vorstellen. Auf der Suche nach einem geeigneten Lehrer sollten Sie zusätzlich zu den speziellen Fragen, die Sie haben mögen, immer mindestens zwei Punkte klären.

1. «Welcher Yoga-Richtung gehören Sie an?» Zwar gibt es einige ausgezeichnete Lehrer, die keiner speziellen Richtung zuzurechnen sind, aber es ist dennoch gut, den Hintergrund des Lehrers zu überprüfen. Wenn der Lehrer nicht weiß, wie man eine

Stellung korrekt einnimmt und hält oder dieses Wissen nicht vermitteln kann, ist es nämlich möglich, dass sich die Schüler verletzen. Zu einer abgeschlossenen Ausbildung zum Yoga-Lehrer gehört, dass der Lehrer zumindest über Grundkenntnisse in Anatomie und Physiologie verfügt, was für die Sicherheit im Unterricht wichtig ist. Wenn Sie schwanger oder extrem steif sind oder ein gesundheitliches Problem wie hohen Blutdruck haben, sollten Sie dies dem Lehrer mitteilen und sichergehen, dass er weiß, wie er damit umzugehen hat.

2. «Ist Ihr Yoga-Stil sanft, anstrengend, oder hat er etwas von beidem?» Es ist für Sie wichtig, von vornherein zu wissen, wie anstrengend der Unterricht sein wird. Wenn Sie nicht gut in Form sind oder ein körperliches Problem wie einen Bandscheibenschaden haben, wird es besser sein, mit einer langsamen, entspannten Form des Hatha-Yoga zu beginnen. Wenn Sie aber in ausgezeichneter Form sind und schnelle, anstrengende, kreislaufanregende Übungen möchten, sollten Sie einen Lehrer finden, der Ihnen diese Form von Yoga bieten kann.

Und wenn Sie die richtige Yoga-Klasse gefunden haben, wünsche ich Ihnen viel Spaß!

Informationen über die verschiedenen Yoga-Schulen im deutschsprachigen Raum erhalten Sie unter folgender Adresse:
Bund deutscher Yogalehrer BDY
Heinrich-Grob-Straße 48
D-97250 Erlabrunn
Telefon: (0 49) 93 64 47 97
Telefax: (0 49) 93 64 72 08
Website: www.yoga.de
E-Mail: info@yoga.de

Bibliographie

2   Das Energiegeheimnis der fünf Riten

Aivanhov, Omraam Mikhael: *Geheimnis Mensch. Seine feinstofflichen Körper und Zentren*, Prosveta, Rottweil 1995.

Beinfield, Harriet, und Korngold, Efrem: *Between Heaven and Earth. A Guide to Chinese Medicine*, Ballantine Books, New York 1991.

Burr, Harold Saxton: *Blueprint for Immortality. The Electric Patterns of Life*, C. W. Daniel, Saffron Walden 1972.

Chia, Mantak: *Tao Yoga der Liebe. Der geheime Weg zur unvergänglichen Liebeskraft*, Ansata, Interlaken 1993.

Chopra, Deepak: *Alle Kraft steckt in dir*, Heyne, München 1998.

–: *Die unendliche Kraft in uns*, Heyne, München 1997.

Chu, Valentin: *The Yin-Yang-Butterfly. Ancient Chinese Sexual Secrets for Western Lovers*, G. P. Putnam, New York 1993.

Clifford, Terry: *Die spirituellen Geheimnisse tibetischer Heilkunst*, Ullstein, Berlin 1996.

Cooper, J. C.: *Der Weg des Tao*, Rowohlt, Reinbek 1996.

Eisenberg, David: *Encounters with Qi. Exploring Chinese Medicine*, Penguin Books, New York 1985.

Firebrace, Peter: *Acupuncture. Restoring the Body's Natural Healing Energy*, Harmony Books, New York 1988.

Frantzis, Bruce Kumar: *Opening the Energy Gates of Your Body*, North Atlantic Books, Berkeley 1993.

Gerber, Richard: *Vibrational Medicine. New Choices for Healing Ourselves*, Bear & Company, Santa Fe 1988.

Kaptchuk, Ted J.: *Das große Buch der chinesischen Medizin. Die Medizin von Yin und Yang in Theorie und Praxis*, O. W. Barth, Bern/ München/Wien 1990.

Karagulla, Shafica, und Gelder-Kunz, Dora van: *Die Chakren und die feinstofflichen Körper der Menschen*, Aquamarin, Grafing 1994.

Leadbeater, C. W.: *Die Chakras*, Hermann Bauer, Freiburg 1996.

Liu, Da: *Taoist Health Exercise*, Paragon House, New York 1991.

Mann, Felix: *Acupuncture. The Ancient Chinese Art of Healing and How it Works Scientifically*, Vintage Books, New York 1973.

Ming-Dao, Deng: *Der Taoist von Huashan*, Ansata, München 1994.

Motoyama, Hiroshi: *Theories of the Chakras. Bridge to Higher Consciousness*, Theosophical Publishing House, Wheaton, Illinois, 1981.

Nan, Huai-Chi: *Tao and Longevity. Mind-Body Transformation*, Samuel Weiser, York Beach 1984.

Page, Michael: *Die Kraft des Ch'i. Einführung in die chinesische Mystik und Philosophie*, Heyne, München 1997.

Sharamon, Shalila, und Baginski, Bodo: *Das Chakra-Handbuch. Vom grundlegenden Verständnis zur praktischen Harmonisierung*, Windpferd, Aitrang 1989.

Wilhelm, Richard (Übers. und Hrsg.): *Das Geheimnis der goldenen Blüte*. Mit einem Kommentar von C. G. Jung, Walter-Verlag, Olten und Freiburg i. Br. ³1971.

4 Nahrungszusammenstellung und andere Ernährungsratschläge

Bass, Stanley, und Day, Chet: *Ideal Health Through Sequential Eating*, Health & Beyond Press, Winter Haven 1994.

–: *In Search of the Ultimate Diet*, Health & Beyond Press, Winter Haven 1994.

Bernard, Neal: *Food for Life*, Harmony Books, New York 1993.

Day, Chet: *You're Killing Yourself When You Don't Have To. A Natural Hygiene Primer*, Health & Beyond Press, Winter Haven 1994.

Diamond, Harvey und Marilyn: *Fit fürs Leben. Fit for Life*, Goldmann, München 1990.

–: *Fit fürs Leben. Fit for Life II*, Goldmann, München 1992.

McDougall, John: *The McDougall Plan for Superhealth and Life-Long Weight Loss*, New Century Publishers, Orange 1983.

Ornish, Dean: *Die Ornish Herz-Diät*, Kreuz, Stuttgart 1993.

Weise, Devanando, und Frederiksen, Jenny: *Die Fünf-»Tibeter«®-Feinschmecker-Küche. Mit 144 Rezepten auf der Basis von Trennkost und mehr...*, Scherz, München 1994.

5 Die Energetik von Stimme, Klang und Meditation

Berendt, Joachim-Ernst: *Nada Brahma. Die Welt ist Klang*, Rowohlt, Reinbek 1985.

Goldman, Jonathan: *Healing Sounds. The Power of Harmonics*, Element Books, Rockport 1992.

Govinda, Lama Anagarika: *Creative Meditation and Multi-Dimensional Consciousness*, Mandala, London 1977.

–: *Fountains of Tibetan Mysticism*, Samuel Weiser, York Beach 1969.

Johari, Harish: *Chakras. Körperzentren der Transformation*, Sphinx, München 1992.

–: *Sounds of the Chakras* (Hörkassette), Inner Traditions, Rochester 1990.

Judith, Anodea: *Wheels of Life. A User's Guide to the Chakra System*, Llewellyn Publications, St. Paul 1990.

Judith, Anodea, und Vega, Selene: *The Sevenfold Journey. Reclaiming Mind, Body and Spirit Through the Chakras*, Crossing Press, Freedom 1993.

Keyes, Laurel Elizabeth: *Toning. The Creative Power of the Voice*, Devorss, Marina del Rey 1973.

Schwartz, Howard: *Miriam's Tambourine. Jewish Folktales from Around the World*, Oxford University Press, New York 1988.

Steiner, Rudolf: *Eurythmie als sichtbare Sprache*, Rudolf Steiner Verlag, Dornach 1994.

Die Autoren

Dr. Stanley S. Bass ist seit fast 50 Jahren auf dem Gebiet der alternativen Medizin und der Ernährungslehre tätig. Bass erhielt seinen Doktor der Naturheilkunde von der American School of Naturopathy und wurde später selbst Lehrer der Naturheilkunde. Außerdem besitzt er ein Diplom in Ernährungslehre vom New York Institute of Dietetics und machte den Doktor der Chiropraktik am Columbian College of Chiropractic. Er hat zahlreiche Bücher und Artikel über natürliche Gesundheitspflege und gesundes Leben verfasst. Um eine Liste seiner Veröffentlichungen zu erhalten, schreiben Sie an Dr. Stanley S. Bass, 3119 Coney Island Ave., Brooklyn, NY 11235, oder rufen Sie ihn unter (001) 71 86 48-15 00 an.

Chet Day ist medizinischer Forscher und Journalist und behandelt in seinem monatlichen *Newsletter Health & Beyond* Themen wie natürliche Gesundheitspflege, Wiederherstellung der Gesundheit auf natürliche Weise und vegetarische Ernährung. Außerdem gibt er eine Reihe von Broschüren über gesundes Leben heraus und schreibt Artikel für verschiedene alternative Zeitschriften. Sie erfahren mehr über seine Arbeit, indem Sie den kostenlosen Ratgeber *Natural Health Resource Guide* unter folgender Anschrift anfordern: Chet Day, 4258 Stafford Drive, Winter Haven, FL 33880-1141. Oder per Telefon unter (001) 94 12 94-03 00 oder im Internet unter chetday@aol.com.

Richard Leviton ist seit 20 Jahren als Journalist auf dem Gebiet der natürlichen Gesundheitspflege tätig. Er schrieb lange Jahre für das *East West Journal* (später in *Natural Health* umbenannt), das *Yoga Journal* und *The Quest*, und er hat zahlreiche Bücher verfasst, darunter *The Imagination of Pentecost* (Anthroposophic Press 1994), *Brain Builders* (Prentic Hall 1995) und *Looking for Arthur* (Station Hill Press 1995). Zur Zeit arbeitet Leviton als Herausgeber des *Alternative Medicine Digest* und von *Future Medicine Publishing*.

Dr. Jeff Migdow studierte an der University of Illinois in Chicago Medizin und erhielt seine praktische Ausbildung am George Washington University Hospital in Washington, D.C. Er ist seit 15 Jahren als praktischer Arzt niedergelassen und hat sich auf ganzheitliche Medizin spezialisiert. Schon als Student las Dr. Migdow Berichte über den gesundheitlichen Nutzen von Yoga und begann selbst damit. Seine medizinischen Forschungen enthüllten einen eindeutigen Zusammenhang bestimmter Fakten der westlichen Wissenschaft mit den Grundprinzipien des Yoga. Er kam zu dem Schluss, dass die positiven Auswirkungen des Yoga auf den Körper biologisch erklärt werden können. Zudem merkte er, wie positiv sich die Übungen auf seine eigene Gesundheit und Leistungsfähigkeit auswirkten.

Als Assistenzarzt musste er normalerweise sieben Tage die Woche abrufbereit sein und schlief häufig nur drei bis vier Nächte pro Woche. Da er wenig Zeit für ein langes kompliziertes Yoga-Programm hatte, schuf er ein spezielles Programm von Yoga-Haltungen, die er in nur zehn Minuten absolvieren konnte. Dr. Migdow ist sich sicher, dass die Übungen ihm durch diese äußerst schwierige und stressvolle Zeit hindurchhalfen. Im Gegensatz zu vielen seiner damaligen Kollegen fühlte er sich nämlich gesund und voller Energie.

Auch nachdem er eine eigene Praxis eröffnet hatte, blieb Yoga ein wichtiger Teil seines Lebens. Sein besonderes Interesse galt dem Hatha-Yoga, der Form, die den körperlichen Aspekt betont. Vor einigen Jahren erzählte ihm ein Patient von den Fünf »Tibetern« und gab ihm ein Exemplar von *Ancient Secret of the Fountain of Youth*. Dr. Migdow fühlte sich sofort von den Übungen angezogen, da sie ihn an die Yoga-Haltungen erinnerten, aber weniger Zeit in Anspruch nahmen. So fing er nicht nur selbst damit an, sondern begann auch, sie seinen Patienten zu empfehlen. Viele von ihnen berichteten ihm, dass sie sich schon nach zwei oder drei Monaten gesünder fühlten, stärker motiviert waren und mehr Energie zur Verfügung hatten. Dr. Migdow kam zu dem Schluss, dass die Fünf »Tibeter« wie das Yoga Heilungsprozesse zu beschleunigen scheinen.

Zur Zeit arbeitet Dr. Migdow am Kripalu Center in Lenox, Massachusetts, einer der weltweit größten Gesundheitseinrichtungen, die Yoga in ihr Programm integrieren. Er empfiehlt auch heute noch sowohl Yoga als auch die Fünf »Tibeter«, da er davon überzeugt ist, dass diese die Aufrechterhaltung guter Gesundheit und die Heilung unterstützen und für viele Menschen eine Möglichkeit darstellen, sich aktiv daran zu beteiligen, sich besser zu fühlen und ein erfüllteres Leben zu führen.

Laura Faye Taxel arbeitet seit über 20 Jahren als Autorin und Journalistin. Ihre Artikel sind in vielen amerikanischen Zeitschriften erschienen, unter anderem in *Ladies Home Journal, Parenting, Natural Health, New Age, The Cleveland Plain Dealer Sunday Magazine, The Akron Beacon Journal Sunday Magazine* und in *Cleveland Parent.*
Außerdem ist Laura Taxel die Autorin von *Cleveland Ethnic Eats* (Gray and Company 1995).

Dr. Robert Thurman ist Jey-Tsong-Khapa-Professor für das Studium des indotibetischen Buddhismus, Vorsitzender der religionswissenschaftlichen Fakultät der Columbia University und Präsident von Tibet House, einer Organisation, die sich die Bewahrung der tibetischen Kultur zur Aufgabe gemacht hat. Er wird als einer der führenden Gelehrten Amerikas auf dem Gebiet des tibetischen Buddhismus angesehen. Außerdem ist Thurman buddhistischer Laienmönch, und Seine Heiligkeit, der 14. Dalai Lama, der Führer der tibetischen Exilgemeinschaft, bezeichnet ihn als alten Freund und Vertrauten.
Dr. Thurman war so freundlich, die amerikanische Ausgabe der Fünf »Tibeter«® von Peter Kelder zu lesen und das Buch sowohl von einer historischen als auch einer spirituellen Warte aus zu begutachten. Er brachte über 30 Jahre praktische und theoretische Erfahrung mit in die Diskussion ein. Da er das Gefühl hatte, das Thema erfordere weitaus mehr Hintergrundinformationen, als er während der Unterhaltung geben könnte, wies er im Verlauf des Gesprächs häufig auf seine eigenen zahlreichen Veröffentlichungen zu Tibet und dem tibetischen Buddhismus hin. Ich habe daher mit Dr. Thurmans Erlaubnis in den Text des Interviews ergänzende Erläuterungen aus seinen Schriften eingefügt.

Der Fünf-»Tibeter«-Serviceteil

Der »Tibeter«-Dachverband

Der »Tibeter« Anwender und Trainer-Dachverband e.V. betreut alle »Tibeter«-Freunde. Er regelt und überwacht die Ausbildung, stellt Informationen und Mittel für die korrekte Anwendung zur Verfügung und beantwortet alle im Zusammenhang mit der »Tibeter«-Praxis auftauchenden Fragen.

Der Dachverband fördert die »Tibeter« als einfaches Energie- und Fitnessprogramm für jedermann und jederfrau jeden Alters. Das Programm hat seinen Ursprung im Yoga und besteht aus fünf einzelnen sich ergänzenden Bewegungsabläufen, die vollständig praktiziert werden wollen. Eine natürliche Haltung und genaue Ausführung der Übungen verhindern mögliche Fehlerquellen. Die Kombination mit einer ruhigen und tiefen Atmung sowie mit positiven, lichten Gedanken intensiviert die Wirkung. Ergänzende Entspannungsübungen steigern den Wert des Programms.

Viele Anwender berichten über harmonisierte und vitalisierte Organfunktionen, über äußere und innere Fitness. Die »Tibeter« sind eine hervorragende Möglichkeit, soziale und emotionale Kompetenz und Intelligenz auf- und auszubauen. Sie erschließen auf natürliche Art und Weise einen Weg zum eigenen Ich, zu Selbstbewusstsein, zu Zentriertheit, zu innerer Ruhe und Gelassenheit. In diesem Sinne entfalten diese einfachen Riten eine wohl nie restlos auslotbare Tiefe und Qualität.

Auskünfte und Informationen erhalten Sie bei:

Zentralsekretariat und Sekretariat Schweiz:
»Tibeter« Dachverband, Herrn Arnold Lanz,
Postfach 1619, FL-9490 Vaduz,
Tel.: (+423) 233 33 20, Fax: (+423) 232 05 45
E-Mail: arnold@lanz.lol.li
Homepage: www.lanz.li

Sekretariat Deuschland:
»Tibeter« Dachverband, Herrn Carlos Liebetruth,
Wilhelmstraße 27, D-80801 München,
Tel.: (+49) 89-34 81 65, Fax: (+49) 89-34 70 95
E-Mail: carlos.liebetruth@t-online.de

Sekretariat Österreich:
»Tibeter« Dachverband, Herrn Franz Steinberger,
Hostauerstraße 26, A-4100 Ottensheim,
Tel.: (+43) 7234-85 022, Fax: (+43) 7234-85 162
E-Mail: fs.consulting@aon.at

Internet-Homepage:
http://www.fuenf-tibeter.de sowie http://lanz.li

Die Ausbildung besteht hauptsächlich aus:

a) »Tibeter«-Grundseminar
   Ziel: das umfassende Kennenlernen und Einüben des
   Programms
   Dauer: einen Tag oder mehrere Abende
   Umfang und Inhalt:
   – Erklärungen zu den »Tibetern«: Geschichte, Entstehung,
     Philosophie und Geisteshaltung
   – Einüben und Erklärungen zur Anatomie: Körperhaltung,
     gerader Stand, Körper-Durchlässigkeit, Blut- und Energie-
     zirkulation, Wirbelsäulenhaltung, Ausgangs- und Grund-
     position

- ausführliches Erklären und Einüben der Bewegungsabläufe
- zu vermeidende mögliche Fehlhaltungen und Bewegungsführungen; Folgen solcher Fehlhaltungen
- Zeigen und Einüben der Vorübungen, Entspannungshaltungen, Ausgleichspositionen
- Verbinden der »Tibeter« mit der Atmung, Grundkenntnisse: Zwerchfellatmung, Bauchatmung, Vollatmung, Intensivatmung
- die Anwendung der »Tibeter«
- Grundkenntnisse des endokrinen Drüsensystems und der Chakralehre
- vertiefende, meditative und mentale Übungspraktiken der »Tibeter«

»Tibeter«-Grundseminare werden von lizenzierten »Tibeter«-Trainern angeboten (siehe Liste ab Seite 250). Die aktuellen Seminartermine werden in der Homepage bekanntgegeben und sind unter den Sekretariatsadressen abzufragen.

b) **Fresh-Up-Kurse**
Ziel: Auffrischen, Erneuern der »Tibeter«-Kenntnisse
Dauer: ein halber Tag oder ein langer Abend
Umfang und Inhalt: wie Grundseminar mit dem Hauptgewicht auf Kontrolle, Korrektur, Verfeinerung und Vertiefung, insbesondere auch im meditativen, entspannenden Bereich: Erfahrungsaustausch über die Wirkungsweise

»Tibeter«-Fresh-Up-Seminare werden von ausgewählten lizenzierten »Tibeter«-Trainern angeboten. Die aktuellen Seminartermine werden in der Homepage bekanntgegeben und sind unter den Sekretariatsadressen abzufragen.

c) **Vertiefung (A-Seminare)**
Ziel: Vertiefen der »Tibeter«. Teil der »Tibeter«-Trainer-Weiterbildung
Dauer: zwei Tage
Umfang und Inhalt: der Körper als Tor zu Seele; Wirbelsäulen- und Chakraschule; Atmung, Atemtechnik, Atemerfahrung;

Entfalten der Wirkungen; Einmitten und Erden; die »Tibeter«
ausschöpfen

»Tibeter«-Vertiefung/A-Seminare werden von ausgewählten
lizenzierten »Tibeter«-Trainern angeboten. Die aktuellen
Seminartermine werden in der Homepage bekanntgegeben
und sind unter den Sekretariatsadressen abzufragen.

d) »Tibeter«-Trainer-Ausbildung
Ziel: Ausbildung zum lizenzierten »Tibeter«-Trainer
Dauer: sechs Tage
Abschluss: Trainerlizenz
Umfang und Inhalt:
- Definition der »Tibeter«
- vertiefendes Einüben, Praxis der »Tibeter«-Schulung
- Sonderformen der Anwendung, vertiefende Anatomie,
  Körperhaltungen, Vor-, Nach-, Ergänzungsübungen, Wir-
  belsäulenschule
- der 6. und der 7. »Tibeter«
- Affirmationen, positives Denken, Meditation
- Atem ist Leben, tibetische Atemschule, Energieatem, Lebens-
  atem, Wunschatem
- vertiefende Chakra-Arbeit (öffnen, reinigen, fördern, ver-
  binden, heilen)
- Organisation und Administration, Rechtsfragen, Pflichten
  und Rechte des Trainers
- Aufgaben und Ziele, Wirken, PR, Werbung
- »Tibetische« Ernährung
- Persönlichkeitsentwicklung, Kreativität, Talente entwickeln,
  Selbstfindung
- die Grundstufen der Energiearbeit (wecken, verdichten,
  lenken, pulsieren, einsetzen)

Die »Tibeter«-Trainer-Ausbildung wird von ausgewählten lizenzierten »Tibeter«-Trainer-Ausbildern angeboten (siehe Vorstellung ab Seite 261). Die aktuellen Seminartermine werden
in der Homepage bekanntgegeben und sind unter den Sekretariatsadressen abzufragen.

Aktuelles Verzeichnis der TrainerInnen

Baden-Württemberg

68161 Mannheim, Ayurveda-Zentrum, Wolfgang Neutzler, O 7, 6,
Tel. 06 21/10 51 04

70499 Stuttgart, Peter Domhan, Landauer Strasse 93, Tel. 07 11/8 89 14 92

71149 Bondorf, Dr. Werner J. Dobner, Baumgartenweg 31,
Tel. 0 74 57/17 25

71638 Ludwigsburg, Dora Stockert, Myliusstr. 3, Tel. 0 71 41/92 78 02

71691 Freiberg, Gisela Hölscher, Goethestr. 31/1, Tel. 0 71 41/7 68 27

72202 Nagold/Mindersbach, Margarita Tubach, Bopserweg 22,
Tel. 0 74 52/9 20 22

72202 Nagold/Hochdorf, Ellen Ruth Zechner, Achalmstr. 27/6,
Tel. 0 74 59/24 02

74889 Sinsheim, Waltraud Ertz, Am Mangoldsgrund 12,
Tel. 0 72 61/1 21 07

72760 Reutlingen, Kurt Jones, Justinus-Kerner-Str. 103,
Tel. 0 71 21/31 06 84

75181 Pforzheim, Martina Strohheker, Allmendstr.42,
Tel. 0 72 31/7 02 13

76189 Karlsruhe, Andreas Roock, Lindenallee 94, Tel. 07 21/57 48 52

76189 Karlsruhe, Gisela Willimsky, Kübelkopfstr. 19,
Tel. 07 21/57 28 11

77933 Lahr-Hugsweier, Karin Obert, Untere Mühle 1,
Tel. 0 78 21/4 34 31

78570 Mühlheim, Elke Buschle, Nelkenstr. 15, Tel. 0 74 63/15 72 18

79102 Freiburg, Ulrike Fahlbusch, Kartäuserstr. 88, Tel. 07 61/38 19 80

79730 Murg Hänner, Viktoria Braun, Poststr. 10,
Tel. 0 77 63/91 92 18

97892 Kreuzwertheim, Peter-Michael Keck, Gemeindedinger 70,
Tel. 0 93 42/3 72 73

97980 Bad Mergentheim, Elke Auler, Beim Braunstall 10,
Tel. 0 79 31/67 74

Bayern

80639 München, Monika Krug, Hubertusstr. 1, Tel. 089/17 59 15

80801 München, Carlos Liebetruth, Wilhelmstr. 27, Tel. 089/34 81 65

81371 München, Birgit Petrick, Valleystraße 48, Tel. 089/77 79 79

81377 München, Gerhard Achternbusch, Trautweinstr. 15,
Tel. 089/7 14 21 78

81547 München, Elke Kunsmann-Leutiger, Säbenerstr. 44,
Tel. 089/6 91 64 94

81549 München, Brigitte Gillessen, Balanstr. 365, Tel. 089/68 07 07 00

81675 München, Penny McLean, Neherstr. 7

81925 München, Zentrum für *innerFitness*, Maruscha Magyarosy,
Pernerkreppe 22, Tel. 089/9 57 81 20

81927 München, Uschi Ploner, Freischützstr. 55, Tel. 089/95 95 95 99

82166 Gräfelfing, Inst. f. bewußtseinsfördernde Med., Andrea M. Lowes,
Stefanusstr. 6a, Tel. 089/8 98 25 50

82256 Fürstenfeldbruck, Jörg-Michael Harms, Heimstättenstr. 36,
Tel. 0 81 41/1 60 34

82284 Grafrath, Vitalzentrum, Petra Hausruckinger, Bahnhofstr. 95,
Tel. 0 81 44/77 75

82418 Murnau, Thomas P. Fleischer, Wiesenweg 4, Tel. 0 88 41/75 28

83209 Prien, Helga Lang, Hochriesstraße 25b, Tel. 0 80 51/6 46 05

83552 Evenhausen, Roswitha Schöne, Chiemgaustr. 38a,
Tel. 0 80 75/18 58 54

83530 Schnaitsee, Ingo Löffelmann, Kampenwandstr. 46, Tel. 0 80 74/16 00

84051 Essenbach / Mirskofen, Reinhilde Pönisch, Arberstraße 9,
Tel. 0 87 03/17 36

84144 Geisenhausen, Hanns Held, Johannesstr. 6, Tel. 0 87 43/18 08

85055 Ingolstadt, Gudrun Gmelin, Drosselweg 3, Tel. 08 41/3 91 44

85276 Pfaffenhofen, Dagmar Muggenthaler, Kellerstr. 37,
Tel. 0 84 41/8 62 49

86152 Augsburg, Matthias Möller, Klinkerberg 1, Tel. 08 21/15 87 30

86438 Kissing, Christa Mayr, Wielandstr. 5, Tel. 0 82 33/84 98 93

86447 Aindling, Helga Kipp, Zieglerweg 7, Tel. 0 82 37/60 10

86720 Nördlingen, Uschi Eickmann, Breitengwand 8,
Tel. 0 90 81/8 61 80

86899 Landsberg am Lech, Oliver Junker, Ignatius-Merani-Str. 2,
Tel. 0 81 91/92 27 22

87435 Kempten, Eva-Maria Remy, Rathausplatz 2, Tel. 08 31/1 81 42

87534 Oberstaufen, Angelika Kaiser, Am Lindele 14, Tel. 0 88 86/75 30
87629 Füssen, Barbara Lent, Theresienstr. 10, Tel. 0 83 62/94 00 32
87700 Memmingen, Ingrid Gaydon, Michael-Rehm-Str. 18,
    Tel. 0 83 31/49 61 39
87700 Memmingen, Helmut Pfaus, Otto-Hahn-Str. 1,
    Tel. 0 83 31/49 54 58
89611 Reutlingendorf, Henning Kandt, Haldenstr. 5, Tel. 0 73 75/95 00 71
90419 Nürnberg, Bruno Straub, Burgschmiedstr. 11, Tel. 09 11/39 70 13
90480 Nürnberg, Gerharda Schwarz-Musolf, Zochastr. 11,
    Tel. 09 11/5 43 01 42
90592 Schwarzenbruck, Karl Weininger, Werner-von-Siemens-Str. 12,
    Tel. 0 91 28/ 20 97
90768 Fürth, Vesna Eggen, Kuckucksweg 29, Tel. 09 11/72 08 77
91617 Oberdachstetten, Günter Fluhrer, Ansbacher Str. 11, Tel. 0 98 45 /3 04
91710 Gunzenhausen, Studio für Shiatsu, Michael Siebentritt, Industriestr. 6,
    Tel. 0 98 31/6 77 32 51
91729 Haundorf, Ilse Rudolf, Weinbergstr. 22, Tel. 0 98 37/7 93
91757 Treuchtlingen-Wettelsheim, Günter Prusakow, Patrichsiedlung 15,
    Tel. 0 91 42/59 80
92280 Kastl/Oberpfalz, Gesundheitspraxis Kastl, Stefan Klatt,
    Brauhausgasse 8, Tel. 0 96 25/2 19
93073 Neutraubling, Lebenshilfe Astrologie, Konrad Gruber, Röntgenstr. 96,
    Tel. 0 94 01/91 59 44
94161 Ruderting, Michael Hentschel, Passauerstr. 15, Tel. 0 85 09/93 47 34
96049 Bamberg, Jörg Rascher, Michelsberg 29a, Tel. 09 51/5 19 06 68
96231 Staffelstein, Brigitte Weidner-Schüler, Mainblick 8, Tel. 0 95 73/10 28
96250 Ebensfeld, Margarete Hutmacher-Brückner, Prächtingerstr.18,
    Tel. 0 95 73/3 44 63
96250 Ebensfeld, Angelika Rauer, Alte Dorfstr. 4, Tel. 0 95 73/61 70
96450 Coburg, Jasmin Heß, Adolf-Waldrich-Weg 14, Tel. 0 95 61/6 82 62
97234 Reichenberg, OKK-Verlag, Dieter Schmitt, Am Höchberg 34,
    Tel. 09 31/ 66 12 49
97422 Schweinfurt, Marianne Eusemann, Aurachweg 8, Tel. 0 97 21/3 26 51

Berlin

10787 Berlin, Sigrid Kaiser, Keithstr.14, Tel. 030/8 31 13 36
12203 Berlin, Rosa Maria Stoske, Roonstr. 39a, Tel. 030/8 34 01 52
12309 Berlin, Heinz Kluge, Tutzinger Str. 37, Tel. 030/7 44 43 05
12587 Berlin, Helga Goltzsche, Scharnweber Str. 55, Tel. 030/6 41 29 00
13465 Berlin, Dr.med.Edelgard Böcker-Schröder, Ludolfinger Weg 64,
    Tel. 030/4 01 60 65

Brandenburg

14770 Brandenburg, Rainer Pauli, Neuendorfer Str. 69,
    Tel. 0 33 81/22 80 22
15711 Königs-Wusterhausen, Karin Hübner, Händelstr. 7,
    Tel. 0 33 75/29 56 51
16816 Neuruppin, Gerard und Angelika Skok, Franz-Maecker-Str. 25b,
    Tel. 0 33 91/50 15 91

Bremen

28357 Bremen, Richard Bremse, Am Rüten 204, Tel. 04 21/25 67 25

Hamburg

22117 Hamburg, Anke Micheel, Reinskamp 10, Tel. 040/7 12 41 19
22149 Hamburg, Gudrun Sanders, Brockdorffstr. 18a,
    Tel. 040/6 73 32 68
22397 Hamburg, Gisela Teschke-Kruse, Specksaalredder 32a,
    Tel. 040/6 07 20 72
22523 Hamburg, Gabriele Scholz, Immenweide 91, Tel. 040/5 71 41 33
22607 Hamburg, Barbara Simonsohn, Holbeinstr. 26, Tel. 040/89 53 38

Hessen

34134 Kassel, Reni Fröhlich, Hermann-Mattern-Str. 6,
    Tel. 05 61/40 67 99

36037 Fulda, Klaus Traut, Kronhofstr. 43, Tel. 06 61/7 09 79
36041 Fulda, Gerhard Büttner, Am Flugplatz 9, Tel. 06 61/4 49 46
36269 Philippsthal, Sibylle Mohr, Thalhäuserweg 34, Tel. 0 66 20/71 24
60316 Frankfurt a. M., Gisela Ross, Günthersburgallee 56, Tel. 069/29 35 03
60433 Frankfurt a. M., Christina Hennermann, Auf der Lindenhöhe 18a,
Tel. 069/51 56 48
60596 Frankfurt a. M., Gabriela Ristow-Leetz, Böcklinstr. 6, Tel. 069/63 24 40
61184 Karben, Lioba Bayer, Vilbelerstr. 27, Tel. 0 60 39/4 11 15
61184 Karben, Ingeborg Gresser-Riede, Goethestr.23, Tel. 0 60 39/4 58 92
61287 Bad Homburg, Privat-Institut Junker, Gitta Junker, Postfach 1718,
Tel. 0 60 07/29 86
61352 Bad Homburg, Gisela Köhm, Altgonzenheim 20,
Tel. 061 72/45 75 50
61381 Friedrichsdorf, Claudia Foucar, Rhönstr. 3, Tel. 0 60 07/76 56
63303 Dreieich, Rosi Spampanato-Weiss, Odenwaldring 113,
Tel. 0 61 03/98 11 31
63526 Erlensee, Romy Bott, Friedrich-Ebert-Str. 1, Tel. 0 61 83/38 43
63607 Wächtersbach, Barbara E. Henke, Untertor 13, Tel. 0 60 53/42 14
63674 Altenstadt, Heidi Schoennagel, Römerbrunnen 4,
Tel. 0 60 47/20 32
64293 Darmstadt, Brigitte Schiechel-Barattin, Am Alten Bahnhof 6,
Tel. 0 61 51/89 76 36
64625 Bensheim, Ute Ilmstädter-Rohr, Ludwigstr. 26
64646 Heppenheim, Ilse Grote, Schlehenweg 9, Tel. 0 62 52/91 35 85
64658 Fürth/Odenwald, Waltraud Müller, Centwald 2,
Tel. 0 62 53/93 21 60
64850 Schaafheim, Thomas Draxler, Friedrich-Ebert-Str. 6,
Tel. 069/2 61 31 04
65185 Wiesbaden, Renate M. Weil, Herderstr. 15, Tel. 06 11/80 52 63
65428 Rüsselsheim, Ellen Schön, Mainzer Str. 6, Tel. 0 61 42/1 56 80
65618 Selters/Ts., Edith Brühl, An den Birken 12, Tel. 0 64 83/74 07
65824 Schwalbach, Elisabeth Müller-Rohrbacher, Schönberger Weg 12,
Tel. 0 61 96/8 16 72
69509 Mörlenbach, Theresia Breier, Klein-Breitenbach 8b,
Tel. 0 62 09/44 15
69509 Mörlenbach, Waltraud Zobel, Klein-Breitenbach 58,
Tel. 0 62 09/53 14

Niedersachsen

26356 Rotenburg, Ursula Drzenski, Buhrfeindstr. 50, Tel. 0 42 61/38 08
26427 Esens, Iris Ackermann, Breslauer Str. 14, Tel. 0 49 71/14 36
27386 Hemsbünde, Gerda Arldt, Hübenkamp 46, Tel. 0 42 61/635 50
27472 Cuxhaven, Frank Seipke, Friedrichstr. 14; Tel. 0 47 21/38 180
27616 Beverstedt, Barbara-Elisabeth Hahn, Danziger Str. 12, Tel. 0 47 47/632
29568 Wieren, Bozena Ramünke, Am Vorberg 11, Tel. 0 58 25/13 83
30163 Hannover, Jana Gewinn, Rosenbergstr. 1, Tel. 05 11/62 85 35
31515 Wunstorf/Steinhude, Dr. Ingfried Hobert, Ostenmeer 37,
    Tel. 0 50 33/9 50 30
31535 Neustadt, Heidi Eichler, Rundeel 25, Tel. 0 50 32/6 46 73

Nordrhein-Westfalen

33014 Bad Driburg, Sabine Mitzloff, Johannisstr. 23, Tel. 0 52 53/39 96
42349 Wuppertal, Christa Kuntze, Am Köhler 4, Tel. 02 02/40 02 20
44225 Dortmund, Karin Enkel, Jagdhausstr. 16, Tel. 02 31/79 41 45
45470 Mülheim, Dörte Lange-Komorek, Mendener Str. 15,
    Tel. 02 08/37 53 66
48159 Münster, Bärbel Stahl, Von-Humboldt-Str. 33, Tel. 02 51/21 24 90
45966 Gladbeck, Frank Kazuschke, Krugstr. 11, Tel. 0 20 43/98 91 13
48308 Senden, Peter Moll, Hagenkamp 210, Tel. 05 97/84 32
48488 Emsbüren, Maria-Magdalena Johennecken, Dernte 4, Tel. 0 59 03/77 85
50226 Frechen, Ralf Schnitzler, Jakob-Cremer-Str. 3, Tel. 0 22 34/27 41 10
50529 Pulheim, Marina Lang, Gilbachstr. 30, Tel. 0 22 38/5 81 04
50823 Köln, Karola von Düren, Hansemannstr. 20, Tel. 02 21/5 10 75 11
51069 Köln, Rupert Fehler, Berliner Str. 898, Tel. 0172/6 98 26 74
53177 Bonn-Bad Godesberg, SKR Studien-Kontakt-Reisen, Luise Müller,
    Kurfürstenallee 5, Tel. 02 28/93 57 30
57413 Finnentrop-Heggen, Brigitte Färber-Labs, Am Sportplatz 12,
    Tel. 0 27 21/5 00 90
58675 Hemer, Christiane Amelung, Brandeiche 10a, Tel. 0 23 72/23 20
58802 Balve, Sieglinde Kubat, Zum Langenloh 25, Tel. 0 23 75/32 29
59348 Lüdinghausen, Maria Grommes, Peickskamp 18,
    Tel. 0 25 91/98 98 88
59555 Lippstadt, Petra Feil, Eichendorffstr. 35

Rheinland-Pfalz

54550 Daun, Akademie der Präventivmedizin, Beate Chruscz-Grett,
Abt-Richard-Str.16, Tel. 0 65 92/80 11
54550 Daun, Edeltraud Schneider, Waldenbungert 4, Tel. 0 65 92/34 38
55878 Wallertheim, Ganzheitliches Institut Mandala, Christel Sturm,
Wassergasee 20, Tel. 0 67 32/91 86 17
56075 Koblenz, Barbara Wilhelmi, Wismarer Str. 5, Tel. 02 61/5 11 77
56271 Roßbach, Ingrid Storoschenko, Friedhofsweg 2, Tel. 0 26 80/84 16
56330 Kobern-Gondorf, Dorothea Pellin, Römer Str. 82,
Tel. 0 26 07/61 62
56727 Mayen, Bija Margund Thielen, Göbelstr. 29, Tel. 0 26 51/7 82 12
67454 Hassloch, Monika Becker, Weisengasse 8b, Tel. 0 63 24/55 74

Saarland

66128 Saarbrücken, Privat-Akademie, Horst Pinkel, Brunnenstr. 11,
Tel. 06 81/70 20 747
66424 Homburg, Barbara Theiss, Lagerstr. 10, Tel. 0 68 41/70 92 16

Sachsen

01237 Dresden, Bernd Steffin, Lehmannstr. 21, Tel. 03 51/2 81 42 67
08312 Lauter, Monika Lein, Heinrich-Heine-Str. 30,
Tel. 0 37 71/72 29 74

Sachsen-Anhalt

39590 Tangermünde, Heidi Wolf, Breitscheidstr. 15,
Tel. 03 93 22/4 53 49

Schleswig-Holstein

21509 Glinde, Traute Harsdorff, Kiefernbogen 24, Tel. 040/7 11 13 43
22926 Ahrensburg, Gerhard Hackenberg, Am Haidschlag 38,
Tel. 0 41 02/5 57 51

24360 Barkelsby, Ute Wehrend, Kasmarker Weg 100,
Tel. 0 43 58/99 99 96
25704 Meldorf, Kurbad und Sonnenstudio Bähr, Gisela Bähr,
Hindenburgstr. 3, Tel. 0 48 32/77 43
25718 Friedrichskoog, Brigitte Schieber-Sassenroth, Erlenweg 7,
Tel. 0 48 54/12 20
25856 Hattstedt, Susanne Steyer-Werner, Drift 43, Tel. 0 48 46/6 30 30
26548 Norderney, Karin Marcks, Tannenstraße 3, Tel. 0 49 32/8 19 86

Thüringen

98634 Wasungen, Gisela Tietze, Am Sportplatz 6, Tel. 03 69 41/7 03 01

Italien

I-20148 Mailand, Brigitte Sollich, Via Rubens 14, Tel. 00 39/2/40 09 45 75
I-50020 Le Fonti, Margarete Schmitt, Panzano/Fl, Tel. 00 39/55/85 21 94

Liechtenstein

FL-9490 Vaduz, Arnold Lanz, Immagass 1a, Tel. 00 41/75/2 33 33 20
FL-9490 Vaduz, Gertrud Stock, Immagass 1a, Tel. 00 41/75/2 32 70 44

Niederlande

NL-7772 EG Hardenberg, Leo Botha, De Kamphof 7, Tel. 00 31/5 23/26 65 76

Österreich

A-1070 Wien, Atem-Kultur-Zentrum, Gabi Durkowitsch, Hermanngasse 30,
Tel. 00 43/1/5 26 47 50
A-1220 Wien, Ewa Maria Grzywnowicz, Zschokkegasse 91/8/13,
Tel. 00 43/1/2 83 67 32
A-3521 Untermeisling 30, Helga und Stefan Kugel, Tel. 00 43/27 17/53 02

A-4100 Ottensheim, Franz Steinberger, Hostauerstr.26a,
Tel. 00 43/664/3 26 14 24
A-4540 Bad Hall, Tassilo Gesundheitszentrum, Barbara Schagerl-Müllner,
Ranwallnerstr. 48, Tel. 00 43/ 72 58/26 47
A-5084 Grossgmain, Waltraud Lang-Schwartz, Salzburgerstr. 413,
Tel. 00 43/62 47/73 39
A-6361 Hopfgarten, Idra Sonnenstudio, Anton Misslinger, Bahnhofstr. 8,
Tel. 00 43/53 35/44 33
A-6858 Schwarzach, Gertrud Rotheneder, Staudachstr. 28,
Tel. 00 43/55 72/5 81 96
A-9220 Velden, Leopold Idl, Fliederweg 11, Tel. 00 43/42 74/41 31
A-9322 Micheldorf-Kärnten, Ferienparadies Agathenhof,
Maximilian Fischbach, Agathenhof, Tel. 00 43/42 68/2 01 50

Portugal

P-8650 Vila do Bispo, Quinta Eanna, Marina Lang, Rua dos Pescadores 32,
Tel. 0 03 51/82/69 86 13

Schweiz

CH-3012 Bern, Roswitha Menke, Mittelstr. 55, Tel. 00 41/31/3 02 22 91
CH-3027 Bern, Christine Hess, Riedernrain 318, Tel. 00 41/31/9 91 94 18
CH-3066 Stettlen, Isabella Aregger, Im Baumgarten 6,
Tel. 00 41/31/9 32 20 53
CH-3076 Worb, Christine Müller, Promenadenstr. 2,
Tel. 00 41/31/8 39 07 28
CH-3966 Chalais VS, Heidi Jacquet, Route de Vercorin,
Tel. 00 41/27/4 58 48 20
CH-4051 Basel, Pius Schwegler, Schützemattstrasse 39a,
Tel. 00 41/61/2 72 27 21
CH-4104 Oberwil, Sylvia Steiner, Hohestr. 120, Tel. 00 41/61/4 01 16 60
CH-4242 Laufen, Katharina Erismann-Troxler, Erlenhof 22,
Tel. 00 41/61/7 61 21 41
CH-5330 Zurzach, Monika Berger, Hauptstr. 23, Tel. 00 41/56/2 94 44 22
CH-5033 Buchs AG, Dr. Ljubica Zeller, Pilatusstr. 10,
Tel. 00 41/62/8 24 05 49

CH-5417 Untersiggenthal, Roswitha Klose, Breitensteinstr. 38,
Tel. 00 41/56/2 88 28 76
CH-5613 Hilfikon, Judith Büschi, Chybliacherstr. 164,
Tel. 00 41/1/3 00 23 51
CH-6005 Luzern, Annemarie Strebel, Eigerweg 7, Tel. 00 41/41/3 11 19 35
CH-6020 Emmenbrücke, Annemarie Suter, Schaubhaus 3,
Tel. 00 41/41/2 80 62 87
CH-6110 Wolhusen, Mirko Cortese, Bahnhofstr. 8, Tel. 00 41/41/4 90 49 02
CH-6340 Baar, Silvia Gretener-Schenk, Leihgasse 8, Tel. 00 41/41/7 61 26 59
CH-6340 Baar, Gabriella Heer, Burgmatt 25c
CH-6344 Meiserskappel, Maja Roth, Sonnenheim 15,
Tel. 00 41/41/7 90 66 04
CH-6648 Minusio, Ruth Gilgen, Via Navegna 7, Tel. 00 41/91/7 43 65 27
CH-6652 Tegna, Gabriella Bardill, Al Bairone, Tel. 00 41/91/7 96 29 03
CH-7203 Trimmis, Ruth Brazerol, Eichweg 21, Tel. 00 41/81/3 53 40 44
CH-7205 Zizers, Milly Grischott, Vialstrasse 24, Tel. 00 41/3 22 99 70
CH-7270 Davos-Platz, Juanita Bütschi, Mattastrasse 7,
Tel. 00 41/81/4 13 29 11
CH-8006 Zürich, Marlies Balushev, Ottikerstr. 27, Tel. 00 41/1/3 62 20 43
CH-8048 Zürich, Silvia Wüst, Am Suteracher 34, Tel. 00 41/1/4 31 57 45
CH-8050 Zürich, Judith Butschi, Leutschenbachstr. 95,
Tel. 00 41/1/3 00 23 51
CH-8050 Zürich, Ana-Maria Moretti-Keimer, Affolternstr. 117,
Tel. 00 41/1/3 13 08 08
CH-8113 Boppelsen, Marcel Egli, Im Weidstöckli 1, Tel. 00 41/1/8 44 01 06
CH-8117 Fällanden, Sandy Kuhn, Industriestr. 7, Tel. 00 41/1/8 26 07 00
CH-8134 Adliswil, Susana Barranco, Glärnischstr.5, Tel. 00 41/1/7 10 58 82
CH-8143 Stallikon, Heidi Hofer, Massholdernstr. 28, Tel. 00 41/1/7 00 11 10
CH-8184 Bachenbuelach, Heidi Reitmair, Freihans 4, Tel. 00 41/1/8 62 32 24
CH-8247 Flurlingen, Walter Lüscher, Gründenstr. 8, Tel. 00 41/52/6 59 38 13
CH-8309 Nürensdorf, Markus Beyeler, Tobelwiesstr.6,
Tel. 00 41/1/8 36 87 64
CH-8606 Greifensee, Barbara Jencik, Gottfried-Keller-Str. 74,
Tel. 00 41/1/9 40 50 58
CH-8654 Jona, Silvana Huber, Bubikerstr. 25, Tel. 00 41/55/2 10 93 37
CH-8712 Stäfa, Barbara Bossart, Neue Püntacher-Str.17,
Tel. 00 41/1/9 26 84 49
CH-8909 Zwillikon/Affoltern, Hermann Kaufmann, Weidstraße 16,
Tel. 00 41/1/7 61 12 66

CH-9000 St. Gallen, Sigrid Bruderer, St. Leonhardstr. 31,
Tel. 00 41/71/2 22 42 47
CH-9000 St. Gallen, Regula Stadler, Gottfried-Keller-Str.18,
Tel. 00 41/71/2 22 79 28
CH-9200 Gossau, Jakob Vetsch, Amselstr. 15c, Tel. 00 41/71/3 85 85 55
CH-9205 Waldkirch, Regula Schildknecht, Arneggerstr.24a,
Tel. 00 41/71/4 33 20 21
CH-9404 Rorschacherberg, Elisabeth Weber, Quellenweg 2,
Tel. 00 41/71/8 55 81 17
CH-9428 Walzenhausen, Adelbert Schneider, Wilen 1258,
Tel. 00 41/71/8 88 71 38
CH-9435 Heerbrugg, Genius Institut, Fredy Gruber,
Postfach 243/Kloterenstr.3, Tel. 00 41/71/7 22 93 33
CH-9443 Widnau, Josefine Sieber, Zehntfeldstr. 16, Tel. 00 41/71/72 13 71
CH-9475 Sevelen, Myrtha Creydt, Guschastr. 13, Tel. 00 41/81/7 85 24 92
CH-9495 Triesen, Rudolf Nitzlnader, Landstrasse 365, Tel. 00 41/75/3 92 32 03
CH-9523 Züberwangen, Pascale Neff, Weieren 15, Tel. 00 41/71/9 44 26 92

Spanien

E-18697 La Herradura, GR, Helen Gaudera, Avda. Prieto Moreno, Urb.,
Tel. 00 34/985/82 79 02
E-38617 El Salto/Granadilla,Teneriffe, Adelheid Nardella, Finca Sol y Viento,
Tel. 00 34/922/39 23 20

Die Trainer-AusbilderInnen

 **Maruscha Magyarosy**
ist Autorin, Körper-, Atem- und Yogathera-
peutin. Sie leitet in München das Zentrum
für *innerFitness*. Als Reisejournalistin lebte
sie in Asien, Amerika und Europa. Dabei
lernte sie bedeutende Weisheitslehrer kennen, deren Wissen sie in ihrer zwanzig-
jährigen Berufspraxis und in zahlreichen
Büchern vielen Menschen nahegebracht
hat. In ihren Seminaren vermittelt sie u. a.
in Verbindung mit der von ihr begründeten Methode des *inner-
Fitness®* eine gezielte Körper-, Atem- und Bewusstseinsschulung
– eine Synthese aus Ost und West, die auf das Bedürfnis des modernen Menschen zugeschnitten ist.
Zusammen mit Carlos Liebetruth entwickelte Frau Magyarosy
ein erfolgreiches Ausbildungskonzept für *Fünf-»Tibeter«*-Trai-
nerInnen – eine Kombination aus Theorie und unmittelbarer
Praxis, gewachsen in jahrelanger Ausbildungserfahrung mit
qualifizierten Absolventen. Das Motto dabei lautet: Schritt für
Schritt die verborgene, tiefe Weisheit des Körpers wiederzuent-
decken, die Kraft und Intelligenz des Herzens zu aktivieren und
die Klarheit und Sammlung des Geistes zu entfalten. Die Inte-
gration des Gelernten in den Alltag schafft die Grundlage für
ganzheitliche Gesundheit, Vitalität und Kreativität.
Maruscha Magyarosy ist Autorin von *Intelligenz des Herzens
durch die Fünf »Tibeter«* und – zusammen mit Brigitte Streubel –
Die Fünf-»Tibeter« in Aktion (Video).

Weitere Informationen und Anmeldung:

Zentrum für *innerFitness®*
Yoga-Studio Maruscha Magyarosy
Pernerkreppe 22, 81925 München
Tel.: 089-957 81 20, Fax: 089-95 76 00 74
E-Mail: inFit@t-online.de
Homepage: http://www.innerFitness.de

Carlos G. J. Liebetruth
geboren 1932 im Harz, hat nach verschiedenen Laufbahnen im kaufmännischen und künstlerischen Bereich erst in der zweiten Lebenshälfte seine eigentliche Berufung entdeckt: Auf die Ausbildung als Heilpraktiker (seit 1984) folgte eine als Masseur – mit der Ausbildung in Thailand in Traditioneller Heilmassage als Schwerpunkt (Dozent für Traditionelle Thaimassage an der Müchner Volkshochschule).

Yoga, Fußreflexologie und neuerdings mentale Hörelektronik sowie Avatar-Schulung ergänzen das breite Spektrum seiner psychophysischen Heil- und Übungsangebote, wodurch Wirkung und Vertiefung des Fünf-»Tibeter«-Trainings optimal gewährleistet werden können.

Seit 1988 – Carlos Liebetruth ist einer der »Tibeter«-Pioniere – arbeitete er als Co-Trainer von Maruscha Magyarosy, und seit 1994 bildet er selbst Fünf-»Tibeter«-Trainer aus und führt Aufbau- und Fortbildungskurse für Trainer durch.

Carlos G. J. Liebetruth
Praxis für Massage und Reflexzonentherapie
Wilhelmstraße 27
80801 München
Tel: 089-348165, Fax: 089-347095
E-Mail: carlos.liebetruth@t-online.de

Über aktuelle Veranstaltungen im Buchhandel («Schnupper-Events») können Sie sich auch über den Scherz Verlag, Frau Kornelia Holzhausen (Tel. 089-927 13 26, Fax: 089-927 13 49) informieren.

Arnold H. Lanz
ist Seminarleiter, Management-Trainer und Heilpraktiker mit Wohnsitz und Praxis in Vaduz, Liechtenstein, wo er als Wirtschaftsprüfer und Unternehmensberater tätig war. Eine sogenannte «unheilbare» Krankheit führte ihn zu alternativen Heilmethoden. Er befasste sich eingehend mit Psychologie, Anatomie und Körpertherapien. Nicht zuletzt waren es die Fünf »Tibeter«, die ihm seine Gesundheit zurückgaben und ihm neuen Elan und Lebenssinn schenkten. Seine Artikel über die Anwendung der Fünf »Tibeter« in den Bereichen Ernährung, Gesundheit, Lebensqualität und Naturheilkunde erscheinen seit Jahren in vielen Gesundheits- und Business-Zeitschriften. Assistiert von seiner Ehefrau leitet er regelmäßig Fünf-»Tibeter«-Einführungs- und Ausbildungsseminare.

In den Trainer-Ausbildungen, die Arnold Lanz seit Frühjahr 1998 anbietet, werden profunde Kenntnisse der anatomischen Zusammenhänge, korrekte Ausübung der Riten, Didaktik und professionelle Seminarorganisation vermittelt. Sein 1998 erschienenes Buch *Fitness und Entspannung mit den Fünf »Tibetern«. Harmonisierende und aufbauende Übungen für jedermann* beschreibt Stil und Inhalt seiner Seminare sehr anschaulich. Es geht ihm darum, durch die Verinnerlichung der Fünf »Tibeter« Selbstsicherheit, Stressbewältigung, Leistungsfähigkeit und Lebensfreude aufzubauen.

Arnold Lanz gibt regelmäßig Fünf-»Tibeter«-Schnupper-Events in Buchhandlungen (Deutschland und Schweiz).

Weitere Informationen und Anmeldungen:

Arnold H. Lanz, Postfach 1619, FL-9490 Vaduz
Tel: (+41) (0) 75-233 33 20, Fax: (+41) (0) 75-232 05 45
E-Mail: Arnold@lanz.lol.li
Homepage: http://www.lanz.li

Privat-Institut Junker

Das Institut ist eine Lehr- und Ausbildungsstätte für Autogenes Training, Mentaltraining, Entspannungstherapie und die Fünf »Tibeter«. Es ist dem Bundesverband für Psychotherapeutische Entspannungsverfahren angeschlossen und wird geleitet von dem Ehepaar Gitta und Klaus R. Junker. Gemeinsam bieten die beiden erfahrenen Therapeuten seit 1993 zweimal jährlich Fünf-»Tibeter«-Trainer-Ausbildungen an. Die Kurse finden in einem komfortablen Hotel statt.

Die TeilnehmerInnen erlernen die korrekte Ausführung und effektive Vermittlung der Übungen, sie erfahren mehr über Organisation und PR von eigenen Seminaren. Die anschließende Supervision garantiert Sicherheit in der Ausführung und im Unterrichten.

«Als wir vor vielen Jahren unser Institut gründeten und die Fünf »Tibeter« in unser Programm für körperliche und geistige Entspannungs- und Fitnessverfahren integrierten, ahnten viele noch nicht, mit welch überwältigendem Erfolg die energetisierenden Übungen auch Einzug in die westliche Welt halten würden. Eigentlich kein Wunder, erlebten die Übenden doch bereits nach kurzer Zeit, wie ihre Körper bei nur wenigen Übungsminuten pro Tag biegsamer, kräftiger, gelenkiger und damit auch widerstandsfähiger und vitaler wurden. Zudem bewirken die Übungen zugleich Entspannung, Ruhe, Energiesteigerung und eine Harmonisierung von Körper, Geist und Seele. Verständlich also, dass unsere Erfahrung mit dem gelebten Selbstaktivierungs- und Entspannungsprogramm uns und die bei uns ausgebildeten TrainerInnen zu engagierten Verfechtern der Fünf »Tibeter« machten.»

Gitta Junker ist Heilpraktikerin, ausgebildet in anerkannten psychotherapeutischen Entspannungsverfahren, chinesischer Medizin sowie Laser- und Ohr-Akupunktur. Neben der chinesischen Medizin hat sie sich auf das therapeutische Autogene Training, die Progressive Muskelentspannung und Ausbildung von Fünf-»Tibeter«-TrainerInnen spezialisiert.

Klaus R. Junker war während seines 20-jährigen Aufenthaltes in Afrika, der Karibik und in Fernost u.a. als Fotograf, Journalist und Seminarleiter für Entspannungsverfahren tätig. Nach seiner Rückkehr aus dem Ausland gründete er zusammen mit seiner Frau das Privat-Institut Junker in Bad Homburg.

Weitere Informationen und Anmeldung:

Privat-Institut Junker
Postfach 1718
61287 Bad Homburg v. d. H.
Tel/Fax: 06007-29 86

Informationen über Ausbildungskurse und aktuelle Einführungen erhalten Sie auch über unsere Homepage http://www.fuenf-tibeter.de

Literaturempfehlungen

**Weiterführende Literatur zu den Fünf »Tibetern«
(im Scherz Verlag, Bern und München)**

Gillessen, Brigitte: *Das Energieprogramm der Fünf »Tibeter«*
Gillessen, Wolfgang und Brigitte: *Erfahrungen mit den Fünf »Tibetern«*
Gruber, Fredy: *Mehr Power und Erfolg mit den Fünf »Tibetern«*
Hobert, Ingfried: *Gesundheit selbst gestalten*
Kilham, Christopher S.: *Lebendiger Yoga*
Lanz, Arnold H.: *Fitness und Entspannung mit den Fünf »Tibetern«*
Magyarosy, Maruscha: *Intelligenz des Herzens durch die Fünf »Tibeter«*
Simonsohn, Barbara: *Die Fünf »Tibeter« mit Kindern*
Weise, Devanando und Frederiksen, Jenny: *Die Fünf-»Tibeter«-Feinschmecker-Küche.*

Tibet, tibetischer Buddhismus und Mantras

Anderson, Walt: *Das offene Geheimnis. Der tibetische Buddhismus als Religion und Psychologie.* Goldmann, München
Avalon, Arthur· *Die Girlande der Buchstaben. Studien über das Mantra-Shastra.* O. W. Barth, Bern und München
Baumann, Bruno: *Die Götter werden siegen.* Herbig, München
Brunton, Paul: *Als Einsiedler im Himalaya.* O. W. Barth, Bern und München
Dalai Lama: *In die Herzen ein Feuer. Aufbruch zu einem tieferen Verständnis von Geist, Mensch und Natur.* O. W. Barth, Bern und München
–: *Das Auge der Weisheit. Grundzüge der buddhistischen Lehre für den westlichen Leser.* O. W. Barth, Bern und München
–: *Der Friede beginnt in Dir. Zur Überwindung der geistig-moralischen Krise in der heutigen Weltgemeinschaft.* O. W. Barth, Bern und München
–: *Das Auge einer neuen Achtsamkeit. Tradition und Wege des tibetischen Buddhismus.* Goldmann, München
–: *Logik der Liebe. Aus den Lehren des tibetischen Buddhismus für den Westen.* Goldmann, München
–: *Die Weisheit des Herzens.* Goldmann, München

Dargyay, Geshe Lobsang und Eva: *Das Tibetische Buch der Toten*. O. W. Barth, Bern und München

David-Neel, Alexandra: *Leben in Tibet. Kulinarische und andere Traditionen aus dem Lande des ewigen Schnees*. Sphinx, München

Die geheimen Dakini Lehren. O. W. Barth, Bern und München

Erffa, Wolfgang von: *Das unbeugsame Tibet*. A. Fromm, Osnabrück

Evans-Wentz, W. Y.: *Milarepa. Tibets großer Yogi*. O. W. Barth, Bern und München

Govinda, Lama Anagarika: *Grundlagen tibetischer Mystik. Die geheime Lehre des großen Mantra*. O. W. Barth, Bern und München

Hicks, Roger und Ngakpa, Chögyam: *Weiter Ozean. Der Dalai Lama*. Synthesis, Essen

Hilton, James: *Der verlorene Horizont*. Fischer, Frankfurt a. M.

Khyentse, Dilgo Rinpoche: *Die sieben tibetischen Geistesübungen*. O. W. Barth, Bern und München

Magyarosy, Maruscha: *Dalai Lama. Botschaft des Friedens*. Param, Ahlerstedt

Moacanin, Radmila: *Archetypische Symbole und tantrische Geheimlehren. Der tibetische Buddhismus im Licht der Psychologie C. G. Jungs*. Ansata, München

Norbu, Namkhai: *Traum-Yoga. Der tibetische Weg zu Klarheit und Selbsterkenntnis*. O. W. Barth, Bern und München

Sogyal, Rinpoche: *Das tibetische Buch vom Leben und vom Sterben. Ein Schlüssel zum tieferen Verständnis von Leben und Tod*. O. W. Barth, Bern und München

–: *Funken der Erleuchtung. Buddhistische Weisheit für jeden Tag des Jahres*. O. W. Barth, Bern und München

Spalding, Baird T.: *Leben und Lehren der Meister im Fernen Osten*. Drei Eichen, Hammelburg

Meditation

Brunton, Paul: *Der Weg nach Innen*. O. W. Barth, Bern und München

Carrington, Patricia: *Das große Buch der Meditation*. O. W. Barth, Bern und München

Da Liu: *T'ai Chi und Meditation. Einführung in die Praxis*. Irisiana, München

Dahlke, Rüdiger: *Reisen nach innen. Geführte Meditationen auf dem Weg zu sich selbst*. Irisiana, München

Goldstein, Joseph und Kornfield, Jack: *Einsicht durch Meditation. Ein Meditationshandbuch für die Übung im Alltag*. O. W. Barth, Bern und München

Kabat-Zinn, Jon: *Stark aus eigener Kraft. Das umfassende Meditationsprogramm für alle Lebenslagen*. O. W. Barth, Bern und München

Kabat-Zinn, Jon: *Gesund durch Meditation. Das große Buch der Selbstheilung*. O. W. Barth, Bern und München

Kalu, Rinpoche: *Den Pfad des Buddha gehen. Eine Einführung in die meditative Praxis des tibetischen Buddhismus*. O. W. Barth, Bern und München

Khema, Ayya: *Das Geheimnis von Leben und Tod*. O. W. Barth, Bern und München

Yoga, Qigong und andere Körper-Geist-Übungen

Avalon, Arthur: *Die Schlangenkraft. Die Entfaltung schöpferischer Kräfte im Menschen*. O. W. Barth, Bern und München

–: *Shakti und Shakta. Lehre und Ritual der Tantras*. O. W. Barth, Bern und München

Bender-Birch, Beryl: *Power Yoga. Fit für das Leben von heute*. Scherz, Bern-München

Chia, Mantak: *Tao Yoga*. Ansata, München

–: *Tao Yoga der Liebe*. Ansata, München

–: *Tao Yoga. Eisenhemd Chi Kung*. Ansata, München

Chia, Mantak und Maneewan: *Tao Yoga der inneren Alchemie 1*. Ansata, München

–: *Tao Yoga der heilenden Liebe*. Ansata, München

Griscom, Chris: *Der Quell des Lebens. Das praktische Körper-Energie-Programm*. Goldmann, München

Hackl, Monnica: *Hui Chun Gong. Die Verjüngungsübungen der chinesischen Kaiser*. Irisiana, München

–: *Die Perle des Hui Chun Gong. Bewegungsübungen zur Verjüngung von Körper und Geist*. Irisiana, München

Haich, Elisabeth: *Sexuelle Kraft und Yoga*. Drei Eichen, Hammelburg

Huang, Al: *Lebensschwung durch T'ai Chi*. O. W. Barth, Bern und München

Iyengar, B. K. S.: *Licht auf Yoga. Das grundlegende Lehrbuch des Hatha-Yoga*. O. W. Barth, Bern und München

Kirschner, M. J.: *Die Kunst, sich selbst zu verjüngen. Yoga für tätige Menschen*. Agis, Baden-Baden

Lysebeth, André van: *Durch Yoga zum eigenen Selbst.* O. W. Barth, Bern und München
Magyarosy, Maruscha: *Surya Namaskar. Das andere Fitness-Rezept.* Laredo, Chieming
Olvedi, Ulli: *Das stille Qigong. Vitalisierung und Harmonisierung der Lebenskräfte.* O. W. Barth, Bern und München
Schilling, Astrid und Hinterthür, Petra: *Qigong. Der fliegende Kranich.* Windpferd, Aitrang

Die Chakren und der Energiekörper

Bek, Lilla und Pullar, Philippa: *Chakra-Energie.* O. W. Barth, Bern und München
Bruyere, Rosalyn L.: *Chakras – Räder des Lichts.* Synthesis, Essen
Lambert, William P.: *Die Aura – dein Farbenkleid.* Laredo, Chieming
Mann, John und Short, Lar: *Der feinstoffliche Körper. Einweihung in Theorie und Praxis der Erweckung des Energiekörpers.* Windpferd, Aitrang
Monroe, Robert A.: *Der zweite Körper. Astral- und Seelenreisen in ferne Sphären der geistigen Welt.* Ansata, München
Sanella, Lee: *Kundalini-Erfahrung und die neuen Wissenschaften.* Synthesis, Essen
Sharamon, Shalila und Baginski, Bodo: *Das Chakra-Handbuch.* Windpferd, Aitrang
Tansley, David V.: *Die Aura des Menschen.* Synthesis, Essen

Körperarbeit, Atemtherapie und alternative Heilweisen

Chia, Mantak: *Tao Yoga des Heilens.* Ansata, München
Chia, Mantak und Maneewan: *Tao Yoga der heilenden Massage.* Ansata, München
Chopra, Deepak: *Die Körperseele – Grundlagen und praktische Übungen der Ayurveda-Medizin.* Lübbe, Bergisch-Gladbach
Coldwell, Leonard: *Die unbegrenzte Kraft des Unterbewußtseins. Das Erfolgs-programm für ein erfülltes Leben.* Irisiana, München
Dychtwald, Ken: *KörperBewußtsein.* Synthesis, Essen
Fan Ya-Li: *Chinesische Heilmassage für Kinder.* Ansata, München

266

Griscom, Chris: *Der Körper als Ausdruck der Seele. Welche Botschaften und Lehren unser Körper enthält.* Goldmann, München

–: *Die Frequenz der Ekstase. Bewußtseinsentwicklung durch die Kraft des Lichts.* Goldmann, München

Lysebeth, André van: *Die große Kraft des Atems. Richtig atmen lernen durch Yoga.* O. W. Barth, Bern und München

Nakamura, Takashi: *Das große Buch vom richtigen Atmen.* O. W. Barth, Bern und München

Orr, Leonard und Halbig, Konrad: *Bewußtes Atmen. Rebirthing.* Goldmann, München

–: *Für die Ewigkeit geboren. Die natürliche Überwindung der Sterblichkeit.* Goldmann, München

Shealy, C. Norman und Myss, Caroline M.: *Auch Du kannst Dich heilen. Emotionale, psychische und geistige Faktoren, die Gesundheit und Heilung fördern.* Laredo, Chieming

Tulku, Tarthang: *Selbstheilung durch Entspannung. Die alte Heilkunde der Tibeter für den Westen nutzbar gemacht.* O. W. Barth, Bern und München

Die Fünf »Tibeter« für alle Sinne

Fredy Gruber
**Mehr Power und Erfolg
mit den Fünf »Tibetern«**
Dynamische Übungen zur Steigerung
von Energie und Leistungskraft

160 Seiten, mit zahlreichen Abbildungen
ISBN 3-502-25050-2

Fredy Gruber, Berater mit Schwerpunkt Traditionelle
Chinesische Medizin und Managementtrainer, zeigt
mit diesem Übungsprogramm, wie Sie die Fünf »Tibeter« wirksam einsetzen können, um beruflichen Erfolg
und Fitness miteinander zu verbinden.

Arnold H. Lanz
**Fitness und Entspannung
mit den Fünf »Tibetern«**®
Harmonisierende und aufbauende Übungen
für jedermann

192 Seiten, mit 36 Abbildungen
ISBN 3-502-25016-2

Arnold H. Lanz, Seminarleiter und Heilpraktiker,
bietet Menschen, die in ihrem Alltag bisher nur
wenig Gelegenheit zu Sport, Muße und Entspannung
fanden, durch dieses Buch Zugang zu Wellness
und Gesundheit.

Maruscha Magyarosy
Intelligenz des Herzens
durch die Fünf »Tibeter«®
Heilende Aussöhnung mit
unserem innersten Wesenskern

191 Seiten, mit zahlreichen Abbildungen
ISBN 3-502-25008-1

Die Yogalehrerin und Körpertherapeutin
Maruscha Magyarosy wurde durch ihre
persönliche Erfahrung mit den Fünf »Tibetern«
auf den Weg der Entdeckung der Intelligenz
und Weisheit des Herzens geführt.

Brigitte Gillessen
Das Energieprogramm der Fünf »Tibeter«®
Kraftvolle Übungen für Körper, Geist und Seele

160 Seiten, mit ca. 18 Abbildungen,
ISBN 3-502-25007-3

Die Heilpraktikerin Brigitte Gillessen erschließt
uns mit diesem Buch Mittel und Wege, um innere
Blockaden zu lösen und die Energie wieder frei
fließen zu lassen.

Wolfgang und Brigitte Gillessen (Hrsg.)
Erfahrungen mit den Fünf »Tibetern«®
Neue Einblicke in das alte Geheimnis

180 Seiten, mit zahlreichen Abbildungen
ISBN 3-502-25399-4

Kompetente Yogalehrer, Therapeuten und
langjährige »Tibeter«-Übende berichten über
ihre Erfahrungen.

Dr. med. Ingfried Hobert
Gesundheit selbst gestalten
Wege der Selbstheilung und die
Fünf »Tibeter«. Ein Arzt berichtet

144 Seiten
ISBN 3-502-25411-7

Dr. Hobert – Schulmediziner und Naturheilkundler –
wendet die Fünf »Tibeter« seit Jahren zur unter-
stützenden Behandlung bei vielen Krankheiten und
bei der Rekonvaleszenz seiner Patienten mit großem
Erfolg an. Drei weitere Ärzte berichten von
ihren Erfahrungen.

Christopher Kilham
Lebendiger Yoga
Das Profi-Buch zu den Fünf »Tibetern«
von Peter Kelder

92 Seiten, mit zahlreichen Fotos
ISBN 3-502-25213-0

Die Fünf »Tibeter« für Fortgeschrittene: Yogalehrer
Kilham praktiziert die Übungen seit über 20 Jahren
und lässt den Leser an seinen umfangreichen
Erfahrungen teilhaben. Er beschreibt auch den
sechsten Ritus und dessen Wirkung auf die Sexualkraft.

Devanando Weise / Jenny Frederiksen
Die Fünf »Tibeter«®-Feinschmecker-Küche
Mit 144 Rezepten auf der Basis von Trennkost
und mehr

280 Seiten, mit zahlreichen Abbildungen
ISBN 3-502-25126-6

Die Gourmetköche Weise und Frederiksen haben
ein Buch über schmackhafte und bekömmliche
Vollwertkost geschrieben, das auf den Ernährungs-
vorschlägen Peter Kelders beruht.

270

Barbara Simonsohn
Die Fünf »Tibeter« mit Kindern
Gesundsein darf Spaß machen!

134 Seiten, mit zahlreichen Fotos und Illustrationen
sowie einer Merktafel für Kinder
ISBN 3-502-25262-9

Die Therapeutin und Seminarleiterin Simonsohn
beschreibt, wie Eltern und Kinder gemeinsam üben,
wie Kinder motiviert werden und wie Pädagogen
die Übungen in ihrer Praxis einsetzen können.

Brigitte Streubel / Maruscha Magyarosy
Die Fünf »Tibeter«® ... in Aktion
Das Video zum Bestseller von Peter Kelder

24 Minuten, VHS, Stereo
ISBN 3-502-25307-2

Die Yogalehrerin und Leiterin des Fünf-»Tibeter«-
Ausbildungsprogramms Maruscha Magyarosy zeigt
mit einer ihrer Übungsgruppen langsam und
deutlich die authentischen Fünf »Tibeter« und auch
die sechste Übung. Außerdem erklärt sie Schritt für
Schritt die richtige Atmung und führt Entlastungs-
übungen für den sensiblen Rücken vor.

271

Hannes Motal
Die Fünf »Tibeter« CD
Musik pur für Bewegung, Tanz und
kreative Entspannung

44 Minuten
ISBN 3-502-25103-7

Die acht Stücke des Wiener Musikers kreieren
einen dynamischen Klangraum zum Üben der
Fünf »Tibeter«. Aber auch wer sich nur entspannen oder tanzen will, wird
mit dem fließenden Rhythmus dieser Musik auf seine Kosten kommen.

Primavera Life
Die Fünf »Tibeter« Duftmischung

5-ml-Fläschchen im Geschenkset mit
Massageroller und Merkblatt
ISBN 3-502-25826-0

Himalaja-Zeder, Bergwacholder, Rhododendron
und andere ätherische Öle schaffen ein
unterstützendes Duftklima für die Übungen.